电子商务时代网店精英实战系列

跨境电子商务
亚马逊运营推广

运营方法　工具实操　实战案例

黑马程序员　编著

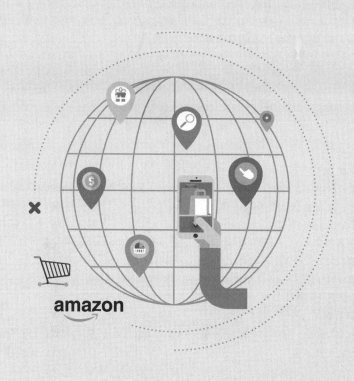

清华大学出版社
北京

内容简介

针对跨境电子商务领域缺少实用型教材的现状,作者编著了本书,期望本书能够为跨境电子商务的人才培养做出贡献。本书共分 10 章,介绍跨境电子商务模式的理论基础,讲述基于亚马逊平台的跨境电子商务的运营方法和推广方式,并介绍跨境电子商务的进阶操作。全书提供多个实战案例。本书知识内容落地,应用操作性强;知识体系完整,结构清晰,通俗易懂。

本书附有配套视频、素材、习题、教学课件等资源,为了帮助读者更好地学习本书讲解的内容,还提供了在线答疑,希望得到更多读者的关注。

本书既可作为高等院校本专科相关专业的电子商务课程的教材,也可作为在职人员的基础读物,还可供跨境电子商务运营、跨境电子商务创业等人员阅读与参考。

本书封面贴有清华大学出版社防伪标签,无标签者不得销售。
版权所有,侵权必究。举报: 010-62782989,beiqinquan@tup.tsinghua.edu.cn。

图书在版编目(CIP)数据

跨境电子商务: 亚马逊运营推广: 运营方法、工具实操、实战案例/黑马程序员编著. —北京: 清华大学出版社,2020.10(2025.6重印)
(电子商务时代网店精英实战系列)
ISBN 978-7-302-56636-6

Ⅰ.①跨… Ⅱ.①黑… Ⅲ.①电子商务-商业企业管理-美国 Ⅳ.①F737.124.6

中国版本图书馆 CIP 数据核字(2020)第 194264 号

责任编辑: 袁勤勇
封面设计: 杨玉兰
责任校对: 焦丽丽
责任印制: 宋　林

出版发行: 清华大学出版社
网　　址: https://www.tup.com.cn,https://www.wqxuetang.com
地　　址: 北京清华大学学研大厦 A 座　　邮　编: 100084
社 总 机: 010-83470000　　邮　购: 010-62786544
投稿与读者服务: 010-62776969,c-service@tup.tsinghua.edu.cn
质量反馈: 010-62772015,zhiliang@tup.tsinghua.edu.cn
课件下载: https://www.tup.com.cn,010-83470236
印 装 者: 北京同文印刷有限责任公司
经　　销: 全国新华书店
开　　本: 185mm×260mm　　印　张: 13.5　　字　数: 330 千字
版　　次: 2020 年 11 月第 1 版　　印　次: 2025 年 6 月第 6 次印刷
定　　价: 49.00 元

产品编号: 089433-03

序　言

本书的创作公司——江苏传智播客教育科技股份有限公司(简称"传智教育")作为第一个实现 A 股 IPO 上市的教育企业,是一家培养高精尖数字化专业人才的公司,公司主要培养人工智能、大数据、智能制造、软件、互联网、区块链、数据分析、网络营销、新媒体等领域的人才。公司成立以来紧随国家科技发展战略,在讲授内容方面始终保持前沿先进技术,已向社会高科技企业输送数十万名技术人员,为企业数字化转型、升级提供了强有力的人才支撑。

公司的教师团队由一批拥有 10 年以上开发经验,且来自互联网企业或研究机构的 IT 精英组成,他们负责研究、开发教学模式和课程内容。公司具有完善的课程研发体系,一直走在整个行业的前列,在行业内竖立起了良好的口碑。公司在教育领域有 2 个子品牌:黑马程序员和院校邦。

一、黑马程序员——高端 IT 教育品牌

"黑马程序员"的学员多为大学毕业后想从事 IT 行业,但各方面条件还不成熟的年轻人。"黑马程序员"的学员筛选制度非常严格,包括了严格的技术测试、自学能力测试,还包括性格测试、压力测试、品德测试等。百里挑一的残酷筛选制度确保了学员质量,并降低了企业的用人风险。

自"黑马程序员"成立以来,教学研发团队一直致力于打造精品课程资源,不断在产、学、研 3 个层面创新自己的执教理念与教学方针,并集中"黑马程序员"的优势力量,有针对性地出版了计算机系列教材百余种,制作教学视频数百套,发表各类技术文章数千篇。

二、院校邦——院校服务品牌

院校邦以"协万千名校育人、助天下英才圆梦"为核心理念,立足于中国职业教育改革,为高校提供健全的校企合作解决方案,其中包括原创教材、高校教辅平台、师资培训、院校公开课、实习实训、协同育人、专业共建、传智杯大赛等,形成了系统的高校合作模式。院校邦旨在帮助高校深化教学改革,实现高校人才培养与企业发展的合作共赢。

(一)为大学生提供的配套服务

1.请同学们登录"高校学习平台",免费获取海量学习资源。平台可以帮助高校学生解决各类学习问题。

高校学习平台

2. 针对高校学生在学习过程中的压力等问题，院校邦面向大学生量身打造了IT学习小助手——"邦小苑"，可提供教材配套学习资源。同学们快来关注"邦小苑"微信公众号。

"邦小苑"微信公众号

（二）为教师提供的配套服务

1. 院校邦为所有教材精心设计了"教案＋授课资源＋考试系统＋题库＋教学辅助案例"的系列教学资源。高校老师可登录"高校教辅平台"免费使用。

高校教辅平台

2. 针对高校教师在教学过程中存在的授课压力等问题，院校邦为教师打造了教学好帮手——"传智教育院校邦"，可搜索公众号"传智教育院校邦"，也可扫描"码大牛"老师微信（或QQ：2770814393），获取最新的教学辅助资源。

码大牛老师微信号

三、意见与反馈

为了让教师和同学们有更好的教材使用体验，您如有任何关于教材的意见或建议请扫码下方二维码进行反馈，感谢对我们工作的支持。

前　言

跨境电子商务作为推动经济一体化、贸易全球化的利器，得到了我国各级政府的大力支持，其作为电子商务领域的重要商业模式正处于蓬勃的发展中。

在跨境电子商务发展迅猛的大背景下，许多高等院校紧跟电子商务发展步伐，开设了电子商务专业或与其相关的课程。由于课程的设置与安排不完善、教学队伍缺乏实战经验等问题，使得学生的专业水平和知识能力与企业实际需要存在较大差异，人才的培养质量亟待提升。

市面上关于电子商务的书籍往往分为三类：第一类缺乏具体完整的跨境电子商务平台运营体系；第二类是纯理论知识，缺乏实操性；第三类缺乏具体的理论指导，过于专注实操，不适合基础人员学习。针对这种情况，本书采用了由浅入深的知识结构，从跨境电子商务的基础理论到亚马逊平台运营推广实操，再到全球速卖通、eBay、Wish 三大平台的多平台运营，完整地为读者呈现了跨境电子商务的知识体系，使得读者能够更轻松地学习跨境电子商务的相关知识。

本书的特点与主要内容

本书针对跨境电子商务的零基础人群，以既定的编写体例（案例式）巩固对理论知识点的学习，通过大量的案例展示，帮助学生快速理解掌握书中的知识点。在内容编排上，本书按照跨境电子商务的运营推广阶段划分，主要分为平台基础、商品运营、物流模式、售后、推广五个主体部分，按照由浅入深的学习过程，讲解跨境电子商务中亚马逊平台的各部分知识点的定义、技巧和案例，让读者能更深入地学习如何进行跨境电子商务运营推广的相关知识。在内容选择、结构安排上更加有助于学生职业技能水平的提高，从而达到老师易教、学生易学的目的。

在结构的编排上，本书分为 10 章，每章的具体介绍如下。

第 1 章：讲解跨境电子商务的基本知识、现状和发展以及平台类型等内容。

第 2 章：讲解亚马逊平台的各个站点以及美国站的注册方法等内容。

第 3 章：讲解亚马逊平台的基础板块和专用名词的相关内容。

第 4 章：讲解如何选择适合在亚马逊平台销售的商品。

第 5 章：讲解在亚马逊平台上发布商品的相关内容。

第 6 章：讲解亚马逊平台上的主要物流模式以及后台的设置方法。

第 7 章：讲解卖家如何处理亚马逊平台上的售后与违规问题。

第 8 章：讲解亚马逊平台上的免费推广方式及操作。

第 9 章：讲解亚马逊平台上的付费推广方式及操作。

第 10 章：讲解多平台运营中全球速卖通、eBay、Wish 三个平台的相关内容。

致谢

本书的编写和整理工作由传智播客教育科技股份有限公司完成，主要参与人员有王哲等，全体人员在近一年的编写过程中付出了很多辛勤的汗水，在此一并表示衷心的感谢。

意见反馈

尽管我们尽了最大的努力，但教材中难免会有不妥之处，欢迎各界专家和读者朋友提出宝贵意见，我们将不胜感激。您在阅读本书时，如发现任何问题或有不认同之处也可以通过清华大学出版社与我们取得联系。

声明

本书引用或借鉴了大量商业案例，主要用于教学过程中的案例分析，帮助读者学习，并非赞同其行为或产品的宣传内容及功效，敬请读者注意。

黑马程序员

2020 年 5 月于北京

目 录

第 1 章 认识跨境电子商务 ·· 1

  1.1 跨境电子商务概述 ··· 1
    1.1.1 跨境电子商务的定义 ·· 1
    1.1.2 跨境电子商务的意义 ·· 2
    1.1.3 跨境电子商务的特点 ·· 3
  1.2 我国跨境电子商务的现状与发展 ··· 4
    1.2.1 我国跨境电子商务的现状 ·· 4
    1.2.2 我国跨境电子商务的发展 ·· 6
  1.3 跨境电子商务平台的分类与选择 ··· 7
    1.3.1 B2B 跨境电子商务平台 ·· 8
    1.3.2 B2C 跨境电子商务平台 ·· 12
    1.3.3 C2C 跨境电子商务平台 ·· 15
    1.3.4 跨境电子商务平台的选择 ·· 17
  【阶段案例 1-1】 贺鹤的选择 ·· 18
  1.4 本章小结 ·· 19
  1.5 课后思考 ·· 19

第 2 章 亚马逊平台的站点注册 ··· 21

  2.1 亚马逊平台的站点 ··· 21
    2.1.1 亚马逊北美站 ··· 21
    2.1.2 亚马逊日本站 ··· 23
    2.1.3 亚马逊欧洲站 ··· 24
    2.1.4 亚马逊澳洲站 ··· 25
  2.2 亚马逊平台的注册 ··· 26
    2.2.1 亚马逊平台的注册准备 ··· 26
  【阶段案例 2-1】 邮箱的选择和注册 ·· 32
    2.2.2 亚马逊平台的注册流程 ··· 35
  【阶段案例 2-2】 亚马逊平台注册实操 ··· 37
  2.3 本章小结 ·· 41
  2.4 课后思考 ·· 41

第 3 章 亚马逊平台的后台详解 ·········· 42

3.1 亚马逊平台的基础板块 ·········· 42
3.1.1 TAB 功能板块 ·········· 42
3.1.2 快捷功能板块 ·········· 47
【阶段案例 3-1】 修改店铺的存款方式 ·········· 50
3.1.3 页面展示板块 ·········· 52
3.2 亚马逊平台的名词解释 ·········· 54
3.2.1 账户类名词 ·········· 54
3.2.2 商品类名词 ·········· 54
3.2.3 促销类名词 ·········· 56
3.3 本章小结 ·········· 56
3.4 课后思考 ·········· 57

第 4 章 亚马逊平台的商品选择 ·········· 58

4.1 亚马逊平台的选品范围 ·········· 58
4.1.1 市场调研 ·········· 58
【阶段案例 4-1】 玩具市场的调查问卷 ·········· 63
4.1.2 本土文化 ·········· 65
4.2 亚马逊平台的选品原则 ·········· 67
4.2.1 销售原则 ·········· 67
【阶段案例 4-2】 商品利润的计算方法 ·········· 68
4.2.2 物流原则 ·········· 69
4.2.3 平台原则 ·········· 70
4.3 亚马逊平台的选品方法 ·········· 72
4.3.1 榜单选品法 ·········· 72
4.3.2 关键词选品法 ·········· 76
4.3.3 热点趋势选品法 ·········· 79
4.4 本章小结 ·········· 81
4.5 课后思考 ·········· 81

第 5 章 亚马逊平台的商品发布 ·········· 82

5.1 亚马逊平台的商品展示 ·········· 82
5.1.1 亚马逊平台的首页展示 ·········· 82
5.1.2 亚马逊平台的列表页展示 ·········· 83
5.1.3 亚马逊平台的 Listing 展示 ·········· 85
5.2 亚马逊平台的 A9 算法 ·········· 88
5.2.1 A9 算法概述 ·········· 88
5.2.2 商品相关性 ·········· 89

5.2.3 商品转化率 ·· 91
　5.3 亚马逊平台的商品发布方式 ·· 93
　　　5.3.1 商品自建 Listing ··· 93
　【阶段案例 5-1】 商品自建 Listing 实操 ································· 95
　　　5.3.2 商品跟卖 ·· 99
　5.4 本章小结 ·· 100
　5.5 课后思考 ·· 100

第 6 章 亚马逊平台的物流模式 ·· 101

　6.1 亚马逊平台的 FBM 物流模式 ······································· 101
　　　6.1.1 FBM 物流模式概述 ·· 102
　　　6.1.2 FBM 物流模式的优势和劣势 ································ 102
　　　6.1.3 FBM 物流渠道的分类 ······································ 103
　　　6.1.4 FBM 物流渠道的选择 ······································ 105
　【阶段案例 6-1】 贺鹤选择跨境物流渠道 ································ 106
　　　6.1.5 FBM 物流的后台操作 ······································ 106
　【阶段案例 6-2】 设置退货地址 ·· 110
　6.2 亚马逊平台的 FBA 物流模式 ······································· 111
　　　6.2.1 FBA 物流模式概述 ·· 111
　　　6.2.2 FBA 物流模式的优势和劣势 ································ 112
　　　6.2.3 FBA 物流工作阶段 ·· 113
　　　6.2.4 FBA 物流的后台操作 ······································ 115
　6.3 本章小结 ·· 117
　6.4 课后思考 ·· 118

第 7 章 亚马逊平台的售后与违规 ·· 119

　7.1 亚马逊平台的商品售后 ·· 119
　　　7.1.1 商品评论反馈 ·· 119
　【阶段案例 7-1】 索要好评与处理差评 ·································· 125
　　　7.1.2 商品退货 ·· 127
　7.2 亚马逊平台的店铺违规 ·· 130
　　　7.2.1 商品违规 ·· 130
　　　7.2.2 关联账号违规 ·· 132
　　　7.2.3 店铺绩效违规 ·· 134
　【阶段案例 7-2】 店铺绩效违规的申诉 ·································· 136
　　　7.2.4 知识产权违规 ·· 137
　　　7.2.5 KYC 审核违规 ·· 138
　7.3 本章小结 ·· 140
　7.4 课后思考 ·· 140

第 8 章　亚马逊平台的免费推广 …… 142

8.1　亚马逊平台 SEO 推广 …… 142
- 8.1.1　亚马逊平台的商品标题优化 …… 143
- 8.1.2　亚马逊平台的五点描述优化 …… 146
- 8.1.3　亚马逊平台的商品图片优化 …… 148
- 8.1.4　亚马逊平台的商品详情优化 …… 150

8.2　亚马逊平台 BUYBOX 推广 …… 154
- 8.2.1　BUYBOX 的意义 …… 154
- 8.2.2　BUYBOX 的运作模式 …… 154
- 8.2.3　BUYBOX 的获取条件和影响因素 …… 155

8.3　社交媒体推广 …… 156
- 8.3.1　社交媒体推广的基础知识 …… 157
- 8.3.2　社交媒体推广的策略 …… 158

【阶段案例 8-1】 社交媒体的推广方案 …… 160

8.4　本章小结 …… 161
8.5　课后思考 …… 161

第 9 章　亚马逊平台的付费推广 …… 163

9.1　CPC 付费推广 …… 163
- 9.1.1　CPC 付费推广的机制 …… 163
- 9.1.2　CPC 付费推广的准备 …… 167
- 9.1.3　CPC 付费推广的创建 …… 169
- 9.1.4　CPC 付费推广的分析 …… 175

9.2　平台活动推广 …… 177
- 9.2.1　秒杀活动 …… 177
- 9.2.2　促销活动 …… 179

9.3　搜索引擎推广 …… 182
- 9.3.1　搜索引擎推广概述 …… 182
- 9.3.2　搜索引擎推广的广告原理 …… 182
- 9.3.3　搜索引擎推广的影响因素 …… 183

9.4　本章小结 …… 184
9.5　课后思考 …… 184

第 10 章　跨境电子商务的多平台运营 …… 186

10.1　全球速卖通平台 …… 186
- 10.1.1　全球速卖通平台的介绍 …… 187
- 10.1.2　全球速卖通平台的规则 …… 188
- 10.1.3　全球速卖通平台的注册 …… 191

　　　　10.1.4　全球速卖通平台的运营策略 ………………………………… 192
10.2　eBay 平台 ……………………………………………………………… 193
　　10.2.1　eBay 平台的介绍 ……………………………………………… 193
　　10.2.2　eBay 平台的注册 ……………………………………………… 194
　　10.2.3　eBay 平台的规则 ……………………………………………… 195
　　10.2.4　eBay 平台的运营策略 ………………………………………… 196
10.3　Wish 平台 ……………………………………………………………… 198
　　10.3.1　Wish 平台的介绍 ……………………………………………… 198
　　10.3.2　Wish 平台的注册 ……………………………………………… 199
　　10.3.3　Wish 平台的规则 ……………………………………………… 200
　　10.3.4　Wish 平台的运营策略 ………………………………………… 201
10.4　本章小结 ………………………………………………………………… 203
10.5　课后思考 ………………………………………………………………… 203

第 1 章
认识跨境电子商务

【学习目标】

- 了解跨境电子商务的定义
- 了解跨境电子商务的意义
- 了解跨境电子商务的特点
- 了解我国跨境电子商务的现状
- 了解我国跨境电子商务的发展
- 掌握 B2B 跨境电子商务平台
- 掌握 B2C 跨境电子商务平台
- 掌握 C2C 跨境电子商务平台
- 掌握跨境电子商务平台的选择方法

随着经济全球化的发展,我国与世界各国之间的贸易往来越来越频繁,传统的国际贸易已经不能满足各国卖家和买家的正常需求,跨境电子商务应运而生。近年来,我国跨境电子商务行业发展迅猛,交易规模不断扩大,商业模式不断创新,逐渐成为我国对外贸易增长的新动力。在正式学习跨境电子商务前,卖家首先要了解跨境电子商务的基础知识,加强对跨境电子商务领域的认知,为以后学习跨境电子商务平台的运营推广知识打好基础。本章将从跨境电子商务的概述、我国跨境电子商务的现状与发展以及跨境电子商务平台的分类与选择三个方面对跨境电子商务进行讲解。

1.1 跨境电子商务概述

跨境电子商务是互联网发展到一定阶段所产生的一种新型的国际贸易形式,它不仅改变了传统的国际贸易模式,也拓展了传统电子商务的交易范围,显示出了巨大的商业价值。那么到底什么是跨境电子商务呢?跨境电子商务又有怎样的意义与特点?本节将从跨境电子商务的定义、跨境电子商务的意义及跨境电子商务的特点三方面对跨境电子商务进行介绍。

1.1.1 跨境电子商务的定义

跨境电子商务简称为跨境电商,是指分属不同关境的交易主体通过电子商务平台达成交易，进行在线支付结算，并通过跨境物流送达商品来完成整个贸易过程的一种国际商业活动。

简单来说，跨境电子商务即不同国家或地区的卖家和买家通过电子商务平台进行跨国际商品交易的商业模式。为了卖家能够更好地理解跨境电子商务这种商业模式，下面以中国卖家与美国买家的跨境电子商务的主要交易过程为例进行介绍，如图1-1所示。

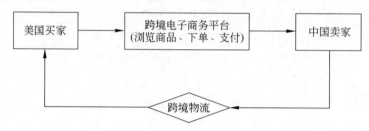

图 1-1　跨境电子商务的主要交易过程

在图1-1中，跨境电子商务的主要交易过程如下。
- 美国买家通过跨境电子商务平台浏览商品；
- 美国买家选择好自己喜爱的商品后，下单并完成支付；
- 商品所属的中国卖家收到订单信息；
- 商品所属的中国卖家通过跨境物流将商品送达到美国买家手中，即完成整个跨境电子商务交易。

传统的国际贸易根据商品流向的不同分为进口贸易和出口贸易两个方向，国外的商品进入中国市场即为进口贸易；中国的商品进入国外市场即为出口贸易。故而跨境电子商务根据商品流向的不同也分为出口跨境电子商务和进口跨境电子商务。

跨境电子商务将电子商务和传统的国际贸易相融合，打破了国家与国家之间的壁垒，使国际贸易走向无国界化。同时由于门槛低、环节少、成本低等优势，跨境电子商务已经在全球范围内蓬勃发展，引起了全球经济的巨大变革。

1.1.2　跨境电子商务的意义

了解跨境电子商务对于卖家和国家的意义有助于卖家更进一步认识跨境电子商务，所以下面从跨境电商对于卖家的意义和对于国家的意义两方面进行具体介绍。

1. 跨境电商对于卖家的意义

跨境电子商务对于卖家的意义主要体现在开拓国际渠道、促进产业升级、提供创业机会三个方面。

（1）开拓国际渠道

在互联网时代，品牌和口碑是企业竞争力的重要组成部分，也是赢得买家青睐的关键因素。我国许多企业卖家的商品品质、服务质量等尽管很好，但不为境外买家所知。而跨境电子商务能够有效打破渠道垄断，减少中间环节，节约交易成本，缩短交易时间，为企业卖家创建和提升品牌的知名度提供有效的途径，尤其是为一些中小企业创造新的发展空间，从而催生更多的具有国际竞争力的卖家。

(2) 促进产业升级

跨境电子商务的发展直接推动了物流配送、电子支付、电子认证、信息内容服务等现代服务业和相关电子信息制造业的发展。我国电子商务的相关平台企业已超过 5000 家，一批知名电商平台企业、物流快递、第三方支付本土企业正快速崛起。更加突出的是，跨境电子商务将会引发生产方式、产业组织方式的变革。面对多样化、多层次、个性化的境外买家需求，卖家必须以买家为中心，加强合作创新，构建完善的服务体系，在提升商品制造工艺、质量的同时，加强研发设计、品牌销售，最大程度地促进企业资源优化配置。

(3) 提供创业机会

在传统的国际贸易行业中，只有拥有一定的资金实力和丰富的国际资源的卖家才能开展相应的贸易活动。而随着跨境电子商务的发展以及跨境电子商务平台的增多，经营门槛降低，卖家通过跨境电子商务平台，可以向其他国家的买家进行商品的售卖，从而实现个人创业。

2. 跨境电商对于国家的意义

跨境电商对于国家的意义主要表现在促进经济全球化的发展和宣传国家文化两个方面。

(1) 促进经济全球化的发展

在跨境电子商务领域中，我国跨境电子商务的发展处于国际领先地位，我国也是国际中最大的跨境电子商务市场。随着跨境电子商务的发展，越来越多的国家开始受到跨境电子商务的影响。在跨境电子商务的发展过程中，我国会与其他国家展开相应的交流合作，从而促进自身经济全球化的发展，提升我国的国际话语权。

(2) 宣传国家文化

在进行跨境电子商务交易时，由于不同国家和地区的语言、习惯有所不同，因此为了实现跨境电子商务商品的顺利交易，国外卖家和买家需要了解和学习我国特有的国家文化，而这也起到了宣传国家文化的作用。可以说跨境电子商务对于国家文化的交流宣传有着重要的意义。

1.1.3 跨境电子商务的特点

跨境电子商务将电子商务和传统的国际贸易相融合，是一种新型的贸易方式。它与传统国际贸易和国内电子商务相比有一些不同的特点。了解这些特点，有助于卖家加深对跨境电子商务的理解，所以下面从跨境电子商务与传统国际贸易的比较和跨境电子商务与国内电子商务的比较两方面来具体介绍跨境电子商务的特点。

1. 跨境电子商务与传统国际贸易的比较

与传统国际贸易相比，跨境电子商务具有小批量、高频率和高效性的特点。

(1) 小批量

与传统集装箱式大额交易不同，跨境电子商务交易具有小批量的特点。因为跨境电子商务能够使单个卖家和单个买家之间直接进行商品交易，买卖双方进行交易的可能只有一件商品，因此小批量交易是跨境电子商务的显著特点。

（2）高频率

互联网的便捷性和跨境物流的发展为跨境电子商务的零售提供了方便，再加上跨境电子商务跳过一切中间环节与市场实时互动，实现了买卖双方随时随地可以进行交易，不再局限于时间和空间，故而交易频率大大超过传统国际贸易。

（3）高效性

传统的国际贸易是卖家通过大批量进货后，再通过各个经销商实现多级分销，最后才到达买家手中，整个交易流程环节多、时间长、成本高，而跨境电子商务可以通过跨境电子商务平台使得多个国家的卖家与买家之间直接进行交易，整个交易流程环节少、时间短、成本低，提高了交易的效率，实现了整体的高效性。

2. 跨境电子商务与国内电子商务的比较

与国内电子商务相比，跨境电子商务具有全球性、多边性的特点。

（1）全球性

从交易范围来看，国内电子商务主要面向的是国内的卖家与买家，而跨境电子商务面向的是全球的买家，这体现了互联网对于全球资源的整合能力以及跨境电子商务的全球化特点。

（2）多边性

从交易过程来看，国内电子商务的交易过程主要是包括买家和卖家交易双方，而跨境电子商务不仅包括卖家和买家交易双方，还包括进出关口、检验检疫、税务、外汇管理等国家部门主体，体现出多边协调、通力合作的特点。

1.2 我国跨境电子商务的现状与发展

我国的跨境电子商务经过多年的发展，现已步入稳健增长阶段。通过了解跨境电子商务的现状与发展，可以为卖家从事跨境电子商务工作或者进入跨境电子商务领域提供参考和指导。本节将从我国跨境电子商务的现状及发展趋势两个方面介绍相关知识。

1.2.1 我国跨境电子商务的现状

因为跨境电子商务进出口贸易面向的市场不一样，所以需要卖家充分了解跨境电子商务的现状，这样才能更好地把握市场情况，以及更好地从事跨境电子商务领域的相关工作。下面从进口跨境电子商务的现状和出口跨境电子商务的现状两方面进行具体讲解。

1. 进口跨境电子商务的现状

进口跨境电子商务的现状主要体现为商品品类丰富、消费群体消费能力强、售后服务完善、消费关注转变、市场较为规范五个方面。

（1）商品品类丰富

进口跨境电子商务在起步阶段的商品品类主要是以母婴商品为主。随着行业的发展，目前进口跨境电子商务涉及的品类包括日用品、食品饮料、化妆品、保健品、服装鞋帽等。

（2）消费群体消费能力强

我国跨境电子商务网购的买家主要为 80 后和 90 后两个群体，该年龄段的跨境网购买家普遍学历高、收入稳定,有一定的经济基础。

(3) 售后服务完善

国内的进口跨境电子商务平台推出了信任升级战略,保证了买家权益,使保税商品也能享受到自由退换货、正品保障等商品服务内容。例如天猫国际即为进口跨境电子商务平台,天猫国际的商品服务如图 1-2 所示。

图 1-2　天猫国际的商品服务

在图 1-2 中,天猫国际平台上的该款商品是由德国发往中国境内,并且提供了晚到必赔、正品保障、15 天售后无忧、进口保税等服务,通过这些服务极大地保证了买家权益。

(4) 消费关注转变

以往跨境电子商务网购的买家更多关注的是进口商品的价格,而随着生活质量的提高,其关注点开始转向商品品质,对进口商品的品质越来越看重。

(5) 市场较为规范

我国的进口跨境电子商务行业起源于 2000 年之后,当时在国外的中国留学生和工作人员人工代购进口商品。之后随着进口跨境电子商务行业的发展及各种问题的出现,国家逐步推出进口跨境电子商务的相关政策,因此当前进口跨境电子商务市场较为规范。

2. 出口跨境电子商务的现状

出口跨境电子商务的现状主要为标准化商品较为畅销、卖家地区集中和出口国家较为固定。

(1) 标准化商品较为畅销

我国畅销的跨境出口交易品类主要为 3C 电子商品、家居用品、鞋靴箱包和母婴商品等,一是因为我国在这些商品的制造方面存在一定的优势,二是因为这些商品非常标准化,便于运输和存储且退货率相对较低,容易通过电子商务这种渠道销售给境外买家。

(2) 卖家地区集中

目前我国出口跨境卖家主要集中在外贸较为发达的沿海地区,因为这些地区的地理位置相对优越,对外交通相对便利,便于开展跨境电子商务活动,总体经济实力较强,例如广东、浙江、江苏、福建等省份。

(3) 出口国家较为固定

我国卖家当前针对的主要出口跨境国家为美国、英国、德国、法国等,这些国家的经济较为发达,市场较为开放,有关跨境电子商务的相关政策有利于我国卖家进行跨境交易。

1.2.2 我国跨境电子商务的发展

明确跨境电子商务的发展情况有助于从事跨境电子商务的卖家把握行业的相关趋势和发展规律,为自身发展做出相关的规划,下面同样从进口、出口跨境电子商务两个层面对跨境电子商务的发展趋势进行讲解。

1. 进口跨境电子商务的发展趋势

进口跨境电子商务的发展趋势主要包括行业发展加快、线下实体店规模增加、消费区域逐步拓展、买家体验提升四个方面。

(1) 行业发展加快

近几年来,跨境电子商务发展加快。2019年间,进口跨境电子商务领域的资本投资次数明显增加,包括 KK 馆、海豚家、飞熊领鲜等在内的多个进口跨境电商平台成功获投。2019年我国进口跨境电商融资事件的汇总情况如表 1-1 所示。

表 1-1 2019 年我国进口跨境电商融资事件的汇总情况

融 资 方	融 资 时 间	融 资 金 额
海豚家	2019.1、2019.6	数千万美元、1 亿美元
KK 馆	2019.3	4 亿元人民币
飞熊领鲜	2019.5	数千万元人民币
51 进口车	2019.7	数千万元人民币
行云全球汇	2019.8	1 亿美元
网易考拉	2019.9	20 亿美元

(2) 线下实体店规模增加

我国的跨境电子商务卖家纷纷在线下成立实体店,例如网易考拉首家线下实体店海淘爆品店在杭州开业,并接连在宁波、郑州等城市也纷纷拓展线下实体店。海淘爆品店如图 1-3 所示。可见,大力拓展线下实体店是进口跨境电商的重要发展趋势之一,以便于突破时间和空间的束缚,实现买家即买即用的购物模式。

在图 1-3 中,网易考拉的海淘爆品店中摆满了琳琅满目的国外进口商品供中国买家选择与购买。

(3) 消费区域逐步拓展

进口跨境电商的买家目前大部分集中在一、二线城市,随着三线、四线及城镇的消费升级,预计未来进口跨境电子商务的消费区域将逐步拓展。

(4) 买家体验提升

随着进口跨境电子商务领域的逐渐成熟,卖家需要在保证商品质量的基础上,通过提升整个交易流程的效率和服务来进一步提升买家体验,从而进一步提升进口跨境电子商务的效益。

图 1-3 海淘爆品店

2．出口跨境电子商务的发展趋势

出口跨境电子商务的发展趋势主要包括商业模式转变、新兴市场崛起、市场逐渐规范。

（1）商业模式转变

出口跨境电子商务的主要商业模式开始发生转变。出口跨境电子商务由之前的卖家与卖家之间大批量货物交易的商业模式更改为卖家直接与买家进行单独交易的商业模式。越来越多的中国跨境卖家在追求更高利润的驱动下，建立起自有品牌并将品牌在诸多跨境电子商务平台上进行宣传和推广，从而实现与买家的单独交易。

（2）新兴市场崛起

我国的主要出口跨境国家为欧美发达国家，但是随着跨境电子商务在国际市场中的开展，越来越多的国家和地区开始开放自己的市场，例如巴西、印度、俄罗斯、非洲、中东等国家或地区。这些国家的政府也开始意识到跨境电子商务所带来的收益和好处，在海关、物流、税费等方面都做出了一定的改善和调整，为我国的出口跨境电子商务提供了便利。

（3）市场逐渐规范

相较于进口跨境电子商务，出口跨境电子商务起步较晚。在出口跨境电子商务的发展进程中，政府的相关部门通过建立健全的跨境电子商务市场监管机制和诚信监管体系，严厉打击出售假冒伪劣商品和侵犯知识产权的行为，促进整个出口跨境电子商务市场的规范化，从而提升我国的出口贸易经济体量，所以卖家要从质量、专利等方面提升自身商品的价值，避免投机取巧的行为发生。

1.3 跨境电子商务平台的分类与选择

跨境电子商务平台是以互联网技术为基础，为卖家和买家提供网上交易洽谈的场所，对于开展跨境电子商务有着至关重要的作用。掌握跨境电子商务平台的主要类型和平台选择方法有助于卖家正确选择自己想要开展经营的跨境电子商务平台，为之后跨境电子商务经营活动的开展打好基础。

跨境电子商务平台按照国家层面可分为进口跨境电子商务平台和出口跨境电子商务平

台两种,但是在电子商务领域,更多的是按照电子商务的商业模式进行分类。跨境电子商务平台按照电子商务的商业模式主要可以分为 B2B 跨境电子商务平台、B2C 跨境电子商务平台、C2C 跨境电子商务平台,本节将对这三种平台类型及选择方法进行详细讲解。

1.3.1 B2B 跨境电子商务平台

B2B(Business-to-Business)跨境电子商务是指分属于不同国家的企业卖家与企业买家之间进行商品交易的电子商务交易模式,而 B2B 跨境电子商务平台则是以 B2B 跨境电子商务商业模式为主开展经营工作的平台。了解这类平台有助于卖家从事企业卖家与企业买家之间大批量供货或采购的相关工作,下面从 B2B 跨境电子商务平台概述和 B2B 跨境电子商务主流平台介绍两方面对此类平台进行讲解。

1. B2B 跨境电子商务平台概述

下面从 B2B 跨境电子商务平台的经营模式、B2B 跨境电子商务平台的优势、B2B 跨境电子商务平台的劣势三方面对 B2B 跨境电子商务平台进行介绍。

(1) B2B 跨境电子商务平台的经营模式

B2B 跨境电子商务平台的经营模式主要以收取会员费用、营销推广费用以及收取交易佣金的方式进行盈利。企业卖家与企业买家之间的单笔交易金额较大,大多数订单需要进行多次交谈磋商才能达成协议。协议完成后,彼此之间的订单交易会长期且稳定,而 B2B 跨境电子商务平台则为企业卖家与企业买家的信息搜索与发布、磋商、支付等工作提供极为便利的条件。中国企业卖家与国外企业买家的交易流程如图 1-4 所示。

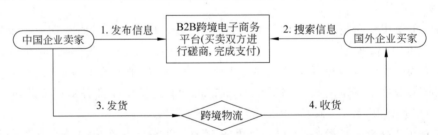

图 1-4 中国企业卖家与国外企业买家的交易流程

在图 1-4 中,中国企业卖家与国外企业买家的交易过程如下。

- 中国企业卖家首先在 B2B 跨境电子商务平台上发布自己商品的相关信息,主要包括图片、价格、数量、发货地址等;
- 商品的相关信息在 B2B 跨境电子商务平台上展示发布后,国外企业买家即可通过该平台检索和查看商品信息;
- 双方通过 B2B 跨境电子商务平台完成磋商、支付后,中国企业卖家通过跨境物流进行商品的发货;
- 国外企业买家收货之后,即完成整个交易流程。

(2) B2B 跨境电子商务平台的优势

与传统国际贸易相比,B2B 跨境电子商务平台可极大地减少卖家销售成本。不同国家的企业卖家与企业买家通过 B2B 跨境电子商务平台进行交易,可以帮助企业实现实时订货、随时调整采购数量等工作,不仅大幅度地减少了人力、物力,还极大地减少了库存成本和周转时间。

(3) B2B 跨境电子商务平台的劣势

B2B 跨境电子商务平台的劣势主要为卖家利润空间小。我国的传统国际贸易主要以大批量货物的交易模式为主,随着跨境电子商务的出现,逐渐演变为 B2B 跨境电子商务模式。但是随着跨境电子商务的发展,国内大量的企业卖家充斥在 B2B 跨境电子商务平台上,竞争激烈,使得主要以 B2B 跨境电子商务为主营业务的企业利润空间减小。

2．B2B 跨境电子商务主流平台介绍

B2B 跨境电子商务主流平台包括敦煌网、阿里巴巴国际站、中国制造网等。

(1) 敦煌网

敦煌网成立于 2004 年,是国内为中小企业卖家提供 B2B 网上交易的网站。多年来,敦煌网凭借自身的专业性与良好的口碑,目前已经拥有 120 多万国内供应商、3000 多万种商品,交易遍布全球多个国家和地区,并且具备上千万买家在线购买的规模,是全球领先的在线外贸交易平台。敦煌网的标志如图 1-5 所示。

图 1-5　敦煌网的标志

① 敦煌网入驻的基本要求

在敦煌网平台上经营时,需要企业卖家提供通过实名认证的企业资质,此外申请经营某类目时,还需要企业卖家提供自主品牌或代理品牌授权书以及类目相关的营业执照等资质。

② 敦煌网入驻的费用要求

新卖家需要缴纳一定的平台使用费,收费标准分为年缴、半年缴、季度缴,具体收费标准为:一年有效 999 元、半年有效 598 元、一个季度有效 399 元。

此外,敦煌网采取佣金制,在买卖双方交易成功后收取费用。为了激励广大企业卖家进行大额批发交易,充分体现平台的批发优势,降低运营成本,更好地服务于全球买家,敦煌网采用的是统一佣金率,实行"阶梯佣金"政策,表 1-2 所示为敦煌网的佣金调整表。

表 1-2　敦煌网的佣金调整表

阶　段	订单金额	平台佣金
第一阶段	单笔订单金额少于 300 美元	平台佣金率调整至 12.5%～19.5%(中国品牌手机的平台佣金率调整至 5.5%)
第二阶段	单笔订单金额大于或等于 300 美元且少于 1000 美元	平台佣金率调整至 4.0%～6.0%
第三阶段	单笔订单金额大于或等于 1000 美元	平台佣金率调整至 0.5%～1.5%

(2) 阿里巴巴国际站

自阿里巴巴于 1999 年成立以来,国际站就是其旗下第一个业务方向。阿里巴巴国际站是帮助中小企业拓展国际贸易的出口营销推广服务,它基于全球领先的电子商务网站阿里巴巴国际站贸易平台,通过向海外买家展示、推广企业卖家和商品,进而使企业卖家获得贸易商机和订单。

阿里巴巴国际站为全球数百万企业卖家和企业买家提供服务。服务范围包括 B2B 贸易、网上零售、购物搜索引擎、第三方支付和云计算服务等。阿里巴巴国际站的标志如图 1-6 所示。

图 1-6　阿里巴巴国际站的标志

① 阿里巴巴国际站入驻的基本要求

只要是在中国工商局注册的做实体商品的企业卖家都可以申请入驻阿里巴巴国际站。卖家在注册时,需要提供真实有效的企业信息、营业执照及法人身份证正反面的扫描件等。目前阿里巴巴国际站仅支持企业卖家入驻经营,不支持个人卖家及服务型公司(如物流、检测认证、管理服务等)企业入驻。

② 阿里巴巴国际站入驻的费用要求

入驻阿里巴巴国际站后,即成为免费会员并可开通卖家店铺,可以免费发布 500 个商品,进行店铺装修,但店铺与发布的商品无法在前台展示给买家。

成为基础会员需要支付基础服务费,即购买出口通服务,费用为 29800 元/年。购买出口通服务的企业可以在阿里巴巴国际站上建立企业网站、发布商品信息、联系海外买家、包含橱窗商品,另外有数据管家、视频自上传和企业邮箱等基础服务内容。如果企业卖家要在阿里巴巴国际站上进行营销推广,那么还要根据自身需要支付额外的费用。

此外企业卖家还可以成为金牌会员,即购买金品诚企服务,费用为 80000 元/年。金品诚企服务是阿里巴巴根据买家采购习惯推出的综合性推广服务,旨在帮助企业卖家快速赢得买家信任,促成交易。企业卖家如果使用金品诚企服务,除了享有基础会员服务,还将获得由第三方国际权威认证机构提供的认证服务,再通过阿里巴巴国际站多渠道的曝光,可以真实、全面地展现企业卖家的实力,提升被买家选择的概率,同时会有企业级的店铺管理系统服务供卖家使用。阿里巴巴国际站的会员费用及提供的服务对比如表 1-3 所示。

表 1-3　阿里巴巴国际站的会员费用及提供的服务对比表

服务内容	免费会员	基础会员	金牌会员
会员费用	0 元/年	29800 元/年	80000 元/年
基础服务	无	有	有
认证服务	无	无	有
营销权益	无	无	有
企业级服务	无	无	有

在交易佣金方面，企业卖家使用的是阿里巴巴旗下的一达通代理出口服务，该服务不收取交易佣金。如果企业卖家使用阿里巴巴国际物流服务，则需要支付 1% 的佣金，通过第三方物流发货则收取 2% 的佣金，100 美元封顶。

（3）中国制造网

中国制造网创建于 1998 年，是我国著名的 B2B 跨境电子商务平台之一，关注和服务于中国企业特别是众多中小企业的发展。中国制造网是一个中国商品信息荟萃的网上世界，面向全球提供中国商品的电子商务服务，旨在利用互联网将中国制造的商品介绍给全球采购商。中国制造网的标志如图 1-7 所示。

图 1-7　中国制造网的标志

① 中国制造网入驻的基本要求

卖家入驻中国制造网时需要企业提供营业执照、企业信息等。

② 中国制造网入驻的费用

在入驻中国制造网时，企业卖家可以免费注册、免费发布商品和企业信息。在交易佣金方面，企业卖家在中国制造网上进行交易无佣金。但是在后续的经营过程中，企业卖家需要开通百销通会员服务，才能更好地进行商品的推广。

百销通会员服务包括权威认证、广告服务、展示升级包、增值服务、线下服务。价格为超值版 9800 元/2 年、经典版 19800 元/2 年、至尊版 58888 元/2 年。中国制造网百销通会员不同版本的服务内容如图 1-8 所示。

套餐价格	¥58888/2年	¥19800/2年	¥9800/2年
	立即咨询	立即咨询	立即咨询
会员服务 百销通高级版会员服务	尊享所有会员服务	尊享所有会员服务	尊享所有会员服务
权威认证	实地认证	资质认证	资质认证
广告服务 钻石排名	✓	✓	✓
黄金排名	✓	✓	✓
精品橱窗	✓	✓	✓
摩天大楼	✓	✓	--
首页产品展台	✓	✓	--
首页顶部通栏	✓	--	--
搜索页横幅广告	✓	--	--
展示升级包 产品简介视频	✓	✓	✓
企业宣传视频	✓	✓	✓
动画产品	✓	✓	--
供应商小程序	✓	✓	--
3D展厅	✓	--	--
产品发布数量	增加至10000条	增加至5000条	增加至2000条
增值服务 搜索引擎优化	✓	✓	✓
支持一键搬家（从阿里和慧聪搬迁）	✓	✓	✓
客户服务	资深专属客服	资深客服	资深客服
百卓优采云进销存	✓	✓	✓
线下展会（优先入选等级）	★★★★★	★★★	★
线下服务			

图 1-8　中国制造网百销通会员不同版本的服务内容

注意：1.3.1节所讲解的B2B跨境电子商务平台的入驻要求和费用适用于2019年12月31日之前，具体内容请以平台官网或卖家后台为准。

1.3.2 B2C跨境电子商务平台

B2C(Business-to-Consumer)跨境电子商务是指分属不同国家的企业卖家直接面向买家个人开展的在线商品交易的电子商务模式，而B2C跨境电子商务平台则是以B2C跨境电子商务商业模式为主开展经营工作的平台。了解这类平台有助于卖家开展直接面向买家的商品销售的跨境电子商务经营模式，下面我们从B2C跨境电子商务平台概述和B2C跨境电子商务主流平台介绍两方面对此类平台进行学习。

1. B2C跨境电子商务平台概述

下面从B2C跨境电子商务平台的经营模式、B2C跨境电子商务平台的优势、B2C跨境电子商务平台的劣势三方面对B2C跨境电子商务平台进行介绍。

(1) B2C跨境电子商务平台的经营模式

卖家可以通过B2C跨境电子商务平台直接与各国买家进行商品交易，也就是零售，这种模式主要借助互联网进行在线销售活动。目前世界上的B2C跨境电子商务平台大多数为第三方B2C交易平台。卖家在人力、物力、财力有限的情况下，可以通过这类平台进行商品的跨境推广与销售。

第三方B2C交易平台通过收取交易佣金和平台增值服务费等获取利益。在B2C跨境电子商务平台上的商品交易流程与B2B跨境电子商务平台的交易流程类似，中国企业卖家与国外个人买家的交易过程如图1-9所示。

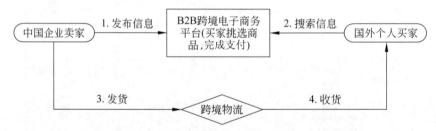

图1-9 中国企业卖家与国外个人买家的交易过程

在图1-9中，中国企业卖家与国外个人买家的交易过程如下。

- 中国企业卖家首先在B2C跨境电子商务平台上发布自己商品的相关信息，主要包括图片、价格、发货地址等；
- 商品的相关信息在B2C跨境电子商务平台上展示发布后，国外个人买家即可通过该平台进行商品信息的搜索和查看；
- 双方通过B2C跨境电子商务平台完成商品挑选和支付后，中国企业卖家通过跨境物流进行商品的发货；
- 国外个人买家收货之后，即完成整个交易过程。

(2) B2C跨境电子商务平台的优势

与传统国际贸易相比，B2C跨境电子商务降低了卖家从事跨境交易的门槛。在B2C跨境电子商务平台出现之前,由于进行传统国际贸易需要卖家拥有一定的资金实力及资源,因此中国的零售卖家只能在国内的电子商务平台或线下实体店进行商品销售。而在 B2C 跨境电子商务平台出现后,由于其入驻门槛低,因此卖家较为容易就可以通过平台审核,从而进入平台从事跨境交易活动,有效地降低了卖家从事跨境交易的门槛。

(3) B2C 跨境电子商务平台的劣势

B2C 跨境电子商务平台的价格非常混乱。在 B2C 跨境电子商务平台上进行经营活动时,只要找到国内市场和国外市场的价格差,卖家即可开展相应业务,获取利润。但是随着商品的同质化及营销手段的趋同化,价格成为卖家争夺买家市场的关键砝码,卖家纷纷开展低价促销活动,从而导致平台上商品的价格混乱。

2. B2C 跨境电子商务主流平台介绍

B2C 跨境电子商务主流平台包括亚马逊、eBay、Wish、全球速卖通等。

(1) 亚马逊

亚马逊成立于 1995 年,是美国较大的一家网络电子商务公司,也是网络上较早开始经营电子商务的公司之一。亚马逊一开始只经营书籍的网络销售业务,现在其销售业务扩展至数百万种独特的全新、翻新及二手商品,已成为全球商品品种非常多的网上零售商。亚马逊平台的标志如图 1-10 所示。

图 1-10　亚马逊平台的标志

① 亚马逊入驻的基本要求

中国卖家想要入驻亚马逊平台,需要拥有在中国注册的实体公司,可以提供相应的企业资质和企业账单等。

② 亚马逊入驻的费用

亚马逊的平台使用费根据面向国家的不同而不同,例如面向日本的使用费为 4900 日元/月(约 45 美元),而面向英国的平台使用费为 25 英镑/月(约 33 美元)。对于商品的销售,亚马逊会根据不同品类收取不同比例的佣金,一般为商品价格的 8%～15%。

(2) eBay

eBay 创立于 1995 年 9 月,其经营宗旨是为来自各方的个人及小型公司提供一个买卖商品的交易平台。至今,eBay 在全球各地已有超过一亿的注册会员。eBay 平台上的商品种类较多,包括明星闪卡、古董、公仔或餐具组等各式收藏品,或是二手车、服饰、书籍、CD 或电子商品等实用物品,买家可以通过拍卖、一口价等形式进行购物。eBay 平台的标志如图 1-11 所示。

图 1-11　eBay 平台的标志

① eBay 入驻的基本要求

企业卖家想要入驻 eBay 平台,必须是具有工商税务信息且无异常的注册企业。个人卖家的注册方式相对较为简单。卖家申请的账号需要通过 eBay 认证且连接到与 eBay 合作的第三方支付账号,例如 PayPal 账号。此外,卖家想要在 eBay 平台上进行销售,还需要进行跨国认证,要准备的资料包括身份证、个人近照、地址证明等。

② eBay 入驻的费用

注册 eBay 是免费的,并且在卖家注册完成后,会拥有一定数量的免费商品刊登数量。例如在美国销售,那么每个月都会获得至少 50 条免费的商品刊登的数量,超过这个数量则需要支付一定的金额。根据卖家店铺类型的不同,免费刊登的数量和额外刊登的费用都是不一样的。

eBay 卖家的店铺类型根据其服务和功能的不同,分为初学、基本、精选、超级、企业 5 种,卖家可以根据自己的需求按月度或年度订购相应店铺类型,但是费用都是每月结算,eBay 店铺类型的平台使用费如表 1-4 所示。

表 1-4 eBay 店铺类型的平台使用费

店铺类型	每月店铺订购费用	
	月度订购	年度订购
初学	7.95 美元	4.95 美元
基本	27.95 美元	21.95 美元
精选	74.95 美元	59.95 美元
超级	349.95 美元	299.95 美元
企业	目前无法使用	2999.95 美元

根据店铺类型及品类的不同,eBay 平台上的交易佣金范围为 0~12%,例如初学店铺中书籍、DVD、电影、音乐的交易佣金为 12%(上限为 750 美元),而男、女士运动鞋销售价低于 100 美元的交易佣金为 10%,销售价为 100 美元及以上的交易佣金为 0。

(3) Wish

Wish 于 2011 年在硅谷成立,是一家高科技独角兽公司,有 90% 的卖家来自中国,也是北美和欧洲较大的移动电商平台。Wish 平台的标志如图 1-12 所示。

图 1-12 Wish 平台的标志

① Wish 入驻的基本要求

想要入驻 Wish 平台的卖家必须是国内主流平台或某一跨境第三方平台的企业卖家。值得一提的是,如果卖家没有入驻任何一个电子商务平台,但若它是能提供优质商品且规模较大的工厂或线下知名品牌商,则也可以入驻 Wish 平台。

② Wish 入驻的费用

Wish 的注册是免费的,但是注册成功后,需要卖家缴纳 2000 美元的押金,另外每笔订单的交易佣金为 15%。

(4) 全球速卖通

全球速卖通正式上线于 2010 年 4 月,是中国境内的 B2C 跨境出口平台,同时也是在俄罗斯、西班牙排名第一的电商网站,被广大卖家称为"国际版淘宝"。全球速卖通面向海外买家,通过支付宝国际账户进行担保交易并使用国际快递发货,是全球第三大英文在线购物网站。全球速卖通的标志如图 1-13 所示。

AliExpress 全球速卖通

图 1-13 全球速卖通的标志

① 全球速卖通入驻的基本要求

企业卖家在全球速卖通平台上均可开店,须通过企业支付宝账号或企业法人支付宝账号在速卖通上完成企业身份认证。值得一提的是,即使卖家没有自己的品牌或代理品牌,也可开店。

② 全球速卖通入驻的费用

入驻全球速卖通后,卖家在申请入驻经营类目时,应指定缴纳保证金的支付宝账号并保证其有足够的余额。平台将在卖家的入驻申请通过后通过支付宝冻结相关金额,如果支付宝内金额不足,权限将无法开通。保证金按卖家店铺入驻的类目收取,如服装服饰类目为10000 元,手机类为 30000 元。如果卖家在经营店铺时违规,速卖通平台则会进行处罚,处罚金从保证金中扣除,且三次考核不达标将永久清退。

全球速卖通的商品交易佣金为 5%～10%,例如家具为 5%、男装为 8%、发制品为 10%。

注意: 1.3.2 节所讲解的 B2C 跨境电子商务平台的入驻要求和费用适用于 2019 年 12 月 31 日之前,具体内容请以平台官网或卖家后台为准。

1.3.3　C2C 跨境电子商务平台

C2C 跨境电子商务是指分属不同国家的个人卖家与个人买家之间展开的交易活动,而 C2C 跨境电子商务平台则是以 C2C 跨境电子商务商业模式为主开展经营工作的平台。值得一提的是,C2C 跨境电子商务平台多以进口为主。了解这类平台有助于卖家开展该种跨境电子商务经营模式。下面从 C2C 跨境电子商务平台概述和 C2C 跨境电子商务主流平台介绍两方面对此类平台进行讲解。

1. C2C 跨境电子商务平台概述

下面从 C2C 跨境电子商务平台的经营模式、C2C 跨境电子商务平台的优势、C2C 跨境电子商务平台的劣势三方面对 C2C 跨境电子商务平台进行介绍。

(1) C2C 跨境电子商务平台的经营模式

C2C 跨境电子商务平台主要为个人卖家提供跨境电子商务平台,然后依靠传统的广告和返点模式盈利。在 C2C 跨境电子商务平台上,个人卖家可以成为意见领袖、购物达人等,从而拥有自己的粉丝,通过向粉丝推荐商品进行盈利,这种平台更适合于个人卖家。中国个人卖家与国外个人买家的交易过程如图 1-14 所示。

在图 1-14 中,中国个人卖家与国外个人买家的交易过程如下。

- 中国个人卖家首先在 C2C 跨境电子商务平台上发布自己商品的相关信息,主要包括图片、价格、发货地址等;
- 商品的相关信息在 C2C 跨境电子商务平台上展示发布后,国外个人买家即可通过该平台进行商品信息的搜索和查看;

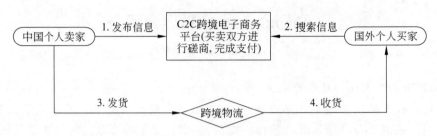

图 1-14　国内个人卖家与国外个人买家的交易过程

- 双方通过 C2C 跨境电子商务平台完成磋商、支付后,中国个人卖家通过跨境物流进行商品的发货;
- 国外个人买家收货之后,即完成整个交易流程。

(2) C2C 跨境电子商务平台的优势

与传统国际贸易相比,C2C 跨境电子商务平台的买家忠诚度更高。在 C2C 跨境电子商务平台上,意见领袖、购物达人等可以通过平台满足买家对于购物的细致化、多样化等个性化需求,还可以在社交过程不断增加买家对其的忠诚度,获得价值观层面的认同和分享,建立个人的信任机制,使得买家具有较高的忠诚度。

(3) C2C 跨境电子商务平台的劣势

C2C 跨境电子商务平台的经营模式实际为海外买手模式,所以这种平台上的个人卖家所提供的服务和商品的质量参差不齐,难以掌控。另外个人代购存在一定的法律风险,随着跨境电子商务行业的不断规范和整合,前途不可预知。

2. C2C 跨境电子商务主流平台介绍

C2C 跨境电子商务主流平台有洋码头、海蜜等。

(1) 洋码头

洋码头成立于 2009 年,是中国海外购物平台,满足了中国买家不出国门就能购买到全球商品的需求。洋码头移动端 APP 内拥有首创的"扫货直播"频道,主要以 C2C 模式为主,聚集了数万名海外认证的个人卖家,这些个人卖家分布于美国、欧洲、澳洲、日本、韩国等全球 20 多个国家和地区,现场直播购物,体验同步折扣。洋码头跨过所有中间环节,降低了中国市场的进入门槛,让买家体验真实的海外现场购物。洋码头的标志如图 1-15 所示。

① 洋码头入驻的基本要求

个人卖家入驻洋码头平台需要通过严格的资质认证与审核,提供海外长期居住、海外身份、海外信用、海外经营资质等多项证明材料。

② 洋码头入驻的费用

个人卖家入驻洋码头后,平台会收取一定的入驻保证金,另外在产生商品交易时,平台会收取一定的交易佣金。

(2) 海蜜

海蜜是一个专业从事海外购物的移动平台。该平台主要用于解决国内买家与国外专业买手之间的对接交易问题,消除国内海淘购物者在海淘过程中所经常碰到的语言、关税、物流等障碍,提升海淘购物的便捷性、时效性、专业性。海蜜的标志如图 1-16 所示。

图 1-15　洋码头的标志

图 1-16　海蜜的标志

① 海蜜入驻的基本要求

个人卖家要入驻海蜜，必须向平台提供真实的海外联系电话、手持海外身份证件半身照、海外身份证件正面照、生活中实际收到的账单（仅限于发起认证时间的最近三个月内）等证明材料信息。

② 海蜜入驻的费用

个人卖家入驻海蜜后，需要缴纳一定的入驻保证金，另外在产生商品交易时，平台会收取一定的交易佣金。

注意：1.3.3 节所讲解的 C2C 跨境电子商务平台的入驻要求和费用适用于 2019 年 12 月 31 日之前，具体内容请以平台官网或卖家后台为准。

1.3.4　跨境电子商务平台的选择

在开展跨境电子商务时，卖家首先要选择需要入驻的跨境电子商务平台。在选择跨境电子商务平台时，卖家要对自身进行分析确定业务模式，再结合跨境电子商务平台特性进行合理选择。下面从卖家自身业务定位分析和跨境电子商务平台分析两个方面进行讲解。

1. 卖家自身业务定位分析

在进行自身业务定位分析时，卖家先要明确自己从事的是进口跨境电子商务还是出口跨境电子商务。进口跨境电子商务是从国外向国内转运商品，进行销售后，赚取差价。出口跨境电子商务则是在国内采购商品或者卖家自己生产商品销售到国外。

选择好自己从事的贸易方向后，卖家需要根据自身经营的规模及优势来选择自己的销售模式。

如果是个人卖家，则建议选择 C2C 销售模式，这种业务模式更适合于在国外留学、定居的个人卖家。能否为买家提供购物建议和带动买家的购物积极性是衡量是否可以成为一个合格买手的重要标准。虽然有 B2C 跨境电子商务平台允许个人卖家入驻，但是因为入驻企业较多，个人卖家的竞争力较差，无法得到很好的发展，所以不建议个人卖家入驻 B2C 跨境电子商务平台。

如果是企业卖家，则需要从自身拥有的资源及擅长的领域来选择 B2B 销售模式或 B2C 销售模式。

对于 B2B 销售模式而言，卖家面向的是企业买家，订单量级较大，能否取得买家信任对于卖家的发展十分关键。想要从事 B2B 跨境电子商务且获得较好的效益，企业卖家需要大量的资金成本来开拓市场、建立品牌，对于卖家自身实力要求较高。

对 B2C 模式而言，入驻门槛低，但由于高频率、小批量的业务特点，能否保证跨境物流的时效性及提升买家体验对于卖家是一个极大的考验。

2. 跨境电子商务平台分析

当确定了开展跨境电子商务的业务模式后，卖家需要对跨境电子商务平台进行分析。由上面各节中对于 B2B 跨境电子商务主流平台、B2C 跨境电子商务主流平台及 C2C 跨境电子商务主流平台的介绍可知，虽然各个平台之间的入驻要求有所差异（例如亚马逊需要卖家拥有在中国注册的合法、独立运营的实体公司；eBay 平台需要卖家进行跨国认证等），但只要是拥有真实有效的企业信息和资质的卖家都可以申请入驻平台。卖家在注册平台时，根据平台需要进行操作即可。

卖家选择跨境电子商务平台时，主要从以下两方面进行考虑。

（1）跨境电子商务平台的实力

成立较早、规模和影响力较大的跨境电子商务平台往往具有丰富的平台运营经验，在会员管理、信息管理、市场开拓等方面拥有较好的资源，可以为卖家提供很好的服务。

（2）跨境电子商务平台的服务项目收费

目前各种跨境电子商务平台都会提供各种免费和付费的服务，价格不等。一般跨境电子商务平台提供的免费服务只是基础类的服务，包括账号注册、商品发布等，但是对于卖家认证、商品推广等都有所限制，故而卖家需要根据自身需求和购买能力来选择合适的平台和服务。

【阶段案例 1-1】 贺鹤的选择

毕业后，贺鹤来到了一家生产和销售儿童玩具的创业企业，企业名字叫"童趣天堂"。某天，老板把贺鹤叫到办公室说了一些事情。

原来随着现在跨境电子商务的高速发展，越来越多的中国卖家将目光投向了国外市场。老板也不例外，想拓展一下国外市场。由于贺鹤之前负责的是国内传统电子商务，做得很不错，并且对企业业务很了解，因此老板决定让他去开拓跨境电子商务这一新的销售渠道。

贺鹤接到任务后，先是对跨境电子商务进行了解，发现跨境电子商务分为进口跨境电子商务和出口跨境电子商务，如果想要拓展国外市场，那么必定选择出口跨境电子商务，这点很容易就能确定。

然后贺鹤对自己的企业进行了分析，分析结果如表 1-5 所示。

表 1-5 童趣天堂企业的分析结果

年 份	主要业务模式	销售额	优 势
2018 年	在国内线上电子商务平台上进行商品销售，直接面向个人买家	300 万元	熟悉儿童玩具行业，有完整的玩具生产体系，可根据市场变化设计和调整具体商品
2019 年		500 万元	

通过表 1-5 可知,童趣天堂企业目前的主要业务模式是通过国内电子商务平台向个人买家销售商品;2018 年和 2019 年的销售额分别为 300 万元和 500 万元,表明企业的实力不是很强、规模不是很大,属于起步阶段;企业的优势在于熟悉儿童玩具行业,有完整的玩具生产体系,可根据市场变化设计和调整具体商品。通过这个优势,企业可以快速地适应市场和满足买家需求。

然后贺鹤又通过各跨境电子商务平台的官网介绍及跨境电子商务相关的咨询网站对跨境电子商务平台模式进行了一番了解对比,总结成一个表格。跨境电子商务平台模式对比如表 1-6 所示。

表 1-6　跨境电子商务平台模式对比

平台类型	入驻要求	入驻费用
B2B 跨境电子商务平台	提供企业的相关信息即可注册入驻	入驻后有平台使用费、会员费或交易佣金(金额较大)
B2C 跨境电子商务平台	提供企业的相关信息即可注册入驻	入驻后有平台使用费、交易佣金或保证金(金额较小)
C2C 跨境电子商务平台	提供个人的海外信息即可入驻	入驻后有保证金和交易佣金

通过对表 1-5 和表 1-6 的综合分析考虑,贺鹤认为企业目前实力较弱,选择费用较少的平台利于控制资金投入,且自己对于 B2C 模式较为熟悉,通过调研市场需求,企业可以很快地调整商品策略并生产商品。故而贺鹤选择了 B2C 跨境电子商务平台作为企业进军跨境电子商务的销售平台。

贺鹤通过网络了解到,B2C 跨境电子商务主流平台包括亚马逊、eBay、Wish、全球速卖通等。其中,亚马逊成立时间最早,运营体系最为成熟,在市场上拥有较多的买家且多为发达国家的中产优质买家,是全球排名第一的零售商销售平台,买家达到 4 亿,但是卖家只有 600 万,是一个很好的起步平台,故而贺鹤首先选择了亚马逊作为企业走向国际市场的第一站。

1.4　本章小结

本章首先对跨境电子商务的定义、意义及特点进行了讲解,然后讲述了我国跨境电子商务的现状与发展趋势。最后,介绍了跨境电子商务领域中的主流平台模式及该模式下的主流平台。

通过学习本章,希望卖家能够认识和了解跨境电子商务,掌握跨境电子商务的平台模式和选择方法,为从事跨境电子商务的相关工作打好基础。

1.5　课后思考

跨境电子商务平台除了 B2B、B2C、C2C 这三种主流商业模式外,还有其他的模式类型,请大家查找相关资料,了解一种或两种其他的跨境电子商务平台模式及该模式下有哪些平台,填写在跨境电子商务平台调查表中(如表1-7所示)。

表1-7 跨境电子商务平台调查表

跨境电子商务平台模式	模式介绍	平台名称及介绍

第 2 章
亚马逊平台的站点注册

【学习目标】

- 了解亚马逊平台的北美站
- 了解亚马逊平台的日本站
- 了解亚马逊平台的欧洲站
- 了解亚马逊平台的澳洲站
- 掌握亚马逊平台的注册准备
- 掌握亚马逊平台的注册流程

跨境电子商务平台面向的是全球的买家,不同国家和地区之间的语言、货币、制度等都是不一样的,所以跨境电子商务平台会根据平台面向的国家和地区的不同来设置独立的网站,我们称为国家站点,简称站点。了解和掌握跨境电子商务平台开展的站点及注册方式可以帮助卖家合理地选择和注册跨境电子商务平台的网站页面,避免造成失误。

而亚马逊作为全球商品品种较多的跨境电子商务网上零售商,其运营规模位居首位。在全球范围内,亚马逊平台的知名度和美誉度都很高,是卖家从事跨境电子商务的首要选择。本章将从亚马逊平台的站点和亚马逊平台的注册两方面进行讲解。

2.1 亚马逊平台的站点

跨境电子商务平台的站点指的是跨境电子商务平台面对不同国家或地区所开放的供卖家销售商品的网站,所以卖家注册和使用不同的站点就是面对不同的国家市场。站点不同,则卖家使用的网站页面上的语言文字、商品价格都会有所差异。了解跨境电子商务平台的站点情况有助于卖家正确合理地选择目标市场。因为亚马逊平台的北美站、日本站、欧洲站、澳洲站这四个站的跨境电子商务市场和运营体系都较为成熟,所以本节将以北美站、日本站、欧洲站和澳洲站为例进行详细讲解。

2.1.1 亚马逊北美站

亚马逊北美站包括美国、加拿大和墨西哥三个站点,通过对这些站点的学习,卖家可以了解北美站中各个站点的概况。下面首先介绍北美站概况,然后再对美国站点、加拿大站点和墨西哥站点的各自特点进行讲解。

1. 北美站概况

亚马逊一直都是众多中国卖家开始跨境电子商务之旅的起点,而北美站则是中国卖家优先选择的海外站点。卖家入驻亚马逊北美站后,可在卖家后台进行站点的切换,进而分别将商品销售往美国、加拿大、墨西哥这三个国家。亚马逊网站对于北美站的介绍如图 2-1 所示。

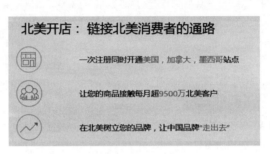

图 2-1 亚马逊网站对于北美站的介绍

2. 美国站点的特点

美国站点面向的是美国市场,其特点主要包括市场容量大、市场接纳性强、市场注重商品质量、市场季节性强。

(1)市场容量大

美国是世界上较大的消费品市场,市场容量较大。美国居民的人均年收入较高,消费意识较强,对于日常消费品的更新较快、购买次数较多,加之美国国内的劳动力成本较高,自己不进行生产活动,所以美国居民许多的日常用品都是从别的国家进口而来,故而其市场容量较大,中国卖家易于进入该市场。

(2)市场接纳性强

美国市场民族各异、阶级层次分明,市场接纳能力强。美国属于移民国家,由多个种族组成,其次是因为美国贫富差距较大,高、中、低收入阶层构成了不同层次的消费群体和不同层面的特定市场,且规模可观。因此来自世界各地的高、中、低档次的商品在美国都有很大的需求。

(3)市场注重商品质量

美国市场重质量、讲品牌,尤其注重商品质量安全。美国市场所讲的商品质量的含义与我国的商品质量的含义有所差别,它并不局限于商品的功能是否强大、商品本身的寿命等,还包含了使用说明及售后服务的质量。

(4)市场季节性强

美国市场销售商品的季节性较强,主要包括春季(1~5月)、夏季(7~9月)、节日季(11~12月)等。每个季节都有商品换季的销售高潮,例如美国每年 11 月第 4 个星期四的感恩节就是商品的销售旺季,感恩节当月的销售额通常要占全年销售额的三分之一。

3. 加拿大站点的特点

加拿大站点面向的是加拿大市场,其特点主要包括跨境电子商务发展空间大、买家多元化。

（1）跨境电子商务发展空间大

加拿大网络普及率高，但本地电商的发展却较为落后缓慢，近年来迫于电商平台对传统零售业的挤占，传统的零售企业开始开展线上活动，但完全通过电子商务平台销售商品的电商企业还较少。加拿大本地电商的销售额约占总市场的55％，其电子商务市场的近一半份额被跨境电子商务所占据，所以跨境电子商务在加拿大有着较好的发展空间。

（2）买家多元化

加拿大是典型的移民国家，移民率高，导致社会构成较为复杂，其国家及民族的观念和意识较为薄弱。除了多种族的人口构成，加拿大还将英语、法语这两种语言作为官方认可语种，由此造成了国家文化的多元化并受到多种族、多文化的特殊环境影响，买家的购买需求也偏向多元化。

4. 墨西哥站点的特点

墨西哥站点面向的是墨西哥市场，其特点主要包括国家经济开放、买家超前消费观念强烈、跨境市场潜力大。

（1）国家经济开放

墨西哥位于美洲中心地带，是南、北美洲陆路交通的必经之地，素称"陆上桥梁"。墨西哥是拉美经济大国，也是世界最开放的经济体之一，它一直以来都是拉美国家中最大的中国商品出口目的国。

（2）买家超前消费观念强烈

墨西哥居民超前消费的观念很强烈，在商场购买金额稍大的商品时都倾向于分期付款。

（3）跨境市场潜力大

墨西哥是一个自由市场经济国家，目前总人口为1.3亿，互联网的渗透率为56％。互联网用户超过7000万，其中3800万是网上购物者。不过在墨西哥这个国家，跨境电子商务兴起的时间较短，故而跨境电子商务的市场潜力较大。

2.1.2 亚马逊日本站

亚马逊日本站只包括日本一个国家站点，下面从日本站概况和日本站特点两个方面进行讲解。

1. 日本站概况

相比于亚马逊的其他国家站点，日本站点买家的消费习惯与中国买家更为接近，对于想要接触跨境电子商务的中国企业来说，亚马逊日本站是个不错的选择。亚马逊网站对于日本站的介绍如图2-2所示。

2. 日本站特点

日本站特点主要包括电商覆盖率高、商品复购率高、商品退货率低。

（1）电商覆盖率高

日本的移动电商规模很大，日本买家已经习惯用手机社交和购物。大多数买家不止一

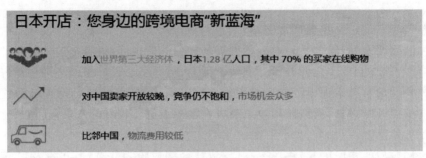

图 2-2　亚马逊网站对于日本站的介绍

个手机,手机覆盖率达 100%,其中约 70% 的日本买家会通过电子商务的方式进行购物,故而电子商务的覆盖率极高,跨境电子商务极易发展。

(2) 商品复购率高

由于日本文化非常注重忠诚,日本买家一旦认可一个品牌,就会对这个品牌产生很大的依赖性,因此商品复购率很高。

(3) 商品退货率低

日本居民在选购商品时对商品质量以及商品的展示形式与效果要求都很高,一旦选中了某个商品,就很少会退货,从而降低了卖家在大型平台上的商品销售成本。

2.1.3　亚马逊欧洲站

亚马逊欧洲站包括欧洲的五个国家,分别为英国站点、德国站点、法国站点、意大利站点和西班牙站点。其中英国站点、德国站点、法国站点在欧洲市场极具代表性,所以下面从欧洲站概况以及英国、德国、法国这三个国家站点的特点等方面进行讲解。

1. 欧洲站概况

欧洲站的流量堪比北美站,竞争压力相比稍小些,吸引了大量的中国卖家去开拓市场。卖家入驻亚马逊欧洲站后,即可将商品销售到英国、德国、法国、意大利和西班牙等国家和地区。亚马逊网站对于欧洲站的介绍如图 2-3 所示。

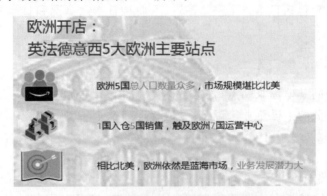

图 2-3　亚马逊网站对于欧洲站的介绍

2. 英国站点的特点

英国站点的特点包括买家追求实用性和电商市场快速发展。
（1）买家追求实用性
英国买家在购买商品时对于商品的细节比较关注，追求商品的质量和实用性。
（2）电商市场快速发展
近几年来，英国在线购物买家的人数越来越多，每周英国在线消费支出就高达 11 亿英镑。其中近三分之一买家曾向非欧盟海外跨境电商卖家购买过商品，且英国买家的网络下单和支付规模在不断刷新以往的纪录。

3. 德国站点的特点

德国站点面对的是德国市场，其特点包括本土商品优质、买家退货率高、买家较为理性。
（1）本土商品优质
德国人的工匠精神以及对于工作的严谨性和专业性使德国出现了约 2000 个世界名牌。所以德国本土的商品已经足够优质，其他国家的商品要想进入德国市场，就需要在品质上精益求精，方能得到德国人的认可。
（2）买家退货率高
德国人的退货率很高，将近 50%，这与德国的法律和买家的消费行为有关。德国的法律规定，网购时买家可以将没有开封的商品在 14 天内退回，而德国人也经常会购买多个颜色或尺码的商品，在试用过后将不满意的那部分退掉。
（3）买家较为理性
德国人的消费观念相对其他国家而言较为理性，基本上不会冲动消费。购买奢侈品的人比较少，相对于外在的追求，这样的买家更注重的是生活的品质。

4. 法国站点的特点

法国站点面对的是法国市场。法国的买家一般会在网站上直接搜索自己想要的商品，准确、全面和富有吸引力的商品信息能够更有效地吸引买家。法国买家网购的目的性相对而言比较强，他们很多时候都是确定了想要购买什么商品才去网上购买。另外，因为法国的旅游业很发达，所以与旅游、文化和服务相关的商品也备受法国买家青睐。

2.1.4 亚马逊澳洲站

澳洲站是亚马逊近几年新开拓的市场，下面从澳洲站概况和澳洲站特点两个方面进行讲解。

1. 澳洲站概况

澳洲站中只有澳大利亚一个国家，亚马逊网站对于澳洲站的介绍如图 2-4 所示。

2. 澳洲站特点

澳洲站特点主要包括买家购买力高和国家进口需求大。

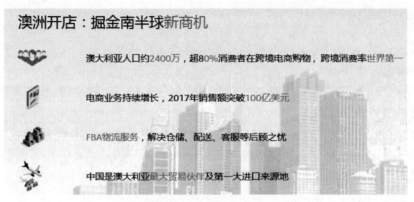

图 2-4 亚马逊网站对于澳洲站的介绍

（1）买家购买力高

地处南半球的澳大利亚是全球较为富有的国家，个人平均财富值较高，再加上澳大利亚的互联网渗透率更是高达 88％，所以澳大利亚的买家在跨境电子商务方面的购买力相对较高。

（2）国家进口需求大

澳大利亚的制造业不发达，对于进口需求较大，而中国正好制造成本低，有价格优势，是其进口大国。

亚马逊平台的各个国家站点并没有优劣之分，了解了这些站点自身的特点之后，卖家可以根据自己的情况来选择合适的站点。

亚马逊平台是在美国成长发展起来的，已经发展得较为成熟。通过亚马逊美国站成熟的运营体系可使卖家更加快捷、完善地掌握跨境电子商务的相关知识，故而本书下面关于亚马逊平台的运营推广知识都是以美国站点为例进行讲解。

2.2 亚马逊平台的注册

卖家选择好要入驻的亚马逊站点后，就要开始进行站点的注册工作。只有完成注册之后，卖家才能拥有自己的店铺后台，进行商品上传、数据查看等后续的运营工作。本节将从亚马逊平台的注册准备和亚马逊平台的注册流程两方面进行讲解。

2.2.1 亚马逊平台的注册准备

跨境电子商务平台的注册要求大同小异，了解亚马逊平台注册前的相关准备工作可以帮助卖家快速、准确地完成亚马逊店铺的注册。亚马逊平台的注册准备主要包括了解账户类型、准备注册资料及选择收款和支付方式。

1. 了解账户类型

亚马逊平台的账户类型包括 Vendor Central、Vendor Express、Seller Central 这三种类型。

（1）Vendor Central

Vendor Central 简称 VC，是亚马逊平台的供应商系统，亚马逊平台上所有的自营商品大部分都是来自这个账户类型的卖家。能够注册 VC 账户类型的卖家都是被亚马逊官方邀请入驻的且都是品牌卖家。这就意味着，卖家需要在进行商品和品牌沉淀之后才可能入驻，而不是在一无所有的情况下就能够入驻。

Vendor Central 这种账户类型类似于目前国内京东平台的自营模式，卖家与亚马逊平台达成合作后，平台会购买并储存卖家的商品，全权负责运输、定价、客服甚至是退货等工作。

（2）Vendor Express

Vendor Express 简称 VE，与 VC 类型相似，都是亚马逊面向卖家的供应商系统。与 VC 有所区别的是，注册 VE 账户的卖家需要符合一定的条件，例如必须是美国本土的卖家、拥有美国税号等。

（3）Seller Central

SellerCentral 简称 SC，是亚马逊面向卖家的独立操作账户，目前大多数的中国卖家在亚马逊平台上都是以这种账户类型进行商品销售。在亚马逊上独立销售商品的卖家来自世界各个国家和地区，有企业卖家也有个人卖家，业务规模大小不等。

在亚马逊平台上注册为 SC 账户的卖家又分为两种店铺级别：个人销售账户和专业销售账户。个人销售账户和专业销售账户的对比如表 2-1 所示。

表 2-1　个人销售账户和专业销售账户的对比

店铺级别	个人销售账户	专业销售账户
平台使用费	0.99 美元/件	39.99 美元/月
交易佣金	根据不同品类，平台收取不同比例的佣金，一般为 8%～15%	
功能区别	商品单个上传，无数据报告，无推广促销工具	商品单个上传或批量上传，可下载数据报告，可使用平台推广促销工具

在表 2-1 中，个人销售账户的平台使用费是按 0.99 美元/件进行收取，例如使用个人销售账户的卖家每上传一件商品，平台就会收取 0.99 美元的平台使用费。而专业销售账户是按 39.99 美元/月进行收取；在交易佣金方面，两种店铺级别无区别，都是根据不同品类收取不同比例的佣金，一般为 8%～15%；在功能方面，个人销售账户在上传商品时只能进行单个上传且后台无数据报告，不能使用平台的推广促销工具。而对于专业销售账户，卖家可以单个上传或批量上传商品且可下载数据报告，在运营过程中还可以使用平台提供的平台推广促销工具。

通过上述个人销售账户和专业销售账户的对比可以看出，两者最大的区别就在于是否缴纳平台店铺月租，以及不同的店铺级别影响着运营中是否可以享有更多的重要工具和功能。如果卖家想在亚马逊平台上获得更好的发展，获取更多的利润，那专业销售账户的店铺是必然选择。

值得一提的是，个人销售账户和专业销售账户不是固定的，亚马逊为平台卖家提供了自行切换的权限，卖家可以在店铺后台自行切换。但是专业卖家账户降级为个人销售账户的操作较为简单,如果从个人销售账户升级为专业销售账户,系统则有可能要求重新提供有效的账户注册所用到的相关资料进行审核,所以一般不建议卖家随意降低自己的店铺级别。

在 VE 账户、VC 账户和 SC 账户这三个账户类型中,SC 符合一般卖家账户的选择类型,而 SC 账户中专业销售账户更具备操作性,所以本书下面将以 SC 账户下的专业销售账户在亚马逊上的运营推广为例进行讲解。

2. 准备注册资料

了解亚马逊平台的账户类型之后,卖家需要开始准备注册账户所需要的资料,注册资料主要包括联系方式和企业信息。

(1) 联系方式

卖家的联系方式主要包括电子邮箱、名称、电话、地址等。

① 电子邮箱

因为亚马逊平台没有用于买卖双方进行实时沟通的通讯工具,所以一般的店铺问题都是通过电子邮件的方式来进行处理。

卖家准备电子邮箱时,不可以使用国内的电子邮箱,如 QQ 邮箱、网易 163 邮箱。如果使用国内的电子邮箱,则有时卖家会收不到平台邮件和买家邮件,导致无法及时处理店铺问题。

另外就是邮箱的账户名称尽量和亚马逊的店铺名称保持一致,例如某一个卖家的店铺名称将命名为 seller,那么这个卖家在注册邮箱时,可以将邮箱的用户名编辑为 seller@+邮箱后缀。这种邮箱的设置方式在买家通过邮箱和卖家联系时,有助于提升店铺品牌形象。当然在注册邮箱时,卖家要注意店铺名称和邮箱名称是否已经被占用,建议多准备几个备用名称。

② 名称

卖家注册亚马逊时使用的姓名必须是真实有效的个人姓名或企业注册名称。在亚马逊进行官方审核时,卖家可以提供该名称所属的证明材料,例如个人姓名所属的身份证。

③ 电话

电话必须是卖家长期使用的电话号码,最好新办理一个专门用于亚马逊店铺的号码,可以随时联系到相关人员,要避免号码更换、丢失等情况的发生。

④ 地址

地址也要保证完全准确,要与可提供账单(水、电等账单,后台审核时需要)的地址一致。

(2) 企业信息

企业卖家需要准备的企业信息包括法定代表人身份证和商业文件。

① 法定代表人身份证

法定代表人指依据法律或法人章程规定代表企业法人(企业法人是指符合国家法律规定,能够独立承担民事责任,经主管机关核准登记取得了法人资格的社会经济组织)行使职权的负责人。在注册亚马逊时,企业卖家需要提供法定代表人的身份证明。

② 商业文件

商业文件对于中国内地卖家,指的是营业执照;对于中国香港特别行政区卖家,则是企业注册证明书和商业登记条例;对于中国台湾地区卖家,则是有限公司设立登记表或股份有限公司设立登记表、有限公司变更登记表或股份有限公司变更登记表。

3. 选择收款和支付方式

传统国际贸易的支付方式主要采用线下汇款的方式,需要买卖双方到当地银行实地操作,进行相关款项的支付和收款。与传统国际贸易的支付方式不同,跨境电子商务的支付方式主要采用线上支付的方式,进行买卖双方的收款和支付。

（1）选择收款方式

因为跨境电子商务平台直接使用卖家所处地区的银行卡进行订单款项提现时需要卖家具备一定的商业资质,如卖家在中国外汇局被评为A级,所以从事跨境电子商务的卖家一般是通过所开通站点国家的当地银行账户或第三方跨境支付平台接收订单款项。

站点国家的当地银行账户的开通方式较为复杂,需要卖家到国外亲自办理,其提现转账的工作更是繁琐,而第三方跨境支付平台具有操作方便、费用低廉以及提供增值服务的特点,所以第三方跨境支付平台已经成为跨境卖家选择的主要收款方式。

第三方跨境支付平台不同于银行这类传统的金融服务机构,而是具有独立运营能力的互联网支付平台。这种跨境支付平台具备较强的电子通信能力和信息安全技术,能够实现买家、银行和卖家之间快捷高效的资金流转,卖家款项的流转过程如图2-5所示。

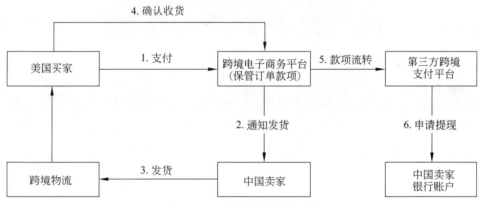

图2-5　卖家款项的流转过程

在图2-5中,买卖双方通过第三方跨境支付平台交易的大致过程如下。
- 美国买家使用网络银行或电子支票等方式在跨境电子商务平台上进行订单的支付;
- 跨境电子商务平台收到货款后,代为保管货款,然后通知中国卖家已经收到付款,可以发货;
- 中国卖家利用跨境物流发货;
- 美国买家收货之后,到跨境电子商务平台上确认收货;
- 跨境电子商务平台经过一定的时间周期,将款项流转到第三方跨境电子商务平台的中国卖家账户中;
- 中国卖家申请提现,转入自己的银行卡账户中,即完成一个订单的资金流转。

通过上述过程可以看出,第三方跨境支付平台的主要功能是为跨境电子商务交易提供款项的提现功能,所以卖家在选择第三方跨境支付平台时,必须要考虑其款项提现的手续费,减少提现成本,另一方面就是考虑平台的服务内容是否符合卖家自身要求。

目前市面上常用的第三方跨境支付平台包括 Payoneer、WorldFirst 和 PingPong,这几个第三方跨境平台都支持亚马逊、eBay、Wish 等大型跨境电子商务平台的收款。

① Payoneer

Payoneer 成立于 2005 年,总部设在美国纽约,是万事达卡组织(美国知名支付公司)授权的具有发卡资格的机构,为支付者提供简单、安全、快捷的转款服务。

Payoneer 的提现手续费最高为 1.2%,没有其他费用,最低提现金额为 50 美元。

Payoneer 的服务包括支持全球多个国家的当地银行转账;提现时间为 1～2 个工作日;还支持卖家申请 Payoneer 的实物卡片,简称 P 卡,可在全球范围内的 ATM 上取款和进行实体店消费。实体 P 卡如图 2-6 所示。

图 2-6　实体 P 卡

② WorldFirst

WorldFirst(万里汇)是一家世界一流的外币兑换公司,专注于为企业和个人卖家提供国际支付服务。它成立于 2004 年,2010 年进入中国,向卖家提供国际电商平台的收款及结汇服务。2019 年 2 月蚂蚁金服收购了 WorldFirst,WorldFirst 正式成为蚂蚁金服集团的全资子公司。

从 2019 年 7 月 2 日开始,WorldFirst 推出了针对电商平台的提现手续费最高为 1.0% 的优惠活动,没有汇损(汇损是指由于汇率的差额造成的金额损失)和其他费用。手续费同样会根据卖家交易金额的多少来调整,最低提现金额为 250 美元。WorldFirst 官网首页的手续费率调整展示图如图 2-7 所示。

平均月交易量	万里汇WorldFirst 优惠费率	
提现立享	0.3%	
>=5万美元 含等值其他货币	0.2%	
>=50万美元 含等值其他货币	0.1% 提现其他币种	0 提现境内人民币

图 2-7　WorldFirst 首页的手续费率调整展示图

WorldFirst 的服务包括支持全球多个国家的当地银行转账;提现时间为 1~2 个工作日。

③ PingPong

PingPong 是中国的一家全球收款公司,致力于为中国跨境电商卖家提供低成本的海外收款服务。PingPong 帮助中国企业获得公平的海外贸易保护,是全球首家专门为中国跨境电商卖家提供全球收款的企业。

PingPong 的提现手续费最高为 1%,无其他费用,最低提现金额为 50 美元。

PingPong 支持多个国家的跨境收款,最快 5 分钟即可提现到账,并且为卖家提供更多本地化的增值服务,例如它推出的"光年"服务即亚马逊平台一旦将代为保管的款项汇入卖家的 PingPong 账户,卖家即可立即提现到个人银行卡。PingPong 的增值服务如图 2-8 所示。

图 2-8　PingPong 的增值服务

为了让卖家能够更清晰地了解与对比三种第三方跨境支付平台的各自特点,下面通过表格的形式呈现。Payoneer、WorldFirst、PingPong 的对比如表 2-2 所示。

表 2-2　Payoneer、WorldFirst、PingPong 的对比

项目名称	Payoneer	WorldFirst	PingPong
提现手续费	最高 1.2%	最高 1%	最高 1%
其他费用	无	无	无
提现优惠	有	有	有
最低提现金额	50 美元	250 美元	50 美元
是否支持多个国家的币种与银行	是	是	是
提现到账时间	1~2 个工作日	1~2 个工作日	最快 5 分钟即可提现到账
增值服务	可办理实物卡片,在全球 ATM 上提现和进行实体店消费	无	"光年""福茂退税"等

从表 2-2 可以清晰地看出三种第三方跨境支付平台的各自特点,卖家可以根据自身需求进行选择。选择好平台后,卖家根据平台所要求的资料进行准备、申请即可,此处不再赘述。

（2）选择支付方式

卖家除了选择接收订单款项的第三方跨境支付平台之外，还需要向亚马逊平台支付平台使用费、销售费用等，支付方式主要是使用双币信用卡进行支付。

双币信用卡是近几年才在我国出现的一种银行卡。随着我国经济的不断发展和居民生活水平的不断改善，出国旅游和购物成为很平常的事情，因此就形成了人们对于以外币结算的银行卡的广泛性需求。国内的很多银行（如建设银行、交通银行、光大银行等）相继与 VISA（维萨）、MasterCard（万事达）等国际银行卡组织合作，推出了具有人民币和美元结算功能的银行卡，在国内通过银联可以实现人民币结算，出国后可以在支持 VISA 或 MasterCard 的商户那里消费和在银行取款机上取现，并且以美元结算。

卖家可以根据自己需要来选择双币信用卡和所办理的银行，然后到当地的银行营业点自行申请即可。只要申请人满 18 岁以上，拥有我国的身份证及一定财力，就都可以申请通过。

注意：各第三方跨境支付平台会根据自己的经营策略调整相应的提现手续费及其他费用，增加增值服务。具体的费用和服务内容请卖家以各第三方跨境支付平台的官网为准。

【阶段案例 2-1】 邮箱的选择和注册

贺鹤选择了亚马逊平台后，了解了亚马逊平台的各个站点，为了稳妥起见，选择了市场较为成熟的美国站点。在准备注册资料时，贺鹤发现需要准备一个电子邮箱用来接收亚马逊平台的官方邮件和买家邮件。

贺鹤个人比较熟悉的邮箱有 QQ 邮箱、网易 163 邮箱、Yahoo 邮箱、Gmail 邮箱、Outlook 邮箱，于是他通过官网和论坛等信息来源对这几个邮箱进行了深入了解，总结出了如表 2-3 所示的各大邮箱对比。

表 2-3 各大邮箱对比

邮箱名称	QQ 邮箱	网易 163 邮箱	Yahoo 邮箱	Gmail 邮箱	Outlook 邮箱
邮箱所属地区	国内邮箱		国外邮箱		
安全性	较低	较低	高	极高	高
国外邮件送达率	较低	较低	高	高	高
容量	不限	不限	3.5GB	15GB	15GB
是否可以改名	是	是	否	否	否
是否可以使用国内网络访问	是	是	否	否	是

在表 2-3 中，QQ 邮箱和网易 163 邮箱都是属于国内邮箱，邮箱的安全性和国外邮件送达率都比较低，容量不限并且可以更改名称，可以使用国内网络访问；Yahoo 邮箱、Gmail 邮箱、Outlook 邮箱都属于国外邮箱，邮箱的安全性和国外邮件送达率高，其中 Yahoo 邮箱的容量为 3.5GB，Gmail 邮箱和 Outlook 邮箱为 15G，但这三个国外邮箱都不可以改名，而且只有 Outlook 邮箱可以使用国内网络访问。

因为贺鹤选择的邮箱将用于进行亚马逊平台的相关商业邮件收取,所以其最重要的两大要素就是安全性和国外邮件送达率,经过表 2-3 的对比,贺鹤更偏向于 Yahoo 邮箱、Gmail 邮箱、Outlook 邮箱这三个邮箱。但是这三个邮箱中,只有 Outlook 邮箱能够使用国内的网络登录,所以贺鹤最终选择了 Outlook 邮箱为在注册亚马逊时使用的邮箱,并且确定了邮箱名称。Outlook 邮箱的注册流程如下。

Step1 首先进入 Outlook 邮箱的官网首页,如图 2-9 所示。

图 2-9 Outlook 邮箱的官网首页

Step2 单击图 2-9 中的"创建免费账户"按钮,进入创建账户界面,如图 2-10 所示。卖家填写好邮件名称后,单击"下一步"按钮。

图 2-10 创建账户界面

Step3 如果邮箱名称没有被其他人占有,则会进入创建密码界面,如图 2-11 所示。

图 2-11 创建密码界面

Step4 填入密码后,单击"下一步"按钮,进入姓名填写界面,填写自己的姓名,如图 2-12 所示。填写完成后,单击"下一步"按钮。

图 2-12 姓名填写界面

Step5 进入出生日期填写界面,填写自己的国家和出生日期,如图 2-13 所示。填写完成后,单击"下一步"按钮。

Step6 进入验证码填写界面,填写验证码,如果验证码难以辨认,可以通过"刷新字符"和"音频"选项来进行辨认,如图 2-14 所示。填写完成后,单击"下一步"按钮。

图 2-13 出生日期填写界面

图 2-14 验证码填写界面

Step7 然后就进入 Outlook 邮箱的首页界面,如图 2-15 所示,即可开始邮件的发送与收取。

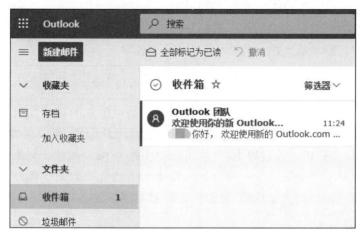

图 2-15 Outlook 邮箱的首页界面

2.2.2 亚马逊平台的注册流程

卖家在准备好注册跨境电子商务平台需要的相关资料后,即可开始进行平台注册。注册完成后,卖家即可拥有自己的店铺后台,进行后续运营推广工作。各大跨境电子商务平台的注册流程大致相似,下面以亚马逊平台北美站的注册流程为例,从创建账户、勾选卖家协议、填写卖家信息、设置收付款方式、验证税务信息、填写商品信息、验证卖家身份七个步骤进行介绍。

1. 创建账户

卖家在进行亚马逊平台注册时,要先创建一个新账户。创建账户成功后,卖家才可以进行下面的步骤,填写的内容包括姓名、邮箱地址、密码等。卖家想要登录亚马逊平台,必须使用邮箱和密码进行登录,所以对于账户的邮箱和密码要记清楚。

2. 勾选卖家协议

协议,网络协议的简称,是通信计算机双方必须共同遵从的一组约定。而卖家协议则是卖家与跨境电子商务平台之间签订的一组约定。卖家协议对买卖双方的约定必须是十分明确的,且卖家与平台双方都需要同意并遵守卖家协议。

3. 填写卖家信息

卖家信息包括名称、详细地址、电话号码等。在进行信息填写时,卖家必须保证信息是正确的,要具体到详细的街道、小区、门牌号,越详细越好。

一些跨境电子商务平台在填写完联系电话后会进行一个简单的验证,亚马逊平台的验证方式包括电话验证和短信验证。

(1) 电话验证

进行电话验证时,卖家所填的电话号码所属手机会接到系统打来的电话,按照系统的提示,将计算机中显示的 4~6 位数字验证码输入手机进行验证,若验证码一致,则认证成功。

（2）短信验证

进行短信验证时，卖家所填的电话号码所属手机会收到一个短信，短信包括 4～6 位的数字验证码，将其正确地输入注册网页中，即可认证成功。

4. 设置收付款方式

所谓设置收付款方式，即卖家在相关页面填写已经申请好的可以支付美元的中国境内双币信用卡和第三方跨境支付平台的相关信息，如信用卡的卡号、有效期等。

在注册完成后和账户运营过程中，卖家可随时更换信用卡信息。但是对于某些跨境电子商务平台，卖家频繁更改信用卡可能会触发跨境电子商务平台对于账户的再次审核。再次审核一般更加严苛，可能会导致账户被封，卖家需要多加注意。

5. 验证税务信息

验证税务信息是一个自助的验证过程，它指导卖家输入身份信息来确认卖家的账户是否需要缴纳美国的相关税费。大部分身份信息会从卖家之前填写的信息中提取出来预先填入。中国卖家也必须完成此审核流程才可完成注册流程。

验证税务信息是为了针对当地买家收税，不是向中国卖家征税，所以中国卖家不必担心出现额外扣钱的情况，根据选项据实填写即可。

6. 填写商品信息

在该步骤中，亚马逊会列举一些问题让卖家回答，借此了解卖家的商品性质和开始销售时的商品数量。然后基于这些商品信息，平台会推荐适合卖家账户的相关工具。该步骤可跳过，待账户注册成功后可在卖家后台继续完善。

7. 验证卖家身份

身份验证是卖家在亚马逊开店前必须进行的一个步骤，也是最后一个步骤。进行卖家身份验证时主要验证法定代表人身份证和商业文件，这两个信息必须符合以下的条件。

（1）法定代表人身份证的条件

① 身份证上的姓名必须与营业执照上法定代表人的姓名一致。

② 提供正、反两面的彩色照片/扫描件，不接受黑白复印件。

③ 图片必须完整、清晰可读。

④ 身份证应在有效期内。

（2）商业文件的条件

① 提供彩色照片/扫描件，不接受黑白复印件，图片必须完整、清晰可读。

② 营业执照/香港商业登记条例距离过期日期应超过 45 天。

卖家验证身份时，如果未被审核通过，那么亚马逊会将审核不通过的原因提示发送至卖家的注册邮箱。

完成上述步骤之后，卖家即完成亚马逊平台北美站的注册流程，可以进入店铺后台进行管理工作。跨境电子商务平台的注册流程大致相似，但是具体的注册流程和内容会根据站点国家的不同而发生一些变化，例如欧洲站，除了提供企业信息外，还需要提供企业受益人的数量并填写每位受益人的联系信息。

> **多学一招：受益人**
>
> 受益人必须是公司所有人或管理者，即直接或间接拥有公司25％及以上股份、对业务发展有决定权或者以其他形式对企业行使管理权的自然人或公司。
>
> **注意：** 在注册过程中，除法定代表人身份证和商业文件的信息要使用中文外，其他的填写信息都需要使用拼音或者英文。

【阶段案例2-2】 亚马逊平台注册实操

贺鹤准备好注册亚马逊平台需要的所有资料后，便准备着手注册亚马逊平台的美国站点店铺，其具体操作如下。

Step1 进入亚马逊全球开店网页，找到北美开店的按钮，单击"立即在北美开店"按钮，如图2-16所示。

图2-16 北美开店的按钮

Step2 网页跳转到登录页面，单击"创建您的Amazon账户"按钮，如图2-17所示。

Step3 页面跳转到"创建账户"页面，填写姓名、邮箱地址、密码及再次输入密码，创建新账户，然后单击"下一步"按钮，如图2-18所示。

图2-17 登录页面

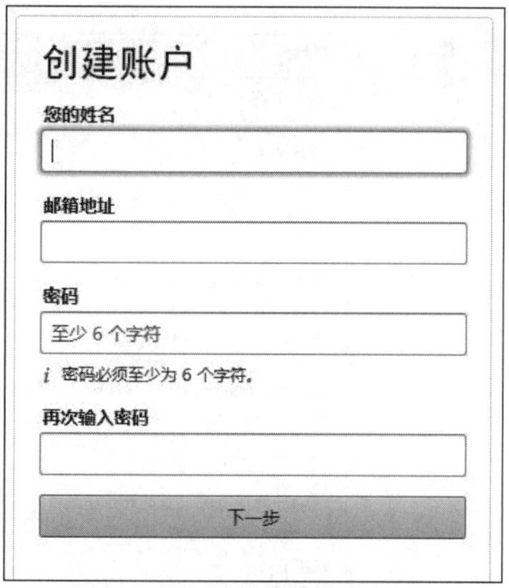

图2-18 "创建账户"页面

Step4 进入验证邮箱地址页面，系统将验证码发送至注册邮箱，将验证码填入"输入验证码"文本框后，单击"验证"按钮，如图2-19所示。

Step5 页面跳转到卖家协议页面，填写法定名称（企业名称和注册人全名），并且勾选卖家协议，单击"下一条"按钮，如图2-20所示。

Step6 填写企业信息，包括企业地址、店铺名称、电话号码等，如图2-21所示。

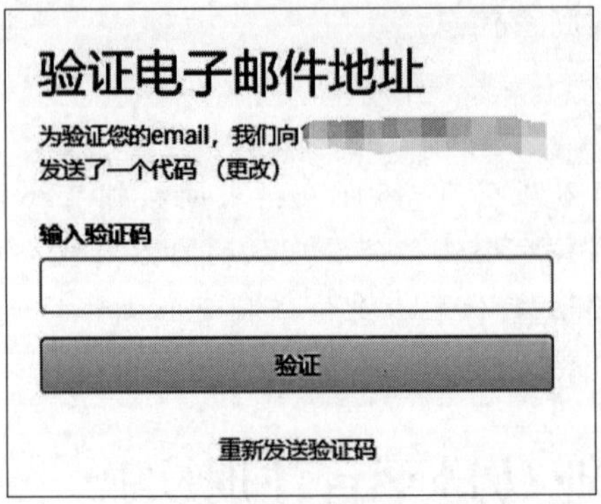

图 2-19 验证邮箱地址页面

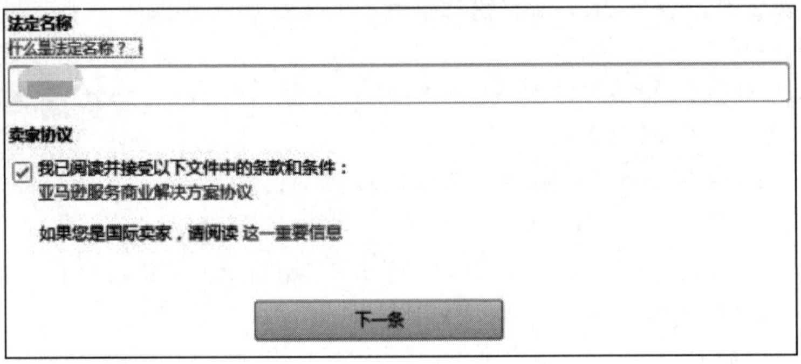

图 2-20 卖家协议页面

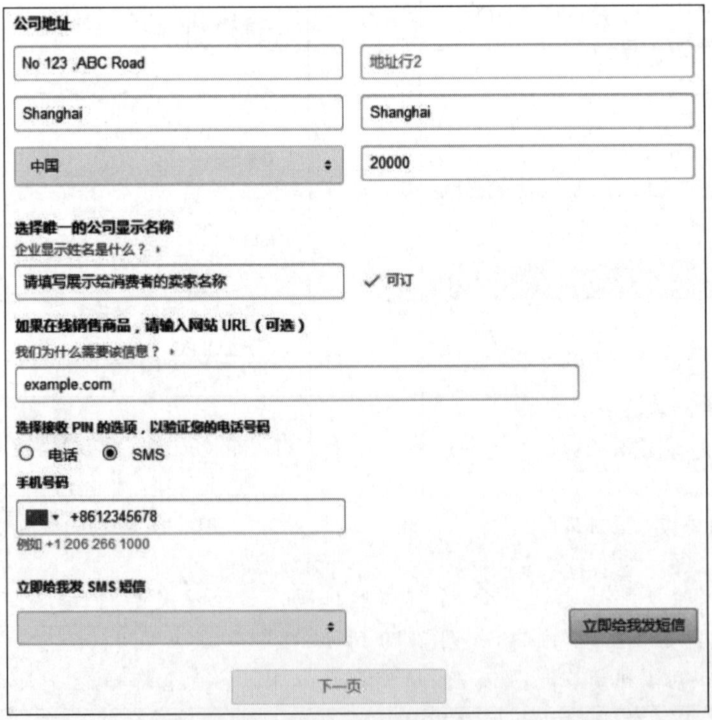

图 2-21 填写企业信息

Step7 在图 2-21 中进行短信验证后,仔细检查相关信息,然后单击"下一页"按钮,进入设置收款方式页面(收款指的是亚马逊平台向卖家收款,即卖家支付平台使用费和其他销售费用的账户,即上面所讲的付款方式)。填写已经准备好的信用卡信息,如图 2-22 所示。

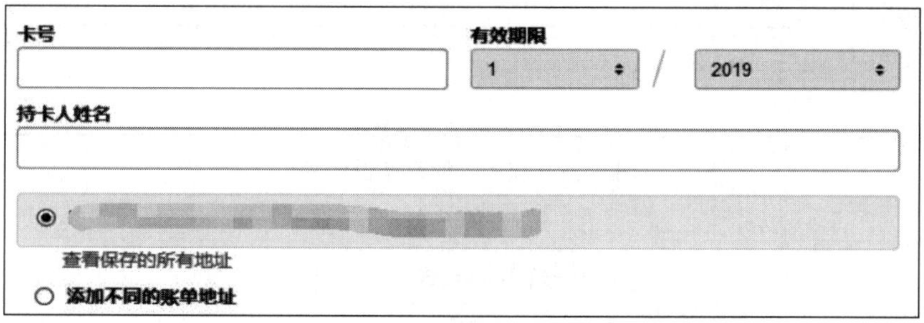

图 2-22 设置收款方式页面

Step8 进入设置存款方式页面(卖家自己存钱的账户,即上面所讲的收款方式),"银行地址"选择美国,然后填写已经注册完成的第三方跨境支付平台提供的账户的信息,如图 2-23 所示。填写完成且检查无误后,单击"下一页"按钮。

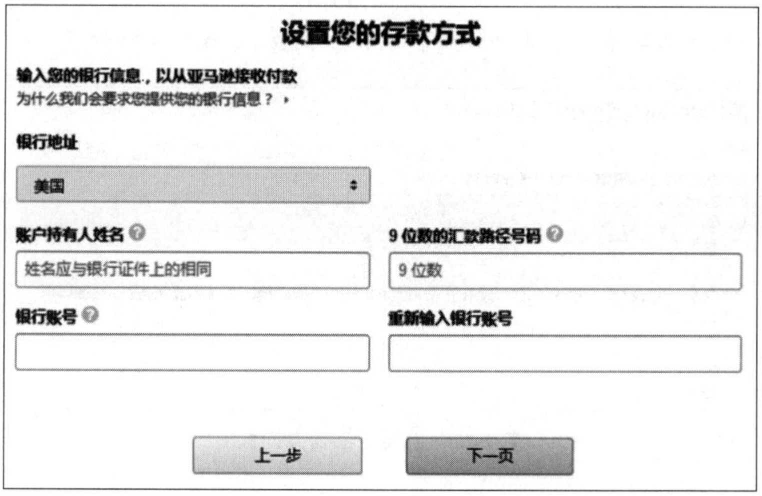

图 2-23 设置存款方式页面

Step9 进行税务信息调查,首先选择"受益所有人类型",如图 2-24 所示。

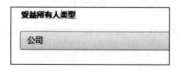

图 2-24 选择"受益所有人类型"

Step10 填写"纳税身份信息",如图 2-25 所示。

Step11 进行"签名并提交",预览电子版税务表格,确认无误后提交表格,即可完成税务信息调查,如图 2-26 所示。

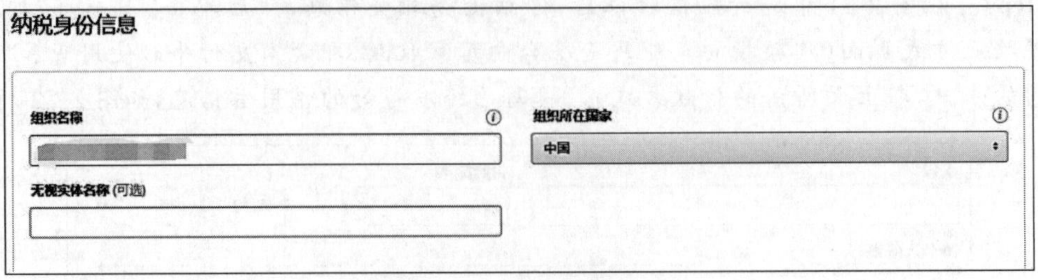

图 2-25 填写"纳税身份信息"

图 2-26 完成税务信息调查

Step12 回答亚马逊平台给出的一些商品信息问题,如图 2-27 所示。

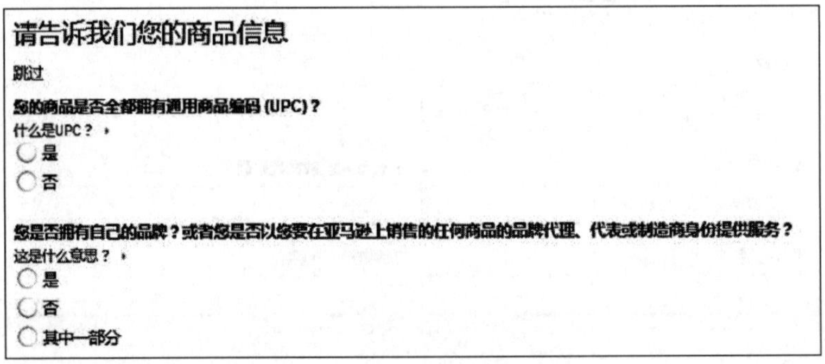

图 2-27 回答商品信息问题

Step13 回答相关商品信息问题后,跳转到身份验证页面,进行法定代表人身份证和企业营业执照的信息填写和文件上传,如图 2-28 所示(商业机密此处不予展示)。

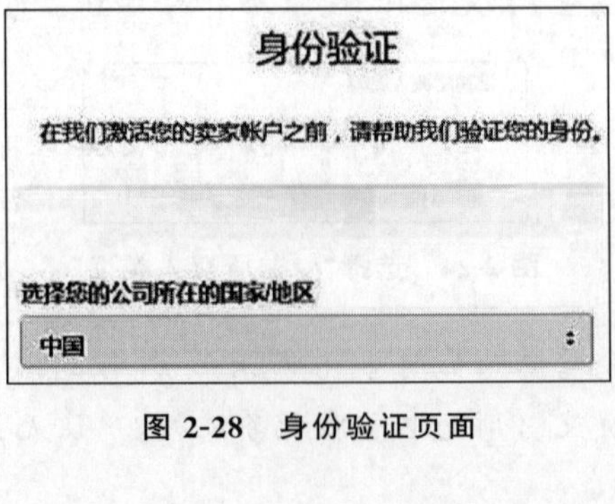

图 2-28 身份验证页面

Step14 完成身份验证后,即完成亚马逊平台北美站的注册流程,进入店铺后台,如图 2-29 所示。

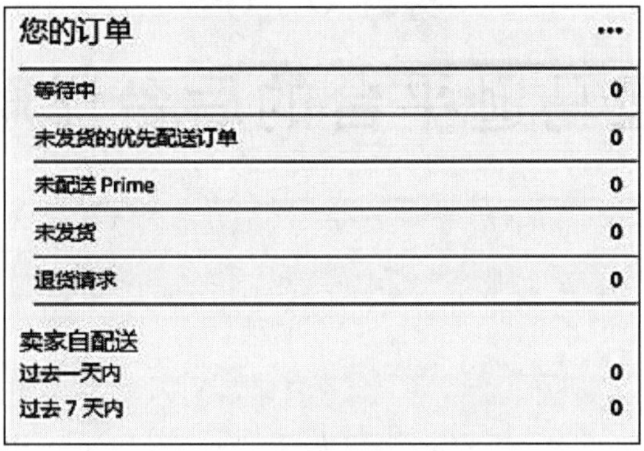

图 2-29 店铺后台部分截图

2.3 本章小结

本章主要讲解亚马逊平台的站点注册,首先通过亚马逊平台的北美站、日本站、欧洲站、澳洲站这四个站点,分别对其所包括的站点进行介绍,然后具体介绍了亚马逊平台注册所需要的一些准备工作及注册流程。

通过本章的学习,希望卖家能够通过了解各个国家的跨境电子商务市场的特点来选择适合销售商品的国家站点,然后可以快速、准确地完成亚马逊平台的相关注册流程。

2.4 课后思考

截至 2018 年,世界上共有 233 个国家或地区,其中国家有 195 个,地区有 38 个。如果想要从事跨境电子商务,卖家必须对想要销售商品的目标国家或地区进行了解。从全球各国或地区中选择一个你想要了解的国家或地区,将了解到的信息填写在如表 2-4 所示的国家或地区调查表中。

表 2-4 国家或地区调查表

国家或地区名称	国家或地区特点

第 3 章
亚马逊平台的后台详解

【学习目标】

- 掌握亚马逊平台的 TAB 功能板块
- 掌握亚马逊平台的快捷功能板块
- 掌握亚马逊平台的页面展示板块
- 了解亚马逊平台的账户类名词
- 了解亚马逊平台的商品类名词
- 了解亚马逊平台的促销类名词

跨境电子商务平台的店铺后台是卖家管理店铺必不可少的工具。账户注册完成后,卖家接下来要做的工作就是熟悉亚马逊平台的店铺后台。卖家首先需要了解店铺后台拥有哪些基础板块以及这些基础板块拥有哪些功能,然后了解亚马逊平台的各类名词所代表的含义。通过详细了解店铺后台的基础板块和名词,卖家可以更好地使用亚马逊店铺。所以,本章将从亚马逊平台的基础板块和亚马逊平台的名词解释两方面带领大家熟悉亚马逊平台的后台详情。

3.1 亚马逊平台的基础板块

亚马逊平台的店铺后台主要分为 3 个基础板块:TAB 功能板块、快捷功能板块、页面展示板块。掌握亚马逊平台的基础板块有利于卖家更好地使用店铺基础板块,提高运营效率。本节将对亚马逊平台的 TAB 功能板块、快捷功能板块、页面展示板块这三个基础板块进行详细讲解。

3.1.1 TAB 功能板块

TAB 译为标签,TAB 功能板块即为标签功能板块。卖家可以通过这些标签快速地进入店铺的各种子标签功能页面,操作相应的功能。这些标签包括"目录"标签、"库存"标签、"确定价格"标签、"订单"标签、"广告"标签、"数据报告"标签、"绩效"标签、B2B 标签。TAB 功能板块的功能标签如图 3-1 所示,下面对这些标签进行讲解。

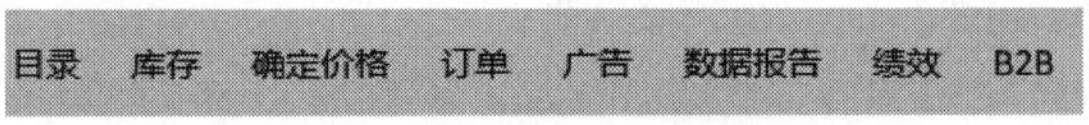

目录　库存　确定价格　订单　广告　数据报告　绩效　B2B

图 3-1　TAB 功能板块的功能标签

1. "目录"标签

卖家通过"目录"标签可以进行商品的编辑与发布。该标签包括"添加商品"和"补全您的草稿"两个子标签，如图 3-2 所示。

（1）添加商品

卖家通过"添加商品"子标签可以发布自己想要销售的商品。卖家可在后台编辑录入商品的相关信息，然后使商品在亚马逊前台进行展示。

图 3-2　"目录"标签

（2）补全您的草稿

在亚马逊后台，卖家通过"补全您的草稿"子标签可以继续进行未完成的商品发布，例如卖家在发布某款新商品时，突然有事情需要去处理，他在未完成发布的情况下关闭了后台页面。然后卖家想要继续发布工作，只需要重新打开店铺后台页面，即可通过该子标签对未完成发布的商品继续进行发布。

2. "库存"标签

通过"库存"标签，卖家可以管理店铺商品的库存。"库存"标签包括管理库存、管理亚马逊库存、库存规划、添加新商品、管理亚马逊货件、上传与管理视频，如图 3-3 所示。

图 3-3　"库存"标签

（1）管理库存

通过"管理库存"子标签，卖家可以了解到当下店铺中所有商品具体的库存数量。

（2）管理亚马逊库存

亚马逊可以为卖家提供专门的物流服务，使用了该服务的卖家需要将商品运输到亚马逊的仓库中存储，而卖家通过"管理亚马逊库存"这个子标签可以对亚马逊仓储中商品的库存进行查看和管理。

（3）库存规划

如果卖家使用了亚马逊的物流服务，那么通过"库存规划"子标签，就可以查看当前在亚马逊的仓储中的商品库存情况。"库存规划"子标签包括商品的销售数量、商品的库存数量等，亚马逊还会根据商品的库存数据变化来为卖家提供一定的建议。卖家可以根据库存情况来采取一定的措施，从而合理地规划和管理商品库存。

例如 A、B 两款商品在 4 月份的商品发布时，都在亚马逊仓储中添加了 300 件的库存数量，但是通过"库存规划"子标签发现 A 商品 5 月份销售了 200 件，B 商品在 5 月份销售了 20 件，那么在生产商品时，A 商品就应该增加生产数量，而 B 商品应该暂停生产，以免造成库存积压，减少成本消耗。

(4)添加新商品

"添加新商品"子标签和目录中的"添加商品"子标签一样,都具有发布新商品的功能。

(5)管理亚马逊货件

通过"管理亚马逊货件"子标签,卖家可以查看和管理运输往亚马逊仓库的商品。

(6)上传与管理视频

针对已经发布的商品,卖家可以通过"上传与管理视频"子标签上传商品的相应视频,并且还可以对视频进行编辑、删除等操作。卖家上传商品视频后,该商品视频会在商品详情页的商品图片显示区域和视频区域进行显示,以便买家更好地查看商品特点及使用场景等,以提升商品销量。

3."确定价格"标签

"确定价格"标签下只有一个子标签,就是协议定价。如果有一些固定的买家要进行批量采购,卖家可以在此子标签下添加买家,对其购买商品的价格进行单独设置,如图3-4所示。例如,李先生和王先生对于卖家刘先生通过亚马逊平台出售的某一款钢笔都比较喜欢,从而想进行批量采购以供自家的企业人员使用。经过磋商后,李先生给出的条件是采购600件,价格为4美元一只,而王先生给出的条件是采购400件,价格为6美元一只。刘先生认为两个条件都合适,于是在保证已经发布好的钢笔价格不变的情况下,通过"协议定价"子标签来对李先生和王先生单独设置不同的出售价格。那么当李先生和王先生再次下单时,就可以以磋商好的价格进行购买。

4."订单"标签

卖家可以通过"订单"标签来管理店铺订单。"订单"标签包括管理订单、订单报告和管理退货三个子标签,如图3-5所示。

图3-4 "确定价格"标签

图3-5 "订单"标签

(1)管理订单

在"管理订单"子标签中,卖家可以查看等待中(加入购物车但未支付)、未发货、已发货等状态下的订单,还可以根据订单编号、买家姓名等信息进行订单的查询工作,然后对订单进行管理。

(2)订单报告

在"订单报告"子标签中,卖家可以按月申请已经进行存档的订单报告。订单报告中包括商品信息、成交价格、买家个人信息等,以供卖家进行查看。

（3）管理退货

在"管理退货"子标签下，卖家可以查看买家的退货订单或退款订单的相关信息，以及进行相关的管理工作。

5．"广告"标签

在"广告"标签下，卖家可以设置和管理店铺的广告推广和促销推广。"广告"标签包括广告活动管理、图文版品牌描述、早期评论者计划、优惠券、管理促销，如图3-6所示。

图3-6 "广告"标签

（1）广告活动管理

卖家在"广告活动管理"子标签中可以开展店铺的推广工作。通过对品牌或商品的推广，卖家可以提高店铺的流量，吸引更多的买家来购买所推广的商品。

（2）图文版品牌描述

在"图文版品牌描述"子标签下，亚马逊为卖家提供了多个图文版商品描述的模板，卖家可以进行商品描述的快速创建。这个子标签不是对所有的卖家都开放的，卖家必须拥有自己的品牌且已经进行了品牌备案，才可以使用亚马逊所提供的模板。

（3）早期评论者计划

早期评论者计划是亚马逊平台推出的一个服务计划，可以快速地增加卖家商品的评价数量。卖家将新上架的商品或已经上架一段时间但没有评价的商品添加到早期评论者计划后，亚马逊平台会通过发送邮件以及优惠券的形式来鼓励已经购买了该商品的买家进行评论，如果买家通过该计划对卖家的商品做出了评论，那么卖家就需要支付亚马逊平台一定的服务费。

卖家需要注意的是，这个服务计划中买家的评论不一定都是好评，也可能由于卖家的商品或其他方面存在缺陷，导致买家反感，进而给出差评，所以卖家要在保证自己的商品和服务都十分优秀的情况下使用此服务计划。

（4）优惠券、管理促销

在这两个子标签下，卖家可以对商品的相关促销活动进行设置和管理。

6．"数据报告"标签

通过"数据报告"标签，卖家主要可以查看和下载一些店铺的相关数据报告。"数据报告"标签包括付款、品牌分析、业务报告、库存和销售报告、广告、退货报告，如图3-7所示。

（1）付款

通过"付款"子标签，卖家可以查看自己在亚马逊平台上的交易账单、账款结算和使用亚马逊平台所提供服务的一些付款数据等，例如广告推广费用。

（2）品牌分析

在"品牌分析"子标签下，卖家可以通过品牌关键词搜索来确定某品牌关键词下一些商品的搜索排名、点击率等数据，进而对

图3-7 "数据报告"标签

所搜索的商品进行分析。

(3) 业务报告

通过业务报告,卖家可以查看店铺内的销售情况。卖家可以根据日期来查看具体日期下店铺内的总体销量,也可以根据商品来查看具体商品的销售量、访问量等数据。

(4) 库存和销售报告

卖家如果使用了亚马逊提供的物流仓储服务,那么就可以通过"库存和销售报告"子标签下载有关亚马逊物流的付款报告、库存报告、销售额报告等相关报表,以查看相关数据信息。

(5) 广告

卖家在设置了品牌或商品的广告推广之后,可以通过"广告"子标签来查看广告推广的相关数据报告,进而判断推广效果,及时进行相关优化。

(6) 退货报告

对于没有使用亚马逊物流服务的卖家,就需要自己进行商品发货。那么在"退货报告"子标签中,显示的就是卖家进行自发货时店铺内某一时间段内的买家退货报告,卖家可以根据需要自行下载。

7. "绩效"标签

"绩效"标签中主要包含店铺的一些运营指标,用于判断卖家店铺是否为优秀店铺。对于绩效较差的店铺,亚马逊会进行警告,甚至封店处罚。"绩效"标签主要包括账户状况、反馈、亚马逊商城交易保障索赔、信用卡拒付索赔、业绩通知、卖家大学,如图3-8所示。

(1) 账户状况

"账户状况"子标签中显示了亚马逊平台给出的一些绩效指标和政策要求,例如商品发货后的有效追踪率必须超过95%等。同时,该子标签中还显示了店铺账户目前处于怎样的状态,例如当前店铺账户订单缺陷率的数值、商品发货后的有效追踪率的数值等。卖家要时刻关注账户状况,及时对店铺存在的问题进行调整。

图3-8 "绩效"标签

(2) 反馈

在"反馈"子标签中,卖家可以看到买家对于已购买的店铺订单所做出的评价,分为好评、中评、差评三个等级。该子标签中统计的是近12个月的相关反馈评价。

买家的反馈不仅是考核店铺整体绩效的标准之一,也会显示在商品的描述页面中,以供正在查看该商品的买家进行参考,所以卖家对于中评和差评要做好监督和管理。

(3) 亚马逊商城交易保障索赔

买家在收货时,可能遇到商品破损、商品丢失、物流延时等状况,此时可以向卖家申请赔偿,卖家必须在三个日历日内进行处理。发生索赔事件时,卖家可以在"亚马逊商城交易保障索赔"子标签下进行查看和处理。

(4) 信用卡拒付索赔

买家有时会选择使用信用卡来支付相关的订单。如果买家对订单存在争议,如发生错误购买、重复购买等情况,那么他可以联系其信用卡企业提出信用卡拒付索赔,然后信用卡企业会联系亚马逊平台了解订单交易详情,亚马逊平台会通过电子邮件联系卖家,要求卖家提供交易信息或进行退款处理。

需要注意的是,卖家必须在收到亚马逊的信用卡拒付索赔电子邮件起的七日内对问题进行处理,否则亚马逊会从卖家账户中自主扣款。

(5) 业绩通知

亚马逊平台会以邮件的形式不定期发送卖家的店铺账户、商品等的相关业绩通知。这些业绩通知是可能会影响店铺状况或商品能否销售的重要提醒,卖家要及时关注和回复通知。

(6) 卖家大学

卖家大学即卖家进行学习的地方。通过"卖家大学"子标签,卖家可以学习亚马逊店铺相关的运营技巧,包括从店铺的入门学习到店铺开始正常销售、平台的相关政策等,卖家都可以在此子标签下进行学习。

8. B2B 标签

B2B 标签不是每个卖家都拥有的标签。卖家的商品如果可以让企业、学校等机构进行批量采购且卖家申请开通了 B2B 业务,那么才会在后台拥有此标签,从而管理采购的相关订单。

3.1.2 快捷功能板块

卖家通过快捷功能板块可以进行一些店铺快捷操作,从而更方便地操作店铺。这些快捷操作包括站点切换、语言切换、搜索框、买家消息、帮助、设置,如图 3-9 所示。下面对这些快捷操作进行具体介绍。

图 3-9 快捷功能板块

1. 站点切换

当卖家开通了拥有多个站点的地区站时,可以利用站点切换这个快捷功能来切换自己账户所包含的站点,如图 3-10 所示。例如卖家开通了北美站的店铺账户,那么他就相当于拥有了美国站点、墨西哥站点和加拿大站点三个站点的店铺,卖家可以利用这个快捷功能来快速切换三个站点的所属店铺,查看店铺相关的销售经营情况。

2. 语言切换

亚马逊平台在全球许多国家都拥有站点,同样也有许多来自不同国家的卖家,每个卖家的母语以及其所掌握的第二语言都不一样。所以亚马逊设置了语言切换功能,卖家可以利用该功能来切换自己熟悉的语言,进而使自己更好地查看和操作店铺后台,如图 3-11 所示。在语言切换功能中,有英语、中文、法语、日语等多种语言。

图 3-10　站点切换功能

图 3-11　语言切换功能

3. 搜索框

通过搜索框快捷功能,卖家可以利用问题关键词来检索问题的相关答案,如图 3-12 所示。例如,卖家在发布商品后,发现商品所属分类选择错误,想修改商品的分类,但是又不知道如何处理,那么就可以通过搜索框搜索"修改商品分类"这一关键词来查找想要的解决办法。

图 3-12　搜索框快捷功能

4. 买家消息

通过"买家消息"这个快捷功能,卖家可以查看买家通过电子邮件的方式发送给自己的消息。这些消息往往包括商品问题、物流问题、服务问题等。对于买家消息,卖家必须在 24 小时内进行回复处理。

5. 帮助

"帮助"快捷功能也可以帮助卖家解决在店铺操作中遇到的各类问题,但是与搜索框快捷功能查找问题答案的方式有所不同。

在"帮助"快捷功能中,亚马逊分类汇总了卖家可能遇到的各类问题,卖家可以按需求在汇总分类中查找答案,如图 3-13 所示。例如,卖家想要了解如何修改商品分类,那么就需要进入帮助页面找到商品信息,在商品信息中找到请求修改商品页面和分类,然后在请求修改商品页面和分类中找到如何修改商品分类的方法。

图 3-13　"帮助"快捷功能

6. 设置

卖家通过"设置"快捷功能可以对店铺后台进行一些相关设置，这些设置内容包括退出、账户信息、通知首选项、登录设置、退货设置、礼品选项、配送设置、税务设置、用户权限、您的信息和政策、亚马逊物流，如图3-14所示。

（1）退出

通过"退出"快捷功能，卖家可以快速退出目前已登录的账户。

（2）账户信息

在账户信息中，卖家可以快捷查看注册店铺时所填写的资料信息，包括卖家资料、付款信息、企业资质等。卖家也可在此处进行电话、邮箱、支付方式、收款方式等资料信息的更改。

（3）通知首选项

在该快捷功能中，卖家可以设置想要启用的通知，这些通知包括订单通知、退货和索赔通知、商品通知等，并且还可以添加或更改接收通知的电子邮件。

图3-14 "设置"功能

（4）登录设置

如果卖家不仅开通了北美站，还开通了日本站，那么就可以通过这个地方来进行账户设置，以保证在经营时可以顺利切换站点。

（5）退货设置

当买家对所收到的商品不满意时，可能会发生要求退货的情况，那么卖家就可以在此处设置退货地址、退货条件等，例如买家的退货商品不可以撕掉标签，否则不可退货。

（6）礼品选项

如果卖家可以为买家提供礼品和包装，那么可以在此处对商品进行礼品选项的设置；如果没有相关的商品包装，则卖家需要设置禁用该选项。例如，在春节时，国内的买家会给自己的孩子准备新年礼物，如果销售儿童玩具的卖家可以将商品作为礼品来售卖，那么可以通过此处来设置相关商品和包装。

（7）配送设置

卖家进行商品发货时，由于国外地址区域的不同，物流运输的距离和费用也会有相应的改变，因此可以在此处对物流、区域运费、送达时间等进行设置。

（8）税务设置

针对使用了亚马逊物流服务的卖家，相应的税务机构会收取一定的税费。卖家可以在税务设置中查看税费信息及设置自己的相关税务信息。

（9）用户权限

通过用户权限，卖家可以用主账号设置和管理相应的子账户并授予子账户不同的管理权限。子账户可以设置单独的账户和密码，从而使其他人可以通过子账户来登录店铺后台，进行管理库存、处理发货确认等各项工作。

（10）您的信息和政策

卖家可以在此处设置自己想要展示给买家的店铺业务信息，例如店铺是销售哪个品牌下的商品、属于哪个国家等。

（11）亚马逊物流

顾名思义，此快捷功能是用来设置亚马逊物流的相关内容，包括服务选择、商品入库等。如果卖家使用了亚马逊的物流服务，那么必须在此处进行相关内容的设置。

【阶段案例3-1】 修改店铺的存款方式

贺鹤在注册亚马逊北美站时，选择的第三方跨境支付平台是Payoneer。各个支付平台的手续费、到账日期相差不多，但Payoneer可办理实物卡片，然后可在全球ATM上提现和进实体店消费，十分方便。在贺鹤向老板汇报后，老板提出了不同的看法，表示Payoneer的实体卡片对于公司而言其作用很小，选择有"光年""福茂退税"等增值服务的PingPong更好些，而且PingPong属于国内企业，在发生问题时能更好地沟通解决。贺鹤表示赞同，然后立即去处理这件事情。

贺鹤已熟悉了店铺的基础板块，知道如何在后台中进行存款方式的更改。于是，他重新申请好PingPong的收款账户并在亚马逊后台进行了修改，具体操作如下。

图3-15　单击"账户信息"选项

Step1　在快捷功能板块的设置快捷功能的下拉菜单中单击"账户信息"选项，如图3-15所示。

Step2　页面跳转后，在账户信息页面中，单击"存款方式"选项，如图3-16所示。

图3-16　账户信息页面

Step3　进入存款方式页面，单击"替换存款方法"按钮，如图3-17所示。

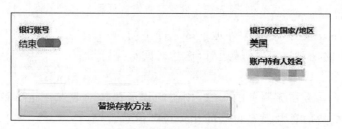

图3-17　存款方式页面

Step4　根据亚马逊给出的提示，在替换存款方法页面下的"银行账号"文本框中填写之前的银行账户，进行身份验证，如图3-18所示。输入完成后，单击"设置存款方式"按钮。

Step5　在设置存款方式页面填写新的PingPong账户信息，单击"提交"按钮，如图3-19所示。

图 3-18 "替换存款方法"页面

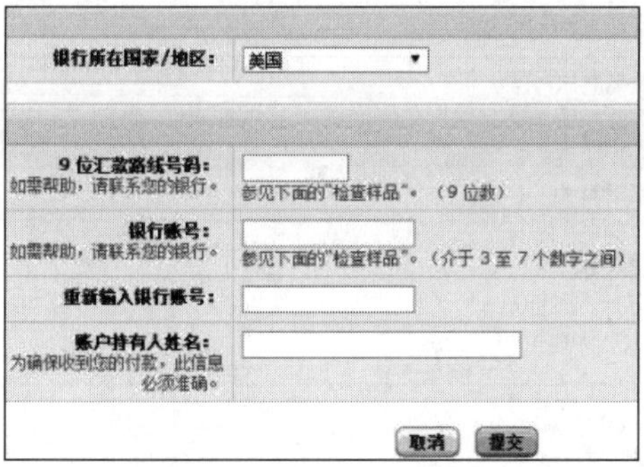

图 3-19 设置存款方式页面

Step6 设置成功后,亚马逊会提示存款方法已成功更新,如图 3-20 所示。

图 3-20 存款方法已成功更新

至此，亚马逊店铺后台的存款方式已经修改完成。

后来，贺鹤和同行聊天时才知道，亚马逊店铺的存款方式、付款方式、电子邮箱等都不能频繁地更换，如果卖家频繁地更换这些信息，亚马逊会认为卖家的账户存在安全问题，为了卖家账户安全会暂时锁定店铺，导致店铺无法操作。所以贺鹤在需要修改店铺信息时，一次只修改一个信息，而且要等一段时间才继续修改，以避免给店铺带来不必要的损失。

3.1.3 页面展示板块

通过页面展示板块，卖家可以快速地浏览店铺内的一些数据和信息，了解店铺实时状况，及时发现店铺问题。页面展示板块的展示栏较多，这里不再一一赘述，但是其中所包含的"您的订单""绩效""销售业绩一览"和"库存规划"这四个展示栏对于卖家十分重要。下面对这四个展示栏着重介绍。

1. 您的订单

"您的订单"展示栏主要展示的是一些店铺订单的数据，这些订单包含卖家自己发货的订单和利用亚马逊物流服务进行发货的订单，如图3-21所示。通过该展示栏，卖家可以直接进入"管理订单"子标签，对店铺订单进行管理。

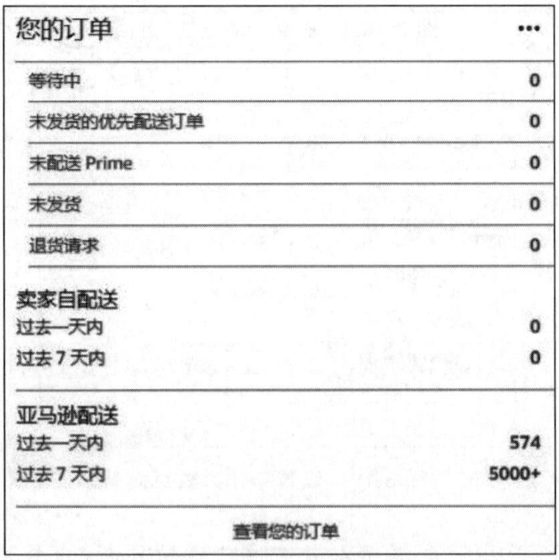

您的订单	...
等待中	0
未发货的优先配送订单	0
未配送 Prime	0
未发货	0
退货请求	0
卖家自配送	
过去一天内	0
过去7天内	0
亚马逊配送	
过去一天内	574
过去7天内	5000+
查看您的订单	

图 3-21 "您的订单"展示栏

2. 绩效

"绩效"展示栏展示的是店铺绩效相关的一些数据，主要包含亚马逊商城交易保障索赔、信用卡拒付索赔、买家反馈等，如图3-22所示。通过该展示栏，卖家可以直接进入"账户状况"子标签。

3. 销售业绩一览

卖家通过"销售业绩一览"展示栏可以查看店铺当天、7天、15天、30天内的销售额和已

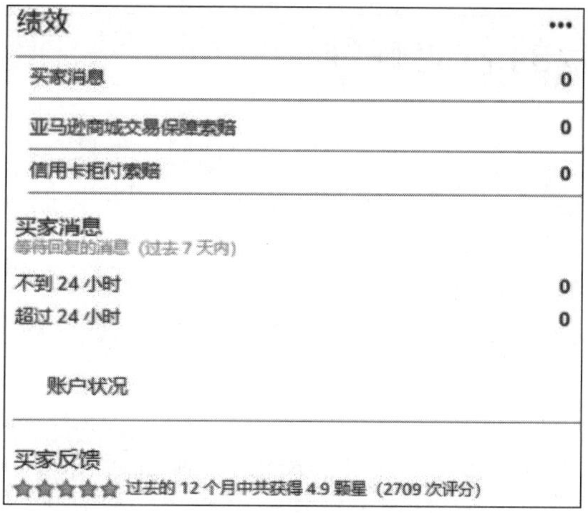

图 3-22 "绩效"展示栏

售商品件数,如图 3-23 所示。通过该展示栏,卖家可以直接进入"业务报告"子标签。

图 3-23 "销售业绩一览"展示栏

4. 库存规划

卖家通过"库存规划"展示栏可以查看亚马逊给出的库存数据,及时发现商品的库存问题,如图 3-24 所示。通过该展示栏,卖家可以直接进入"库存规划"子标签。

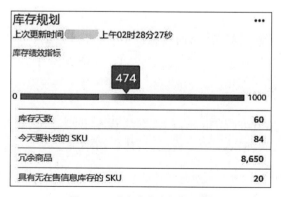

图 3-24 "库存规划"展示栏

3.2 亚马逊平台的名词解释

每个专业领域都会有一些专用词汇,亚马逊平台同样如此。在运营亚马逊平台店铺或接收亚马逊官方邮件时,卖家会遇到一些平台专有名词,这些名词在亚马逊平台上具有不一样的含义。只有理解了这些名词的含义,卖家才可以在运营店铺时拥有事半功倍的效果。这些名词按照其所代表的含义不同可以分为账户类名词、商品类名词、促销类名词,本节将进行详细讲解。

3.2.1 账户类名词

账户类名词主要描述的是和账户相关的内容,主要包括 Seller Rating、Brand Registry、Order Defect Rate、A-to-Z、GCID,具体介绍如下。

1. Seller Rating

Seller Rating 译为卖家评级,是指各项服务指标打分后的综合分数,代表着卖家针对买家的服务质量。

2. Brand Registry

Brand Registry 译为品牌备案,是指在亚马逊平台上对卖家已经拥有的品牌进行注册。

3. ODR

ODR(Order Defect Rate)即订单缺陷率,指店铺收到负面反馈、亚马逊商城交易保障索赔和信用卡拒付索赔的订单占总订单数量的百分比。

4. A-to-Z

A-to-Z 即亚马逊商城交易保障索赔,又称 A-to-Z 索赔,是亚马逊对在其平台上购买商品的所有买家实施的保护政策。如果买家不满意卖家销售的商品,那他可以发起 A-to-Z 索赔,保护自己的利益。

5. GCID

GCID(Global Catalog Identifier)即品牌标识符,是指卖家对自己拥有的品牌进行备案之后,亚马逊内部会对该品牌生成一个独一无二的 16 位标识符。

3.2.2 商品类名词

商品类名词主要描述的是和商品相关的内容,主要包括 Listing、ASIN、Review、Feedback 变体、BUYBOX、FBA、FBA 头程,具体介绍如下。

1. Listing

Listing 即商品展示页面,主要用于展示商品的功能介绍、描述、图片等,以供买家浏览。

2. ASIN

ASIN(Amazon Standard Identification Number)译为亚马逊标准识别码,是亚马逊针对商品随机生成的字母数字组合,是一个商品特殊的编码标识。每个商品的ASIN码都不同。

3. Review

Review译为评论,是指买家针对商品本身的评价,不涉及物流、服务质量。在亚马逊上购买过商品且购物金额达一定要求的买家都可以评价。

4. Feedback

Feedback译为反馈,是指买家针对订单的反馈评价,涉及商品、物流、客服等订单相关因素,只有完成了商品订单的买家才能评价,一个订单只能评价一次。Feedback会影响卖家的ODR。

5. 变体

变体是指商品Listing页面中拥有多个商品规格,主要用于关联那些基本属性相同但在一个或多个关键属性(如尺寸、颜色)方面存在差异的商品。例如,想要搜索短袖衬衫的买家可能会在商品Listing页面中查看某款短袖衬衫的三种尺寸(小号、中号、大号)和三种颜色(黄色、红色、白色),那么这一组短袖衬衫就是一个变体,而商品的尺寸和颜色就是变体关系。

6. BUYBOX

BUYBOX即黄金购物车(购买按钮),是买家最方便的购物位置。亚马逊会根据众多因素评估卖家绩效,只有合格卖家的商品有资格竞争及获得BUYBOX。在亚马逊平台上,不是每个卖家的商品都有一个单独的Listing,而是所有相同的商品都集合到一个Listing中,以供买家进行选择。例如李先生、王先生、刘先生三个卖家都在销售A商品,那么这三个卖家的商品Listing页面就会合并到一起。如果李先生获得了BUYBOX,那么他的Listing页面就会在A商品的集合页面中优先展示,以供买家查看和购买。

7. FBA

FBA(Fulfillment by Amazon)译为"由亚马逊来实现",是指由亚马逊为卖家提供高标准物流服务,包括仓储、拣货、包装、配送、客服和退货在内的所有物流服务。卖家商品发到亚马逊仓库,亚马逊仓库为卖家提供物流服务,然后卖家付给亚马逊相关的物流费用。

8. FBA头程

FBA头程是指卖家使用了FBA之后,货物从国内到国外亚马逊仓库这一段的运输过程。卖家可以通过国内的物流服务商把商品运送至自己所开通站点的亚马逊FBA仓库,并且国内的物流服务商会提供清关、代缴税等一系列增值服务。例如,大森林物流、九方通逊物流等都可以为卖家提供 FBA 头程服务。

3.2.3 促销类名词

促销类名词主要描述的是和促销推广相关的内容,主要包括 Sponsored Products、Impression、Sessions、CTR、CVR、ACoS 等,具体介绍如下。

1. Sponsored Products

Sponsored Products 译为赞助的商品,是指亚马逊的商品广告。该商品广告是通过 CPC 付费推广的关键词竞价排名来展示商品,卖家可以自行设置想要推广的商品、关键词、价格等,是亚马逊主要的推广方式之一。

2. Impression

Impression 译为印象,是指商品展示在买家浏览页面中的次数,即曝光量,只能通过"广告"标签来查看。

3. Sessions

Sessions 译为会话,是指独立 IP 地址的访问量。在 24 小时内,买家通过一个网络 IP 地址访问某一个 Listing 时,无论点击几次,都只能算是一次访问。例如,买家 A 通过家里的计算机查看了亚马逊平台的商品 A,然后关闭商品 A 的页面;过了两小时后,又去打开了商品 A 的页面。尽管买家 A 在 24 小时中打开了两次商品 A 的页面,也只能算一个访问量。

4. CTR

CTR(Click Through Rate)是指广告点击率,例如卖家设置的商品广告被展示了 100 次,但被买家点击了一次,那么 CTR 就是 1%。

5. CVR

CVR(Conversion Rate)是指转化率,例如一段时间内,卖家商品的 Sessions 是 10 次,但只被购买了一次,那么 CVR 就是 10%。

6. ACoS

ACoS 是指卖家在进行推广时所花费的推广费用与订单金额的百分比,例如卖家花费了 10 美元进行推广,所获得的订单金额为 5 美元,那么 ACoS 就是 200%。通过这个数值,卖家可以判断当前的商品推广是否可以盈利。

3.3 本章小结

本章主要对亚马逊平台的后台店铺进行了详细介绍,包括后台基础板块和名词解释两个部分。其中基础板块中对 TAB 功能板块、快捷功能板块、页面展示板块这三个后台板块进行了详细讲解,然后又介绍亚马逊平台的一些专有名词,包括账户类名词、商品类名词、促销类名词。

通过本章的学习,希望卖家可以详细地了解到亚马逊后台都包括哪些功能,可以准确地找到某一功能所在的位置,并且在使用这些功能的过程中遇到一些专有名词时能够理解其含义,以便之后高效地开展运营工作。

3.4 课后思考

3.2节中介绍了亚马逊平台的各类名词,但是并不是所有的电子商务平台都包含这些名词。所以,为了让读者更好地了解电子商务领域,请从国内电子商务平台和跨境电子商务平台中选取任何一个平台,了解其所拥有的专有名词,选取3~5个名词,填写在如表3-1所示的平台名词解释表中。

表3-1 平台名词解释表

平台名称	名词及其解释

第 4 章 亚马逊平台的商品选择

【学习目标】

- 掌握市场调研的步骤
- 了解本土文化的内容
- 掌握选品的销售原则
- 掌握选品的物流原则
- 掌握选品的平台原则
- 掌握榜单选品法
- 掌握关键词选品法
- 掌握热点趋势选品法

对于跨境电子商务的卖家来说,商品是十分重要的。一款优秀的商品可以帮助卖家打开跨境电子商务的市场,并且带来非常好的销售回报,所以无论是可以自行生产商品的卖家,还是没有商品的中间卖家,都需要了解如何选择优秀的商品,然后在跨境电子商务平台上进行销售。

卖家在进行商品选择时,可以从选品范围、选品原则和选品方法三方面进行考虑。首先要了解商品的可选择范围,然后根据商品的选择原则和方法来选择出优秀的商品,为经营亚马逊平台打下坚实的基础。所以本章将从亚马逊平台的选品范围、亚马逊平台的选品原则及亚马逊平台的选品方法三个方面对亚马逊平台的商品选择进行讲解。

4.1 亚马逊平台的选品范围

对于经营亚马逊平台的卖家来说,就是通过亚马逊平台将商品销售到国外市场。与中国相比,境外国家的市场和文化都有着巨大的差异,故而境外国家的买家对于商品的需求也是天差地别。那么卖家在选择商品时,首先要了解的就是可以销售的商品范围,即所选择的站点国家的市场情况和本土文化并以此作为选择商品的基础依据。本节将从市场调研和本土文化两方面对亚马逊平台的选品范围进行详细讲解。

4.1.1 市场调研

市场调研是指系统、客观地收集、整理和分析某一市场各种资料或数据的方式,用于帮助卖家制订有效的运营策略。

市场调研是卖家了解商品市场和把握买家需求的重要手段。通过市场调研，卖家可以清晰有效地了解到境外国家的本土市场情况，明确商品需求。卖家进行市场调研时，其步骤主要包括准备阶段、设计阶段、实施阶段、分析阶段、结论阶段，具体介绍如下。

1. 准备阶段

市场调研的主要目的是帮助卖家准确地做出经营决策。所以，在市场调研的准备阶段，卖家首先要明确的是目前自身待解决的问题，即此次市场调研的目标，然后根据问题来确定市场调研的范围和对象。

（1）确定调研目标

调研目标就是卖家想要通过市场调研解决的问题，只有目标明确的市场调研才能得到有价值的决策信息，减少卖家决策的偏差，例如卖家想要了解某个市场买家喜爱的推广方式，那么此次市场调研的目标就是该市场推广方式。

（2）确定调研范围

调研范围就是所调查市场的范围，例如卖家想要了解英国买家所能接受的广告形式，那么调查范围就是英国。

（3）确定调研对象

卖家可以根据自己待解决的问题所面向的人群来确定调查对象，例如卖家想要了解在英国市场中对于白领女装买家所喜爱的推广方式，那么此次调研的对象就是白领女性。

2. 设计阶段

卖家确定了市场调研的目标和范围后，接下来就要制订详细的调研工作计划。通过制订调研计划可以使卖家在调研工作中有条不紊，尽量减少一些不必要的失误。调研工作计划中主要包括确定信息来源、设计调研内容、预估调研预算、设定调研时间表等。

（1）确定信息来源

确定信息来源的方式主要有人群渠道、现代媒体渠道、商业团体渠道、专业机构渠道等四个获取渠道，卖家可以选择其中若干个信息来源渠道来获取信息。

① 人群渠道

每一个人都是一个信息源，人们在日常生活中吸引着信息，也在传播着信息。尤其是卖家待解决的问题面向的人群、同行业从业人员及相关企业的营销人员，他们往往能够提供大量的、直接的宝贵信息。

在人群渠道中，卖家可以通过调查问卷、访谈咨询、电话咨询等形式进行市场信息的获取。

② 现代媒体渠道

互联网媒体所携带的信息具有量大、面广、信息新等特点。卖家可以通过现代媒体渠道（例如微信公众号、今日头条、百度文库等）获取境外市场的相关信息。

③ 商业团体渠道

无论卖家是否参加各类商会、协会，这些机构都会有偿或无偿地提供商业信息，例如中国香港贸发局及其驻各地办事处可以让相关人员随时查询它的信息，这些信息包括香港特别行政区企业名录和世界各国企业名录,以及世界各地举办的各类展览会、交易会的资料。各类商会也会向卖家提供所属行业名录和一些活动资料。当然,卖家最好加入一些商会或协会,这样将获得稳定的、固定的信息来源。

④ 专业机构渠道

卖家还可以通过专业机构来获取相关的市场信息,例如 AC 尼尔森、中为咨询、MIMR 现代国际、新生代市场监测机构等咨询机构。不过通过专业机构渠道来获取市场信息的话,需要卖家支付一定的费用,具体费用要根据具体机构的标价来定,这种渠道一般适合实力较强的企业卖家。

(2) 设计调研内容

市场调研的内容主要涉及影响营销策略的各种因素,如买家需求、商品价格、促销形式等。根据不同的调研目标,调研内容的侧重点也会有很大不同,卖家可以自行进行选择和设定。市场调研的内容主要包括买家需求调研、价格调研、促销形式调研等。

① 买家需求调研

市场的需求是卖家营销的中心和出发点。卖家要想在激烈的竞争中获得优势,就必须详细了解并满足买家的相关需求,例如商品品质调研、商品品种调研、商品质量调研等。因此,对市场需求的调研是市场调研的主要内容之一。

② 商家价格调研

价格会直接影响到商品的销售额和卖家的收益情况,价格调研对于营销企业制订合理的价格策略有着至关重要的作用。价格调研的内容包括价格变化趋势的调研、国际商品市场走势调研、市场价格承受心理调研、国家税费政策对价格的影响等。

③ 促销形式调研

促销调研主要侧重于买家对促销活动的反应,了解买家最容易接受和最喜爱的促销形式。其具体内容包括调研各种促销形式是否突出了商品特征、是否起到了吸引买家和争取潜在买家的作用等。

(3) 预估调研预算

在完成上面的步骤内容后,卖家就可以根据具体的信息来源方式和调研内容来确定在调研过程中需要花费的财力、人力、物料等预算内容,例如卖家要通过专业机构渠道来获取相关的市场信息,那么就要预估这种获取信息来源的方式将花费的钱财、工作人员数量等。

(4) 设定调研时间表

设定调研时间表是为了规定市场调研过程中每个阶段细节项目的时间安排,保证市场调研的工作进度和工作效率。设定调研时间表主要分为以下几个步骤。

① 列出主要的工作内容

一开始先把主要的工作列上,起到提纲挈领的作用,而且作为大项,一定不能遗漏。主要工作内容展示如表 4-1 所示。

② 列出每项工作的细项

将每一大项细化成一个个具体的事件,越细越好,避免在工作中遗漏。每项工作的细项如表 4-2 所示。

③ 标出时间进度

通过设计时间轴,卖家把每一个具体的事件从开始到结束的时间标示出来,这样完成进度就一目了然了,时间进度如表 4-3 所示。

表 4-1 主要工作内容展示

工作内容
准备阶段
设计阶段
实施阶段
分析阶段

表 4-2 每项工作的细项

工作内容	工作细分
准备阶段	调研目标
	调研范围
	调研对象
设计阶段	确定信息来源
	设计调研内容
	设定调研时间表
	预估调研预算

表 4-3 时间进度

工作内容	工作细分	时间进程
准备阶段	调研目标	2019.8.3～2019.8.5
	调研范围	2019.8.3～2019.8.5
	调研对象	2019.8.3～2019.8.5
设计阶段	确定信息来源	2019.8.6～2019.8.7
	设计调研内容	2019.8.8～2019.8.11
	设定调研时间表	2019.8.11～2019.8.13
	预估调研预算	2019.8.14～2019.8.15

④ 确定责任人

计划的工作需要落实到责任人,这样才能最大限度地保证工作效率,所以卖家在制订调研时间表时要把每一个事件都落实到具体的责任人,明确参与工作人员的工作任务和工作职责,做到工作任务落实到位、工作目标清晰、工作责任明确,如表 4-4 所示。

表 4-4 确定责任人

工作内容	工作细分	时间进程	工作负责人
准备阶段	调研目标	2019.8.3～2019.8.5	A 员工
	调研范围	2019.8.3～2019.8.5	A 员工
	调研对象	2019.8.3～2019.8.5	A 员工
设计阶段	确定信息来源	2019.8.6～2019.8.7	B 员工
	设计调研内容	2019.8.8～2019.8.11	A 员工
	设定调研时间表	2019.8.11～2019.8.13	B 员工
	预估调研预算	2019.8.14～2019.8.15	B 员工

⑤ 校对美化表格

时间表做好后,卖家一定要校对表格是否正确合理和有没有错别字并进行美化,格式上要整齐,文字要简洁,使相关人员能够准确清晰地使用和查看表格,如表 4-5 所示。

表 4-5 校对美化表格

工作内容	工作细分	时间进程	工作负责人
准备阶段	调研目标	2019.8.3～2019.8.5	A 员工
	调研范围	2019.8.3～2019.8.5	
	调研对象	2019.8.3～2019.8.5	
设计阶段	确定信息来源	2019.8.6～2019.8.7	B 员工
	设计调研内容	2019.8.8～2019.8.11	A 员工
	设定调研时间表	2019.8.11～2019.8.13	B 员工
	预估调研预算	2019.8.14～2019.8.15	

卖家在设定调研时间表时,可以根据自己的需要来进行,例如工作细分、时间进程可以具体到每一天,越详细越好。

3. 实施阶段

在市场调研的实施阶段,卖家首先要按照调研时间表来开展工作,保证工作效率和进度。卖家要及时掌握调研工作的进度完成情况,协调好各个责任人之间的工作进度,并且要及时沟通和解决所遇到的问题。

然后卖家要注意甄别所收集信息的有效性、真实性等,保证这些信息可以对待解决的问题有实质性的帮助。最后,卖家要将这些信息通过工具记录下来,方便信息收集完毕后进行整理分析。

4. 分析阶段

调研分析是对调研信息资料汇总和解析,进而对待解决的问题提出相应的建议和对策。分析方法主要包括定量分析法和定性分析法。

(1) 定量分析法

定量分析法即通过一些数据分析工具(例如 Excel),将收集的数据进行整理、加工和分析,将其转换为图表、模型等,进而转换为有用的信息。例如茶类卖家对某超市进行市场调研后,收集到日常销售的一些数据,那么通过定量分析法就可以将某一时间段内出售茶类商品的数量统计出来,用于决定自己的进货数量。

(2) 定性分析法

定性分析法是依据卖家的主观分析判断能力来推断事物的性质和发展趋势的分析方法。这种方法主要面对的是非数据的信息,例如通过一些咨询机构,卖家可以获得一些关于某个市场的现有结论,然后就可以通过主观判断分析能力来推测接下来的市场变化。

5. 结论阶段

卖家分析完成后,需要将市场调研工作的最终分析成果做成市场调查报告呈现给决策者,作为选择商品的参考依据。

以上为市场调研的主要流程步骤以及涉及的一些工作内容,卖家在具体的工作实践中应该以此为基础,再结合自己企业的具体要求来设计具体详尽的市场调研工作内容,以保证所调研的结果符合企业要求。

【阶段案例 4-1】 玩具市场的调查问卷

贺鹤因为对于美国玩具市场并不了解,所以希望借助市场调查的方式来获取美国玩具市场的相关信息,为选择在亚马逊平台上出售哪些商品提供基础依据。

贺鹤和同事开会商讨后,在准备阶段确定了调研目标、调研范围和调研对象,如表4-6所示。

表 4-6 准备阶段

调研目标	美国买家对于玩具的需求
调研范围	纽约、洛杉矶、芝加哥
调研对象	25~35岁的人群

然后,贺鹤和同事分配了这次市场调研的工作内容。贺鹤主要负责确定信息来源和设计调研内容,而另外一名同事则负责说明调研预算、设定调研时间表,最后两人共同实施调研和分析结果。

贺鹤想要出国考察美国当地的一些情况,所以想要选择通过人群渠道来获取相关信息,并且通过人群渠道,他可以获得第一手的资料,且信息的准确性、真实性可以得到保障。于是贺鹤选择了以调研问卷的形式通过人群渠道来获取相关的玩具市场信息,到时再出差到美国进行实地调研。

基于设计调查问卷的合理性、一般性、逻辑性等基本原则,贺鹤设计了下面的玩具市场调研问卷,如表4-7所示。

表 4-7 玩具市场调研问卷

先生/女士:
您好!
我们是童趣天堂的市场调研人员,希望得到消费者对玩具商品市场的信息,请您协助我们完成此次调查,您的回答对调查信息的完整性非常重要。该问卷不记名,回答也无对错之分,务请照您的实际情况回答,请在符合您的情况项目上选择(打√即可)。谢谢合作。

1. 您是否有孩子?

没有	有		

续表

2. 您孩子的性别？			
男	女		
3. 你喜欢给孩子购买玩具吗？			
经常买	偶尔买	孩子要买就买	不买
4. 您每个月为孩子买玩具的平均费用？			
10 美元以下	10～40 美元	40～100 美元	100 美元以上
5. 您可接受的买玩具的价格是多少？			
10 美元以下	10～20 美元	20～40 美元	40 美元以上
6. 您为其购买玩具的孩子的年龄？			
1 岁以下	1～5 岁	5～12 岁	12 岁以上
7. 您平时都去哪里购买玩具？			
大型超市	专卖店	网购	其他（　　）
8. 若有网购情况，通常都去哪些网站购买？			
亚马逊	eBay	Wish	其他（　　）
9. 孩子最喜欢的玩具类型是？			
毛绒玩具	电子类	益智类	其他（　　）
10. 您为孩子购买玩具的目的是什么？			
教育孩子	提高孩子智力	其他（　　）	
11. 你认为玩具除了孩子玩耍外，还有什么其他用途或功效？			
做装饰	做收藏	留给别的孩子玩	其他（　　）
12. 以下哪方面促使您继续购买相同品牌的玩具？			
玩具的质量	玩具功能	带来好的体验价格	其他（　　）
13. 当您购买玩具时，以下哪些方面影响您的选择？			
玩具的价格	玩具的质量	玩具对孩子的教育性	玩具外观
玩具的安全性	其他（　　）		
14. 在选择玩具商家的过程中，您最看重哪些方面？			
商家信用度	商家的服务态度	价格和质量	其他（　　）
15. 当您选购玩具时，您喜欢哪种材质的玩具？			
塑料	毛绒	木制品	金属
16. 当您的孩子想购买玩具时，以下哪方面能影响他？			
卡通或电影人物	他的同学或朋友	电视、杂志、网络	其他（　　）
17. 您喜欢国外玩具品牌还是国内玩具品牌？			
国内	国外	只要合适都可以	其他（　　）

续表

18. 您的家庭收入情况？			
800 美元以下	800～1200 美元	1200～1600 美元	1600 美元以上

19. 您认为目前玩具应该向哪个方面发展？			
趣味	互动型	外表精美型	益智型

20. 您认为好的玩具从功能的角度看应具备哪些条件？
有益于孩子智力和情感的开发、学习知识
只要孩子喜欢就好，功能无所谓
父母和孩子可以共同游戏
玩具具备多种玩法，让孩子保持长时间的兴趣

21. 您在给孩子购买玩具时遇到的困难是什么？

22. 您理想中的玩具是什么样子的？请简单描述一下。

贺鹤做好调研问卷后，又帮助同事完善了其他设计阶段的工作，然后两个人一起出差到美国进行了为期一周的市场调研。经过调研，贺鹤了解了当地买家对于玩具商品的具体需求内容，为选择在亚马逊平台上出售的商品提供了参考依据。

4.1.2 本土文化

通过对站点国家的本土文化进行研究，卖家可以了解当地的传统节日、宗教信仰等，避免由于文化差异的问题，导致所选择的商品不受当地人喜爱，在运营推广时为店铺带来损失。下面从传统节日、宗教信仰两方面进行讲解。

1. 传统节日

传统节日是指日常生活中值得纪念的重要日子，是世界人民为适应生产和生活的需要而共同创造的一种民俗文化，是世界民俗文化的重要组成部分。

因为各个国家和地区的历史发展并不相同，所以每个国家和地区都有属于自己的节日。一些节日源于传统习俗，例如中国的春节、中秋节、清明节、重阳节等。春节聚餐场景如图 4-1 所示。

通过了解站点国家的传统节日，卖家可以在选择商品时选择当地买家在节日时所需要的商品，例如中国人在过春节时往往都会准备很多的糖果给小朋友，所以一般的家庭都会准备很大数量的糖果。中国一年 12 个月的部分节日汇总如表 4-8 所示。

图 4-1 春节的聚餐场景

表 4-8 中国 12 个月的部分节日汇总

月份	1月	2月	3月	4月	5月	6月
节日	春节（农历正月初一）	龙抬头、社日节（农历二月初二）	上巳节（农历三月初三）	清明节（公历4月5日前后）	端午节（农历五月初五）	

月份	7月	8月	9月	10月	11月	12月
节日	七夕节（农历七月初七）	中秋节（农历八月十五）	重阳节（农历九月初九）	国庆节（公历10月1日）		除夕（农历十二月廿九或三十）

2. 宗教信仰

宗教信仰是指信奉某种特定宗教的人群对其所信仰的神圣对象由崇拜认同而产生的坚定不移的信念。

这种思想信念表现和贯穿于特定的宗教仪式和宗教活动中，并且用来指导和规范信徒在世俗社会中的行为，属于一种特殊的社会意识形态和文化现象。

世界上的三大宗教分别是基督教、伊斯兰教和佛教。基督教主要集中分布在欧洲、美洲和大洋洲。伊斯兰教主要传播于亚洲、非洲。佛教主要分布在亚洲的东部和东南部。

了解当地买家的宗教信仰有助于卖家在选择商品时避免选择到宗教禁忌的商品，例如信奉基督教的人一般都认为 13 是不吉利的数字，如果卖家出售的一款商品上全部都印有数字 13 的图案，那在大多数人都信奉基督教的国家进行销售时，一定不会受到买家的欢迎。

当然，除了这三大宗教外，世界上还有其他种类的宗教，卖家在了解相关内容时需要特别注意。

某个国家或地区的本土文化包括了政治、科技、教育、艺术等很多内容，上面只是以传统节日、宗教信仰两个方面进行了讲解。任何一个国家都拥有自己的历史渊源，文化都会有所不同,所以卖家想要在某个国家站点进行长期的跨境电子商务活动时,一定要通过互联网、图书馆等方式多了解这方面的内容。这不仅能够作为卖家选择商品的参考依据,更能为卖家后续开展亚马逊平台店铺的运营推广工作提供巨大的帮助。

4.2 亚马逊平台的选品原则

想要在亚马逊平台上进行商品销售工作,卖家的商品就要符合一定的原则标准。卖家通过了解选品原则可以进一步确定商品的可选择范围。由跨境电子商务的主要流程可知,在运营亚马逊店铺时,卖家主要是通过跨境物流和跨境电子商务平台展开商品销售流程,所以卖家选择商品的原则主要从销售原则、物流原则和平台原则三方面进行考虑。本节将对这三个选品原则进行详细讲解。

4.2.1 销售原则

销售原则即商品在销售时需要遵守的原则。了解销售原则有助于卖家选择的商品在跨境电子商务平台上获得更好的销量,为店铺发展带来较大的帮助。销售原则主要包括商品利润、商品优势、法律问题、侵权问题,下面进行具体介绍。

1. 商品利润

商品利润对于卖家十分重要。卖家花费较大的精力去从事跨境电子商务,其最终目的就是为了获得利润,除了平台佣金扣点和商品的成本外,由于跨境运输的距离较长,商品运输的费用也是比较高的,因此卖家在考虑商品利润时也要考虑跨境物流的运费。对于商品利润问题要注意商品的利润率和商品的货值。

(1) 商品的利润率

商品利润率是指商品利润与商品成本价的比值。一般情况下,卖家所选择的商品的利润率最好不低于50%,越高越好,这样除去平台扣点和物流费用,卖家还是会有一定的收益,否则可能会面临亏损。

(2) 商品的货值

卖家要选择货值较高的商品。商品货值高,那么卖家销售一款商品所获得的利润就比较多。例如,如果卖家选择的商品是丝袜,一款丝袜的进价是15元(人民币),卖家销售的价格是5美元。那么除去平台扣点和物流费用,卖家到手的利润就非常少了。

2. 商品优势

商品优势主要包括商品质量、商品差异化和供货能力。

(1) 商品质量

卖家选择的商品如果存在较多的质量问题,遭到买家投诉,那么亚马逊平台就会禁卖这款商品,所以商品质量是一个十分重要的原则,卖家在选择商品时对于商品质量要进行严格的把控。

(2) 商品差异化

卖家所选择的商品与其他卖家所销售的商品之间存在差别,买家会因为这些差别而购买卖家的商品,这就是商品的差异化。商品的差异化可以提高商品的优势,减少相同商品之间的竞争。例如其他卖家正在销售一款打蛋器,但他们的打蛋器的材质是金属的,那么卖家就可以生产以环保材料所制成的打蛋器,以此作为差异化销售给买家。

(3) 供货能力

在销售的过程中,卖家要保证所选择的商品拥有稳定且优质的货源。如果在销售过程中,由于商品断货而导致无法正常销售,则会导致店铺的销售业绩遭到巨大的打击。所以卖家在选择商品时,一定要注意商品的供应能力。

3. 侵权问题

境外国家对于商品的知识产权的保护意识是相当强的,所以卖家在选择商品时,一定要注意商品的外观是否侵犯了其他商品的外观专利,甚至包括商品拍摄的图片、视频等都会存在侵权问题。如果卖家的商品存在侵权问题,那么卖家就会面临相当严重的处罚。

【阶段案例 4-2】 商品利润的计算方法

贺鹤通过市场调研大致筛选了一批商品。为了让这批商品在亚马逊平台上出售时所获得的利润得到保证,贺鹤利用相关公式对商品的利润进行了相关计算,计算过程如下。

首先,贺鹤选择了其中的 A 玩具来进行计算,他根据 A 商品的质量、优势等方面预设了其价格、销量等。A 玩具在亚马逊平台上的相关数据如表 4-9 所示。

表 4-9 A 玩具在亚马逊平台上的相关数据

项 目	数 据
成本	14 元(约为 2 美元)
出售价	50 美元
预计销量	5 件/天、150 件/月
预计运费	131 美元/天、3930 美元/月(A 商品重量为 1kg)
广告投放成本	10 美元/天
平台佣金	玩具类 8%

然后,贺鹤通过中国邮政的官网获得了跨境运输商品物流费用的计算方法。中国邮政国际运费计算方法如图 4-2 所示。

在图 4-2 中,贺鹤选择了"寄达国家",然后选择"产品类型"及"邮件类型",最后输入"物品重量",即可查询出所寄送商品的邮费。A 商品为 1kg,每次邮寄 5 件,那么就要在"物品重量"栏填写 5 件*1kg=5kg,就可以得出一次邮寄 5 件 A 商品的邮费。

根据公式:总利润=总收入-商品成本-物流运费、营业利润=总利润-销售成本(主要为平台佣金和广告成本),可以得出以下数据。

- 总收入=50 美元*150 件=7500 美元
- 总利润=7500 美元-2 美元*150 件-3930 美元=3270 美元
- 广告投放成本=10 美元*30 天=300 美元
- 平台佣金=总收入*8%=600 美元

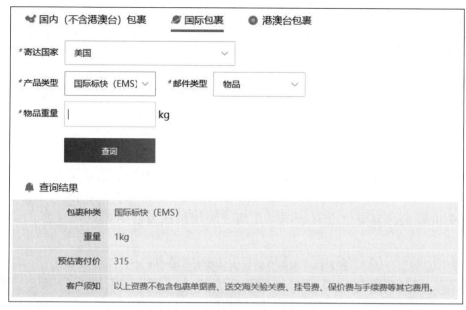

图 4-2　中国邮政国际运费计算方法

- 销售成本＝300 美元＋600 美元＝900 美元
- 营业利润＝3270 美元－900 美元＝2370 美元

通过上面这些公式，贺鹤大致计算出了 A 商品在一个月内的预计营业利润，并且通过这些公式和数据，他可以灵活调整 A 商品的出售价、广告投放成本等数据。他可以在保证当前营业利润的情况下，增加广告投放成本进而提升商品销量。例如贺鹤想要增加 A 商品的销量至 50 件/天、1500 件/月，将数据套入上面的公式中，可以得到如下结果。

- 总收入＝50 美元 * 1500 件＝75000 美元
- 总利润＝75000 美元－2 美元 * 15000 件－33400 美元＝11600 美元
- 广告成本＝10 美元 * 30 天＝300 美元
- 平台佣金＝总收入 * 8%＝6000 美元
- 销售成本＝300 美元＋6000 美元＝6300 美元
- 营业利润＝11600 美元－6300 美元＝5300 美元

那么贺鹤在稳定营业利润为 4000 美元时，就可以使用 5300 美元－4000 美元＝1300 美元来调整自己的营销策略，例如将广告投放成本增加至 50 美元/天，就可以有 50 美元 * 30 天＝1500 美元应用于商品的推广引流工作中，为后续的商品销售工作打好流量基础。

贺鹤通过这种商品利润的计算方法计算了所筛选出来的这一批商品，剔除了部分不符合销售原则的商品。

4.2.2　物流原则

在亚马逊平台上进行商品销售时，商品是通过跨境物流来进行国际运输配送的，其对于商品的规范要求较多。下面从禁运商品和商品规格两方面进行介绍。

1. 禁运商品

关于跨境物流的禁运商品主要包括以下几点。
- 大多数跨境物流不能运输液状、乳状的流体类商品,例如洗发水。
- 大多数跨境物流不能发带电、腐蚀性、放射性或易燃易爆的商品,例如硫酸。
- 国家不允许出口的商品,例如动植物及制品、烟草、武器、文物等。

2. 商品规格

商品规格主要是指商品包裹的重量和尺寸要求。当商品包裹的重量或尺寸超过限制时,可能导致商品不能邮寄或者跨境物流商家会收取另外的附加费,不同的物流公司对商品的尺寸、重量要求的规定也会有所不同。部分跨境快递的商品包裹规格要求如表 4-10 所示。

表 4-10 部分跨境物流的商品包裹规格要求

跨境快递	规格要求
国际邮政小包	1. 重量尺寸要求:重量限制 2kg 2. 最大尺寸:长、宽、厚合计不超过 90cm,最长一边不超过 60cm。圆卷邮件直径的两倍和长度合计不超过 104cm,长度不超过 90cm 3. 最小尺寸:长度不小于 14cm,宽度不小于 11cm。圆卷邮件直径的两倍和长度合计不小于 17cm,长度不小于 11cm
DHL 国际快递	单边长度≥2120cm 或单件实重≥70kg,征收货物尺码过大和重量过重附加费:人民币 250 元/个包裹
中国邮政 EMS 国际快递	商品包裹单边长度以 1.5m 为限,长度及周长合计以 3m 为限。中国 EMS 国际快递一般不计体积,只要不超出尺寸限制,都不会产生超长附加费,适合邮寄大体积商品

表 4-10 中显示了国际邮政小包、DHL 国际快递和中国邮政 EMS 国际快递的商品包裹规格要求,且三者对于商品包裹的要求都是不一样的,卖家要根据自己所选择的跨境物流具体了解。

4.2.3 平台原则

除了销售原则和物流原则对于商品选择有较大的影响外,亚马逊平台也对商品有一定的限制,如果卖家想要在平台上销售商品,那么就一定要遵守亚马逊平台的相关商品规则。

买家对于亚马逊的信赖源自能放心购买亚马逊商城上的商品。在亚马逊商城上不合法、不安全、需要处方才能销售的商品或其他禁售限售商品均被严格禁止,亚马逊关于受限商品的说明如图 4-3 所示。

在亚马逊的帮助页面上还列出了关于每个类目"受限商品"的详细内容,如图 4-4 所示。

值得一提的是,此类帮助页面上提供的示例并不详尽,仅作为信息指导供卖家参考。如果卖家选中一款觉得还不错的商品,但又有点怀疑这样的商品可能销售受限,那么可以到亚马逊平台的受限商品页面进行比对。此外,卖家也可以直接找亚马逊的客服确认商品是否违反平台原则。提前进行相关信息的核实可以避免因为平台对商品的限制问题而造成的店铺损失。

Help / 账户设置 / 参考 / 计划政策 / 销售政策和卖家行为准则 / 分类、商品和商品限制 / **受限商品**

受限商品

买家相信他们始终可以放心地在亚马逊上购物。亚马逊上销售的商品必须遵守所有法律法规以及亚马逊的政策。严禁销售非法、不安全或此类页面上列明的其他受限商品（包括只能凭处方购买的商品）。

如果您在亚马逊上供应商品，则应在发布商品之前仔细阅读下方列出的受限商品帮助页面。此类帮助页面上提供的示例并不详尽，仅作为信息指导供您参考。如果您对与商品相关的法律法规有任何疑问，建议您咨询您的法律顾问。即使被列为"允许销售的商品示例"，所有商品和商品信息也必须符合适用法律。此外，提供的所有链接仅供参考，亚马逊并不保证此类链接中提供的任何信息的准确性。

如果您销售的商品违反了法律或亚马逊的任何政策（包括销售受限商品页面上列出的商品），我们将根据情况采取纠正措施，包括但不限于立刻暂停或终止销售权限、销毁亚马逊运营中心内的库存且不提供赔偿、退还库存、终止业务关系，以及永久扣留销售款项。销售非法或不安全的商品还可能引发法律诉讼，并涉及民事和刑事处罚。

我们代表买家不断锐意创新，并与监管部门、第三方专家、供应商和卖家共同努力改进我们的检测和预防手段，避免非法和不安全商品流入商城。亚马逊鼓励您联系我们，举报违反亚马逊政策或适用法律的商品。我们会针对每宗举报展开彻查并采取适当的措施。

图 4-3　亚马逊关于受限商品的说明

受限商品

- 动物和动物相关商品
- 汽车用品
- 合成木制品
- 化妆品和护肤/护发用品
- 货币、硬币、现金等价物和礼品卡
- 膳食补充剂
- 药物和药物用具
- 电视/音响
- 爆炸物、武器及相关商品
- 出口控制
- 食品和饮料
- 有害商品和危险品
- 珠宝首饰和贵重宝石
- 激光商品
- 照明灯具
- 开锁和盗窃设备
- 医疗器械和配件
- 冒犯性和有争议的商品

图 4-4　"受限商品"的详细内容

4.3 亚马逊平台的选品方法

卖家掌握了亚马逊平台选择商品的依据和原则后,接下来需要了解的是亚马逊平台的选品方法。通过选品方法,卖家可以选择出具有销售潜力的商品。亚马逊平台的选品方法有很多,其中主要包括榜单选品法、关键词选品法和热点趋势选品法,这三种方法是亚马逊平台卖家最常使用的三种方法,本节对这三种方法进行详细介绍。

4.3.1 榜单选品法

榜单选品法即卖家通过亚马逊平台上的各种商品榜单排名来选择自己的商品。这种方法可以帮助卖家快速地了解亚马逊平台当前热卖的商品,查看哪些类型的商品比较受买家欢迎,从而根据这些商品来选择出自己可以销售的商品。卖家在使用榜单选品法选择商品时,首先要了解亚马逊平台拥有哪些榜单,然后使用哪些工具可以对这些榜单商品进行数据统计,最后如何对商品进行分析。下面从选择平台榜单、使用平台工具、分析商品数据三个步骤对榜单选品法进行讲解。

1. 选择平台榜单

亚马逊平台的榜单主要包括销量榜单、飙升榜单、新品榜单。

(1) 销量榜单

亚马逊平台的销量榜单是基于各个类目商品的总销售量所进行的商品排名,卖家可以通过单击商品进入商品详情页面来了解每件商品的近期销售情况和历史销售情况。亚马逊平台的销量榜单如图4-5所示。

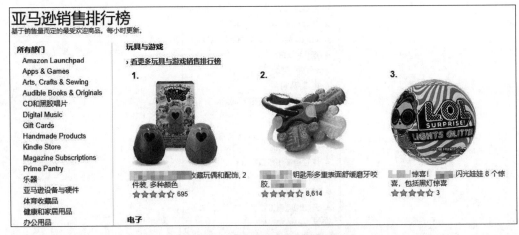

图 4-5 亚马逊平台的销量榜单

在图4-5中,销售榜单已经通过浏览器的翻译功能进行了翻译,所以译法会有偏差,例如亚马逊销量榜单被翻译为亚马逊销售排行榜。亚马逊销量榜单页面上有类目分类(即所有部门)和商品排名两个板块。在类目分类板块中,卖家可以单击自己想要了解的商品类目,然后在商品排行板块查看商品的具体排名。例如,卖家想要了解的是乐器类目下详细的商品排名,那么可以单击类目分类中的"乐器",页面就会跳转到乐器商品排行榜。乐器商品销量排行榜中的部分商品如图4-6所示。

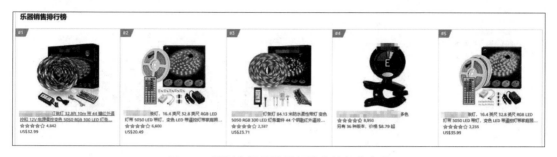

图4-6 乐器商品销量排行榜中的部分商品

（2）飙升榜单

亚马逊平台的飙升榜单是基于当前平台中过去24小时内销售额增长最快的商品所进行的排名。该榜单会显示商品的飙升百分比。商品在24小时内销量越高。飙升排名越高，亚马逊平台的飙升榜单如图4-7所示。

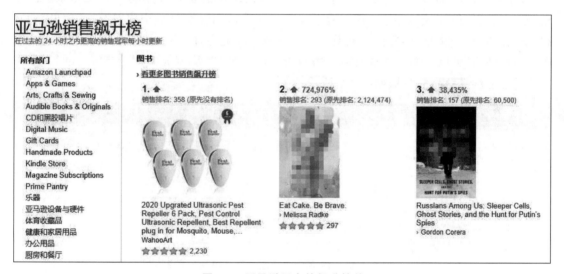

图4-7 亚马逊平台的飙升榜单

（3）新品榜单

亚马逊平台的新品榜单是基于买家对于新上架商品的喜爱程度所进行的排名。商品排名越高,说明该款新商品越被买家欢迎。亚马逊平台的新品榜单如图4-8所示。

卖家可以根据需求来选择对应的榜单,例如卖家想要查看亚马逊平台上有哪些刚上架的商品受到买家的喜爱,那么可以去查看新品榜单。

2.使用平台工具

平台的选品工具主要是用来挖掘各种榜单中的商品数据,常用的有Jungle Scout、

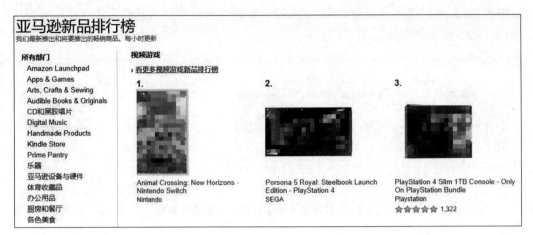

图 4-8 亚马逊平台的新品榜单

Keepa 等。

（1）Jungle Scout

Jungle Scout 简称 JS，主要服务于全球亚马逊跨境电商卖家。JS 可以帮助卖家解决选品、竞品跟踪、市场趋势分析、关键词搜索及反查、Listing 优化、站外引流、邮件营销、店铺利润分析、PPC 广告优化、供应商搜索及管理等问题。除此之外，JS 还拥有自己的插件。卖家安装该插件后，可以一键查看现有商品的销量、竞争程度以及历史销售趋势等。通过 JS 查看亚马逊上玩具商品的结果如图 4-9 所示。

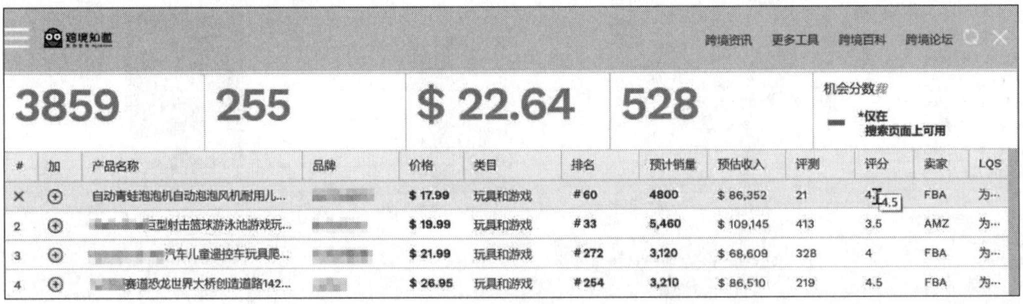

图 4-9 通过 JS 查看亚马逊上玩具商品的结果

（2）Keepa

卖家需要能够清晰地了解各项商品的历史价格走势，从而在发布商品时能够获得不错的预估价格效果，更需要了解竞争对手的定价，从而在适当的时节做更好的价格决策。Keepa 是一个价格追踪工具，该款工具只针对亚马逊平台上的商品。通过该款工具，无论对自己的商品还是对竞品，卖家都可以查看商品的全面价格历史图表。使用 Keepa 工具查询商品价格的结果如图 4-10 所示。

3. 分析商品数据

卖家通过平台榜单挑选出自己想要销售的热卖商品后，使用 JS、Keepa 等工具来挖掘商品的相关数据，最后要对这些数据进行分析。标准分析法是卖家经常使用的一个简便方

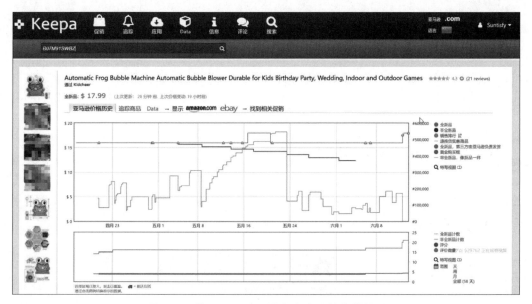

图 4-10　使用 Keepa 工具查询商品价格的结果

法，分为制订表格和计算评分两个步骤。

（1）制订表格

用亚马逊平台工具挖掘出商品的相关数据后，卖家需要制订一个表格，表格中要呈现出选品因素、标准及评分等。选品因素对应的标准越好，则评分越高。商品标准表格如表 4-11 所示。

表 4-11　商品标准表格

选品因素	标　　准	评分
季节性	销售月数≤3 个月	0
	6 个月≥销售月数＞3 个月	4
	9 个月≥销售月数＞6 个月	8
	销售月数＞9 个月	10
垄断壁垒	销售商家≤3 家	0
	7 家≥销售商家＞3 家	4
	11 家≥销售商家＞7 家	8
	销售商家＞11 家	10
迭代周期	周期≤半年	0
	1 年≥周期＞半年	4
	3 年≥周期＞1 年	8
	周期＞3 年	10

（2）计算评分

在表4-11中，选品因素选择了季节性、垄断壁垒、迭代周期，分别对应不同的等级标准和评分。卖家可以将挖掘到的商品数据在表格中进行比对，最后统计商品各项评分来选择商品。

选品因素包含很多，例如review星级、review数量、商品生产周期、价格等，卖家可以根据自己的需求来进行选品因素、等级标准和评分的设定，从而选择出适合自己的优秀商品。

 多学一招：亚马逊卖家网址导航

亚马逊卖家网址导航是一个综合工具类网站，卖家可以在这个网站中找到各种所需的运营工具、第三方跨境支付平台、论坛咨询等，例如Jungle Scout工具就可以在该网站中找到。亚马逊卖家网址导航Logo如图4-11所示。

图4-11 亚马逊卖家网址导航Logo

4.3.2 关键词选品法

关键词选品法是指通过商品的关键词来选择卖家想要的商品。相对于榜单选品法，关键词选品法的主观性会更强一些，也就是说，这种选品方法更多的是依靠卖家的经验和需求进行商品的选择。

在使用关键词选品法选择商品的过程中，卖家无法直接看到相关的商品，而是先要确认销售方向词，即卖家想要销售商品的关键词；通过销售方向词来匹配商品细分类目；然后查看细分类目中搜索量较高的高频关键词；再使用这些高频关键词来查找该类目下的商品；最后分析商品数据，筛选出卖家想要选择的商品。下面我们从确定销售方向词、匹配细分类目、查找高频关键词、查找类目商品、分析商品数据五个步骤来学习关键词选品法。

1. 确定销售方向词

确定销售方向词时，卖家首先要确定自己想要或可以销售的商品的品类关键词，然后通过品类关键词在Sonar（声呐）关键词工具上确定方向词。例如，卖家想要销售婴儿类的商品，那么品类关键词就为baby（婴儿），然后在关键词搜索工具中通过婴儿品类关键词baby来搜索销售方向词。baby品类关键词下的销售方向词如图4-12所示。

2. 匹配细分类目

确定了销售方向词后，卖家可以使用销售方向词来搜索该方向词所包含的属性关键词，然后根据自己的需求来匹配这些属性关键词下的细分类目。例如，卖家通过baby品类关键词确定了销售方向词baby toys（婴儿玩具），baby toys关键词还有很多属性词，如图4-13所示。如果卖家认为自己可以销售宝宝洗浴类的商品，那么就选择baby bath toys（婴儿沐浴玩具）所匹配的细分类目。

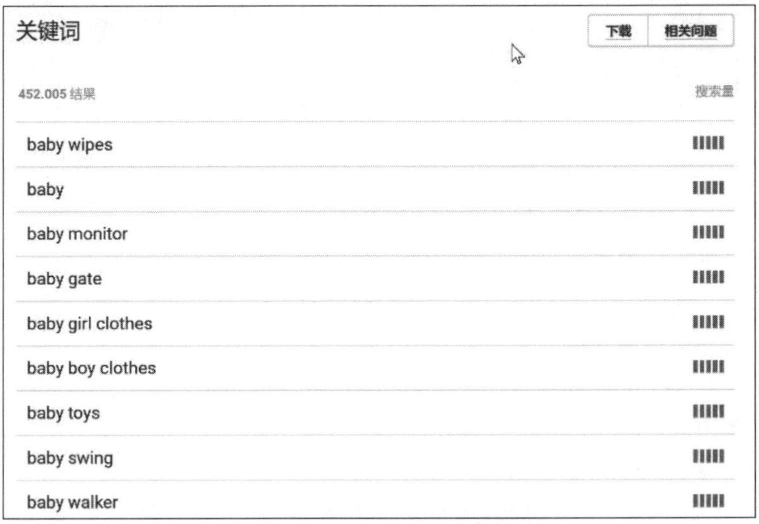

图 4-12 baby 品类关键词下的方向词

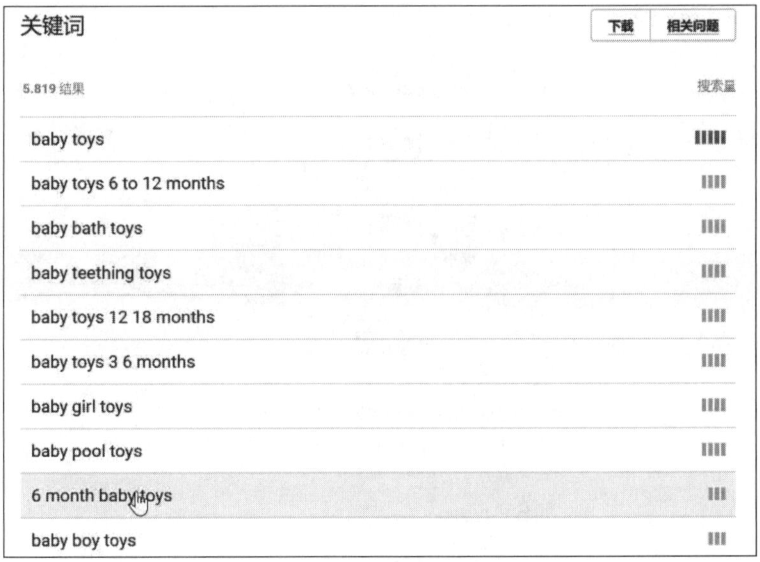

图 4-13 baby toys 的属性词

3. 查看高频关键词

接下来,卖家需要找到已经匹配完成的细分类目高频关键词。这些关键词属于卖家在购物过程中会搜索的高频率词汇,关键词频率越高,买家越偏向于通过该关键词来搜索相关的商品。baby bath toys 细分类目下的高频关键词如图 4-14 所示。

4. 查找类目商品

卖家可以在亚马逊平台上搜索相应的高频关键词查找相关商品。例如,卖家想要使用高频关键词 elegant baby bath toys(精美的婴儿沐浴玩具)来查找商品,那么在亚马逊买家

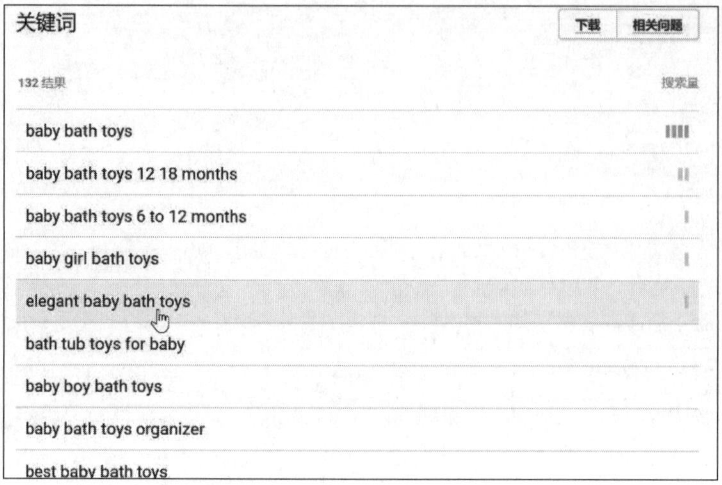

图 4-14　baby bath toys 细分类目下的高频关键词

平台上输入相应的关键词,即可找到相关商品。高频关键词搜索结果下的一款商品如图 4-15 所示。

图 4-15　高频关键词搜索结果下的一款商品

5. 分析商品数据

通过上面的步骤,卖家已经十分明确自己想要寻找的商品。查找到相应的商品后,卖家可以选择销量较好的商品单独单击查看,通过 Jungle Scout、Keepa 等工具来对商品进行数据查看与分析,最后选择出适合自己的商品进行销售。

多学一招：Sonar 关键词工具

Sonar 是一款免费的亚马逊关键词发掘工具,卖家可以在 Sonar 网页中输入关键词来查找与该关键相关联的其他关键词,还可以查看关键词在亚马逊平台上的搜索频率、包含商品等。Sonar 搜索页面如图 4-16 所示。

图 4-16　Sonar 搜索页面

4.3.3　热点趋势选品法

热点趋势选品法就是卖家通过一定的途径来了解当下买家较为关注的商品，然后根据这些商品来选择出适合自己出售的商品。在实施热点趋势选品法时，卖家首先要了解境外买家经常交流商品的平台；然后在这些平台上通过关键词来找到相关的内容；分析这些内容，得出自己想要的商品信息。下面从了解交流平台、查找相关内容、分析相关内容三方面对热点趋势选品法进行介绍。

1. 了解交流平台

境外买家的交流平台有很多，卖家可以找到商品相关信息的平台主要包括社交平台和众筹平台。

（1）社交平台

社交平台是基于买家关系所构成的社交媒体平台。买家可以通过 PC、手机等多种移动终端接入，以文字、图片、视频等多媒体形式，实现信息的即时分享、传播互动，还可以进行交友、讨论等行为。所以，社交平台上会包含大量的即时商品热点信息，卖家可以根据自己的需求去筛选这些信息。境外的社交平台有 Facebook、Pinterest、Instagram 等，Facebook 的登录界面如图 4-17 所示。

图 4-17　Facebook 的登录界面

（2）众筹平台

众筹是指卖家以团购＋预购的形式向买家募集项目资金的模式。通俗地说，就是当卖家想到一个商品创意，想要批量生产这个商品用于销售，但是资金方面存在问题时，可以通过众筹平台来发布商品众筹项目，以团购＋预购的形式获得买家的支持。买家先付款，待众筹成功和商品生产完成时才可收到商品。

也就是说，众筹平台上众筹成功的商品都是受到买家喜爱的创意商品或科技商品，卖家可以筛选这些商品的信息来选择自己想要销售的商品。众筹平台主要有 Indiegogo、Kickstarter 等，Kickstarter 众筹网页的截图如图 4-18 所示。

图 4-18　Kickstarter 众筹网页的截图

2．查找相关内容

卖家找到自己想要了解商品信息的平台后，即可按照自己想要了解的相关商品关键词在相关平台中搜索信息。例如，卖家想要在 Facebook 上搜索婴儿的相关商品信息，那么首先要注册一个 Facebook 平台的账户，然后在 Facebook 平台上搜索 baby，即可出现与 baby 有关的内容。Facebook 平台有关 baby 的内容如图 4-19 所示。

图 4-19　Facebook 平台有关 baby 的内容

在图 4-19 中，显示了 Facebook 平台有关 baby 的内容，有小组、帖子、照片等，卖家可以单击查看这些内容。

3．分析相关内容

通过平台和关键词查找到商品的相关内容后，卖家可以查看这些内容，对这些内容进行甄别筛选，找到买家当下讨论、关注、喜爱较多的商品。然后分析这些商品，从而选择出适合自己销售的商品。

4.4 本章小结

本章主要讲解了卖家如何进行商品的选择。卖家首先要了解所选站点国家的市场和文化，明确该站点国家买家所喜欢商品的大致范围，然后以销售原则、物流原则和平台原则来明确哪些商品可以在亚马逊平台上销售，最后使用榜单选品法、关键词选品法和热点趋势选品法等选品方法来选择具有销售潜力的商品并在亚马逊平台上进行销售。

学习完本章后，希望卖家可以掌握在运营亚马逊平台上的店铺时如何进行商品的选择，并且能够举一反三，即使在经营其他跨境电子商务平台时也可以进行相关商品的选择。

4.5 课后思考

本章讲解了卖家如何进行商品的选择，接下来就需要将选择好的商品发布到平台上，展示给买家，那么商品在电子商务平台上都会展示出哪些信息呢？有什么作用呢？通过浏览某一个电子商务平台（跨境和非跨境都可）上的商品页面，将商品展示出来的信息以及其展示的目的填入表格中。商品信息展示表如表 4-12 所示。

表 4-12 商品信息展示表

项　　目	内　　容		
电子商务平台名称			
商品名称			
展示信息 1		作用	
展示信息 2		作用	
展示信息 3		作用	
展示信息 4		作用	

第 5 章
亚马逊平台的商品发布

【学习目标】

- 了解亚马逊平台的首页展示
- 了解亚马逊平台的列表页展示
- 了解亚马逊平台的 Listing 展示
- 了解 A9 算法
- 掌握商品相关性
- 掌握商品转化率
- 掌握商品自建 Listing
- 掌握商品跟卖

卖家选择好商品后,还需要将商品发布到亚马逊平台上,只有这样,买家才能通过亚马逊平台搜索、查看和购买卖家的商品。亚马逊平台买家购买商品的常见流程为:在首页上通过关键词搜索或类目搜索进入商品列表页;然后在商品列表页上查看和选择在亚马逊平台上排名展示的商品,最后点开某款商品 Listing 页面查看商品信息,进而购买商品。

由买家购物流程可知,商品发布后,亚马逊平台会在不同的位置将该商品与其他同类目的商品进行一定的展示和排名。为了使商品发布后能够得到更好的展示和更好的排名,卖家需要了解商品在亚马逊平台页面的商品展示位置以及影响商品排名的 A9 算法,然后再进行商品的具体发布工作。本章将从亚马逊平台的商品展示、亚马逊平台的 A9 算法和亚马逊平台的发布方式三方面进行讲解。

5.1 亚马逊平台的商品展示

通过学习亚马逊平台的商品展示位置及其所包含的信息,卖家可以了解亚马逊平台的商品展示逻辑,保证发布商品时相关展示信息的完整性。由买家购买商品的流程可知,亚马逊平台上商品的展示位置主要在首页、列表页和 Listing 中,本节将对这三个展示位置进行详细介绍。

5.1.1 亚马逊平台的首页展示

卖家打开亚马逊平台时,最先看到的是平台首页以及在首页上展示的一些商品。通过学习首页展示逻辑，卖家可以了解商品在首页是如何展示给买家的，从而使商品能够在发布后更好地让买家搜索到。下面从推荐展示和类目展示两方面介绍商品如何在亚马逊平台的首页进行展示。

1. 推荐展示

推荐展示是指在该展示区域，亚马逊会根据买家的购物偏好，为买家推荐一些商品。推荐展示位置如图 5-1 所示。如果买家浏览过电脑的相关商品，那么亚马逊就会在该位置为买家推荐电脑的相关商品。

图 5-1　推荐展示位置

2. 类目展示

类目展示是指亚马逊将卖家发布的商品按照类目进行集合，然后对买家进行展示。类目展示位置如图 5-2 所示。

在推荐展示和类目展示两个位置上，主要展示的是商品的图片，以保证买家能够了解商品的样式，从而点击自己喜欢的商品。

5.1.2　亚马逊平台的列表页展示

买家通过首页展示查找商品时，一些卖家的商品会以列表的方式展示在买家面前，这个页面就是商品列表页。商品列表页展示如图 5-3 所示。

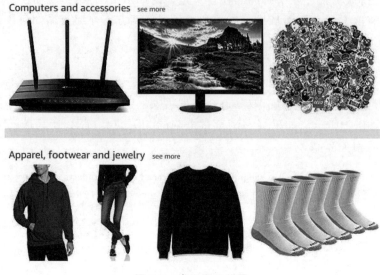

图 5-2　类目展示位置

图 5-3　商品列表页展示

由图 5-3 可知，商品列表页展示的商品信息主要包括卖家商品的商品样式、商品名称、商品评价、商品价格等，以供买家查看。下面将从商品样式展示、商品标题展示、商品价格展示、商品评价展示对列表页展示进行讲解。

1. 商品样式展示

商品样式展示是指将商品的样式以图片的形式在列表页展示给买家，从而增强买家对商品的认知，例如在图 5-3 中所示的儿童袜子，买家通过图片即可了解到袜子的形状、颜色等。

商品样式展示图是卖家在发布商品时上传的第一张商品图片，所以卖家在上传商品图片时，一定要注意商品图片的正确性、清晰性等，以便于买家了解商品。

2. 商品标题展示

商品标题是由各类词汇组合而成的,在商品列表页中的主要作用是向买家介绍商品,吸引买家点击商品。例如在图 5-3 中,该款商品的标题为:Luvable Friends Newborn Baby Terry Socks,6 Pack。

3. 商品价格展示

卖家发布的商品价格会展示在商品列表上,以便于买家了解该商品价格是否符合其心目中的商品价位。例如在图 5-3 中,该商品的价格为 7.92 美元。

4. 商品评价展示

在商品列表页上会展示商品的评价数量和评价平均等级,以方便买家了解其他买家对于商品的评价。例如在图 5-3 中,该商品的评价数量为 1190 个,评价星级为 4 星半,说明该商品非常受买家欢迎。

5.1.3 亚马逊平台的 Listing 展示

Listing 指的是展示商品更多相关信息的页面,包括文字、图片等,以便于买家能够了解到商品的详细信息,做出购买决策。卖家通过了解 Listing 的相关展示内容,可以明确发布的哪些信息会影响买家的购买决策,以提升商品销量。Listing 页面展示主要包括图片展示、描述展示、商品描述、规格展示,具体介绍如下。

1. 图片展示

在 Listing 内,图片展示主要包括商品的主图和附图。其中主图数量为一张,是商品的整体展示图。附图数量为 5~6 张,主要是尺寸/规格图、细节图、功能图、使用说明、场景图、包装图等。不同的商品有不同的展示方式,卖家在进行商品发布时,要根据实际情况对要展示的商品图片进行调整。某男士钱包的 Listing 图片展示如图 5-4 所示。

在图 5-4 中,第一张图片为商品的主图,主要展示了这款钱包的卡槽位置、卡槽数量等,然后在 6 张附图中对商品的使用场景、包装、特点、细节等进行了展示。

2. 描述展示

描述展示主要展示了卖家商品的标题、价格、变体、五点描述等,如图 5-5 所示。标题和价格与商品列表页的标题展示和价格展示一样,此处不再介绍。下面对变体和五点描述进行介绍。

(1) 变体

所谓变体是指同款商品有不同的颜色和尺码等多种属性。商品可以进行单一变体或组合变体。变体后,当卖家选择不同颜色或尺寸时,商品的图片会随之变化,看到的商品价格、库存也会有变化。

(2) 五点描述

所谓五点描述是指卖家对于自身商品优势、使用场景、参数等的详细描述,一共有五点,

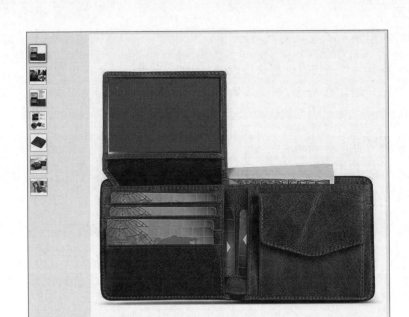

图 5-4　某钱包的 Listing 图片展示

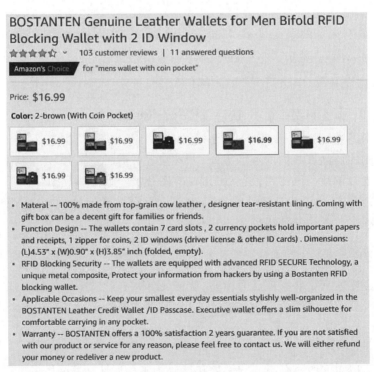

图 5-5　描述展示

所以被称为五点描述。在描述展示中，对买家是否下单影响最大的就是五点描述的相关内容，并且卖家在发布商品时可以进行该内容的填写。五点描述处于 Listing 的"黄金地段"，仅次于图片展示。其作用是当买家在商品列表页中被商品标题、图片等吸引进入 Listing

后,让他们对商品能够有更深的了解。

3. 商品描述

商品描述就是指对商品的进一步描述,商品描述的内容如图 5-6 所示。

商品描述

颜色:粉红色

是送给小宝宝舒缓其瘙痒的牙龈的完美礼物。

我们的产品均采用 100% 无毒食品级硅胶制作,爱心手工制作!所有产品均经过测试并通过了认证,在口腔 100% 安全。

Saftey 是第一!

Saftey 是我们生产产品时的首要任务。作为父母,我们拒绝出售任何我们不让孩子使用过的产品。

我们的所有产品均不含双酚 A、镉、无汞、无铅、经 FDA 认证且符合 CPSIA 标准。产品经过验证,产品泄漏和融化热。

婴儿的优点

柔软的硅胶珠可瞬间缓解出牙,舒缓牙龈。

可咀嚼的珠子可刺激视觉、电动机和感官发育。

可在洗碗机中清洗和消毒。冷冻环,缓解瘙痒和疼痛。

产品保养

先用温和的肥皂和水清洗。每次使用前检查牙胶,使用时不要让孩子无人照管。处理第一种磨损迹象。

环牙胶包装

1 个出牙环

1 个宝宝宝宝"la Mode"包装盒

图 5-6 商品描述的内容

4. 规格展示

规格展示主要是卖家对于商品的尺寸、重量、型号等信息的展示,规格展示示例如图 5-7 所示。

产品信息

颜色:Fox

技术细节

商品重量	3.52 ounces
商品尺寸	12.7 x 7.6 x 25.4 cm
UPC	879674020290 192136559986
型号	SK-306206
目标消费者性别	Unisex
构件数量	1
款式风格	Fox
是否需要电池	不是
可否使用洗碗机清洗	不是
可携带	不是

图 5-7 规格展示示例

5.2 亚马逊平台的 A9 算法

亚马逊平台上的各类商品主要依靠 A9 算法来进行排名,所以为了使发布的商品能够有一个较好的排名,A9 算法对于卖家来讲是一个必须掌握的知识点。本节将对 A9 算法以及商品相关性和商品转化率这两个影响商品排名的关键因素进行讲解。

5.2.1 A9 算法概述

A9 是亚马逊搜索引擎的名称,而亚马逊平台的搜索引擎所遵守的搜索规则就被称为 A9 算法。

买家在亚马逊平台上查找商品的途径主要有两种:一是在首页搜索栏输入商品的关键词搜索商品展示;二是根据商品的类目找到商品。买家查找到的相关商品会按照一定的算法来进行排序展示,其中商品的搜索排名或类目排名是由亚马逊 A9 算法决定的。A9 算法是为了确保买家能够更快、更精确地搜索到自己想要购买的商品。为了让卖家能够更好地理解 A9 算法,下面对 A9 算法的相关流程进行介绍。亚马逊 A9 算法的流程图如图 5-8 所示。

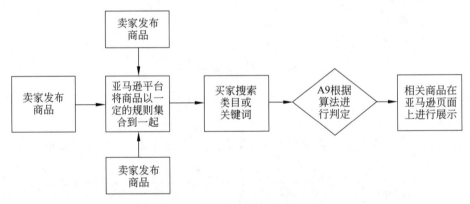

图 5-8 亚马逊 A9 算法的流程图

在图 5-8 中,亚马逊 A9 算法的流程如下。
- 首先各个卖家将商品发布到亚马逊平台;
- 亚马逊根据一定的规则将商品集合到一起;
- 买家通过一定的搜索方式查找商品;
- A9 根据一定的算法规则进行判定;
- 最后将相关商品通过网页展示给买家。

通过了解亚马逊平台的 A9 算法,卖家可以明确商品发布时需要注意的一些内容,以便于商品发布后能够符合 A9 算法的基本判定规律,提高商品排名。A9 算法的排名因素众多,不过到底是哪些具体因素影响排名,亚马逊官方并未向外公布。但是从亚马逊平台上众多卖家的实践和测试情况来看,A9 排名因素可归纳为相关性、转化率、满意度、复购率等,其中卖家在发布商品时要注意的是商品相关性和商品转化率两方面。

5.2.2 商品相关性

商品相关性指的是买家查找的商品内容与亚马逊所展示商品的相关程度。通过了解商品相关性，卖家可以掌握在发布商品时如何使商品更好地通过 A9 算法展示给买家。亚马逊平台上 A9 算法的商品相关性主要包括类目相关性、关键词相关性，下面进行具体介绍。

1. 类目相关性

类目相关性指的是卖家发布商品时所选择的类目与商品所属类目是否一致。如果商品的类目所属类目选择错误，那么 A9 算法会屏蔽该商品，例如某卖家发布的是一套餐具，应该将该商品发布在家居和厨房类目下，但在发布时将商品的类目选择成图书类目，那么当购买餐具的买家通过类目展示来查找商品时，根本无法找到该商品，从而会导致该餐具商品无法正常销售。

如果卖家无法确定自己的商品在亚马逊平台上属于什么类目，那么可以在亚马逊平台上查找与自己商品相类似的商品，通过观察这些商品所属的类目来判断自己的商品应该发布在哪一个类目之下。商品的类目信息会展示在 Listing 的规格展示区域下方，如图 5-9 所示。

更多信息	
ASIN	B00SJ2MUEK
用户评分	★★★★★ ∨ 1,130 条商品评论
亚马逊热销商品排名	婴儿用品商品里排第1,666名 (查看婴儿用品商品销售排行榜) 第52位 - 牙胶

图 5-9 亚马逊商品的类目信息

在图 5-9 中，卖家可以看到该款商品在亚马逊平台上的大类目是婴儿用品商品，细分类目是牙胶，而且此处还显示了该商品在大类目和细分类中的排名。卖家还可以通过单击"查看婴儿用品销售排行榜"和"牙胶"链接进入相应的类目商品排名页面，查看相应类目中的其他商品。

2. 关键词相关性

关键词相关性是指卖家在发布商品时所填写的商品信息中的一些词语与买家搜索商品时所用词语的相关程度。商品的关键词越准确，买家搜索相关关键词时被展示出的概率越大。商品关键词主要包含在商品的标题、五点描述这两个展示位置。除了这两个展示位置可以填写商品关键词外，商品发布界面的 Search Terms(搜索词)栏也可以填写商品关键词并被 A9 算法抓取，具体介绍如下。

（1）商品的标题

商品标题要具有可搜索性。卖家在设计商品标题时，可以通过 Sonar 或其他亚马逊平台的关键词挖掘工具挖掘出所卖商品的相关关键词，确保这些关键词都是买家经常搜索的，以便于买家可以搜索到商品。

此外，商品标题还要符合亚马逊平台的标题规范要求，避免违反规则而导致标题关键词无法被抓取。基本规则包括但不限于以下几点。

① 标题不得超过 200 个字符，包括空格。

② 标题中不得包含促销短语，例如 Free Shipping 或 100% Quality Guaranteed。

③ 标题中不得包含用于装饰的字符，例如～、!、*、,、?、<、>、#、*等。

④ 标题必须包含商品的识别信息，例如 Hiking Boots 或 Umbrella。

另一方面，商品标题作为买家搜索商品时最先看到的展示内容之一，应该包括品牌名、商品尺寸、商品颜色、商品用途、商品款式等，以便于买家在点击商品前就可以对商品有一个清晰的了解。某刀具的商品标题展示如图 5-10 所示。

图 5-10 某刀具的商品标题展示

在图 5-10 中，该款刀具的标题为：Imarku Professional Chef Knife，High Carbon Stainless Steel Kitchen Knife，Sharp Edge and Ergonomic Handle，8-Inch。这个标题可以让买家准确地读取到厨师刀、高碳不锈钢、8 英寸等一些关键信息。

所以，在设计商品标题时，卖家可以根据一定的标题公式来组成具有可读性的商品标题，以便于买家能够准确地读取商品标题中的信息。亚马逊平台卖家常用的标题公式为：品牌＋款式＋材质＋用途＋特点＋颜色＋尺寸＋名称。卖家在实际操作中可以根据商品的特点来增加、减少或调整公式中的内容，例如某床上用品的标题为：Wamsutta Luxury 400-Thread-Count Sateen Queen Sheet Set，该标题的公式就为：品牌＋款式＋针数＋材质＋名称。

（2）五点描述

由于商品标题有字符数量的限制，因此只能展示商品的主要关键词。然后，卖家就需要通过五点描述来对商品的信息进行进一步介绍，并且填入其他属性关键词、参数关键词等，以便于被 A9 算法抓取。

卖家在五点描述中进行了商品关键词填充后，还要保证五点描述能够提供足够和有吸引力的信息，激发买家的购买欲望而促成下单，这是商品销量提升的重要一环。卖家在进行商品发布时，对于商品五点描述内容的填写要注意以下几点。

① 商品参数要精确

亚马逊平台上大多数的买家投诉都是由于买家对于商品描述没有理解或存在一定程度上的误解，如果描述中的参数不够精确，就会导致此类售后事件的发生。例如卖家出售的是保温杯，然后在五点描述上写此保温瓶能保持水温在 10 小时以上，结果就会导致销量很差。因为国外买家是非常严谨的，这些买家并不会对卖家所说的"10 小时以上"买单，他们需要知道的是精确的数值，例如 10 个半小时还是 11 个小时。

② 商品优势要突出

卖家在描述商品优势时要注意两个方面：第一个方面是卖家的商品和同类商品相比较有什么优势，例如杯子，卖家可以对杯子的材质、设计风格等与其他同类型杯子相比有什么优势进行描述；第二个方面是卖家要向买家表明使用这款商品有什么好处、能给买家带来怎样的消费体验。通过这方面的描述，卖家可以让买家更好地了解商品的优势。

③ 商品问题要说明

卖家要写上商品在买家使用过程中可能会出现的问题，例如打印机在使用不当时会出现卡纸的现象，当买家遇到这样的现象之后，一般都不会给卖家留下差评。

④ 商品售后要保障

商品的售后服务保障是买家较为看重的一点，不管什么类别的商品，最好注明可以退换。如果是较复杂的商品，例如电子商品，最好写出商品内附有商品使用，让买家仔细阅读说明书，并且说明有问题可以随时发送邮件进行询问等。

（3）Search Terms

Search Terms 位于商品发布界面的 Keywords 栏目中，主要填写与商品相关的关键词。虽然 Search Terms 并非一个必填选项，也是不被亚马逊在平台前台公开显示的项目，但是它却是一个可以影响商品搜索排名的因素。所以有经验的卖家一般会把 Search Terms 作为关键词补充，填充一些属性关键词。下面是 Search Terms 填写的基本要求。

① 涵盖商品的同义词，英文拼写一定要准确无误。关键词可以用单词、词组、长尾词（指亚马逊上的非中心关键词但也可以带来搜索流量的关键词，例如电视是目标关键词，那么电视剧就属于长尾词）等。

② 涵盖商品的使用场景和日常搭配。在填写时，要将相关性越高的关键词放在越靠前的位置，根据关键词的热度依次排列。

> **多学一招：买家购物行为相关性**
>
> 买家购物行为相关性指的是亚马逊会追踪和记录买家在平台上的各种浏览行为，也是影响 A9 算法的商品相关性之一。买家看过的商品、经常逛的 listing 页面等会被记录下来，通过大量的行为数据形成一个买家画像，A9 因此可以知道买家的消费水平、偏好、品味等，当买家在搜索商品关键词时，亚马逊就会为其匹配相关商品。该种相关性与买家发布商品关系不大，纯属买家个人行为，卖家了解即可。

5.2.3 商品转化率

商品转化率是指所有到达商品 Listing 页面并产生购买行为的买家和所有到达商品 Listing 页面的买家的比率，即转化率＝（产生购买行为的买家数量／所有到达商品 Listing 页面的买家数量）× 100％。可以肯定的是，商品的转化率高，亚马逊就会给该商品更多的展示机会，因为转化率高代表卖家的商品有优势，非常受到买家的喜爱。通过了解影响转化率的因素，卖家可以在发布商品时尽可能地改善这些因素对于买家的影响，提高商品的转化率。卖家发布的商品内容影响商品转化率的因素主要包括商品价格、商品图片，具体介绍如下。

1. 商品价格

买家在商品列表页和 Listing 页面都可以看到商品的价格，如果商品的价格高于买家心目中的价格，那他是不会购买该商品的。所以卖家在制定商品价格时，不仅要考虑商品的利润,还要考虑其他竞品的价格,防止因价格制定过高而影响商品的转化率。

2. 商品图片

商品图片主要分为主图和附图,分别为买家呈现商品视觉信息。卖家需要注意主图与附图的设计规范,进而提高商品的转化率。

(1) 主图

商品主图是为了让买家对于商品有一个整体的认识。商品主图不仅展示在 Listing 页面,还展示在商品列表页,故而该图不仅要正确且清晰,还要符合亚马逊平台的一些规则。关于商品主图的规则包括但不限于以下几点。

① 主图的背景必须是纯白色(亚马逊搜索和商品详情界面也是纯白的,纯白的 RGB 值是 255,255,255)。

② 主图必须是商品的实际图,不是插图、手绘图或漫画图。

③ 主图不可带有 LOGO 和水印,也最好不要有不在订单内的配件、道具等(商品本身的 LOGO 是允许的)。

④ 主图中的商品最好是占据图片大约 85% 的空间。

⑤ 对于有变体的商品,每个规格商品都要有主图。

⑥ 商品需要进行整体展示,不能只有部分或多角度组合图。

⑦ 图片格式包括 JPEG(.jpg)、TIFF(.tif) 或 GIF(.gif) 文件格式,首选 JPEG 格式。

⑧ 图片最长边不能超过 1500 像素,否则就会导致图片被压缩。

⑨ 图片最短的边长(相对的宽或高)不能低于 500 像素,否则无法上传到亚马逊后台,而且图片太小也不方便买家查看商品。建议卖家上传的商品图片的边长为 1001×1001 像素,这样该图就会具有缩放功能,买家就能放大图片局部查看商品细节。

(2) 附图

商品附图只展示在 Listing 页面,是为了让买家能够通过图片直观地了解商品的相关信息。除了要符合亚马逊平台的要求(例如不能带 LOGO 和水印、模特必须真人)外,卖家在设计和选择商品的展示图片时,通常还需要注意以下几点。

① 做尺寸图时不一定要标注商品的具体参数,最好是进行效果类比,这样买家就可以很直观地感受到商品的大小,例如对于男士钱包商品可以通过将信用卡与钱包大小进行类比,表明钱包的尺寸。某男士钱包的尺寸图如图 5-11 所示。

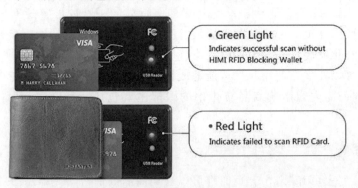

图 5-11 某男士钱包的尺寸图

② 选择商品模特时，卖家要特别注意模特的特点，因为模特是最直接诠释商品定位人群的因素，所以他/她的选取非常值得考究。表 5-1 展示了一些卖家在使用模特时需要注意的事项。

表 5-1 使用商品模特时的注意事项

参 考 项	参 考 内 容
外模/亚洲模特	美国人倾向于欧美模特，日本人比较倾向于亚洲模特。日本人希望看到的是跟自己相似的实际效果，而美国人更希望看到想象中的自己，所以针对欧美市场，选择外模；针对日本站，选择亚洲模特
身材/气质	身材和气质能够给买家传递一定的商品信号，即商品面向的是什么类型的人群
是否露脸	买家对面部识别非常敏感，如戴手表的男模，如果长相突出，容易导致买家把视线转移到脸而忽视了商品，所以要针对商品进行具体的分析
半身/全身	对于服饰类商品，可以使用模特的全身照，呈现整体效果；对于饰品类，只需要呈现某个部位，用半身或局部照即可

③ 卖家可以通过商品场景图使买家了解到商品具有怎样的功能和在什么样的场景下可以使用，增加买家对于商品在实际使用中的认知。某男士钱包的使用场景如图 5-12 所示。

图 5-12 某男士钱包的使用场景

5.3 亚马逊平台的商品发布方式

通过学习亚马逊平台的商品展示逻辑和 A9 算法，卖家了解了商品到底是如何进行展示和排名的，然后就可以开始进行商品的发布工作。亚马逊平台的商品发布方法主要包括商品自建 Listing 和商品跟卖，本节将对这两个商品发布方式进行详细讲解。

5.3.1 商品自建 Listing

卖家在亚马逊平台上可以通过自建 Listing 页面的方式来进行商品的发布。自建 Listing 页面的商品发布方法适合于从未在亚马逊平台上出售过的商品。这就要求卖家拥有自己的品牌商品、生产工厂、独特的供货商等,可以销售其他卖家没有在亚马逊平台发布过的商品。

在自建 Listing 页面时,卖家可以根据栏目流程来填写相应的商品信息,其发布步骤主要分为选择类目、填写主要信息、增加变体、提供其他信息、上传图片、填写描述、输入关键词、添加更多参数,具体介绍如下。

1. 选择类目

根据 A9 算法的类目相关性可知,商品类目的正确选择十分重要,卖家可以根据平台上的其他相似商品来确定自己商品的所属类目。

2. 填写主要信息

商品的主要信息是在 Vital Info 栏目下进行填写的,该标签页中的信息包括商品名称(即商品标题)、制造商、品牌名称、商品 ID(UPC 码)等。

3. 增加变体

如果卖家在发布商品时出现了 Variations 这个栏目,那么表明这个类目支持变体。卖家可以增加商品的相应颜色、尺码、价格等,以呈现给买家。但是并不是所有类目都支持变体,一般是服饰类、鞋类、珠宝类商品会拥有变体。

4. 提供其他信息

商品的其他信息包括库存、商品状态(是否新品)、促销价等,卖家可以在 Offer 栏目中进行填写。

5. 上传图片

在 Images 栏目中,卖家可以上传商品的主图和附图。首次上传商品图片时,图片不会立刻上传成功,需要等商品信息都填写完毕,再单击 Save and finish 按钮,才会上传成功。在上传图片之前,卖家一定要确保自己的图片符合 Amazon 的商品图片的相关规定。

6. 填写描述

在 Description 栏目中,卖家主要填写的是关于商品的特点、优势、使用方法等,即商品的五点描述,以增加买家对商品的全方面了解。如果是在亚马逊平台进行了品牌备案的卖家,还可以在该栏目中填写更加详细的商品描述。

7. 输入关键词

在 Keywords 栏目下,卖家可以在 Search Terms 中填写一些搜索词,而且应尽可能地填写标题、描述中不曾出现的关键字。

8. 添加更多参数

卖家在 More Details 栏目中可进一步补充商品的参数介绍,例如重量、体积等的信息。

上面是对自建Listing页面的商品发布的主要步骤的介绍。但是根据商品的不同,亚马逊可能会要求卖家填写商品的其他信息,例如带电池的电子商品,亚马逊平台会增加Compliance栏目,让卖家填写电池的相关信息。

【阶段案例5-1】 商品自建Listing实操

贺鹤根据榜单选品法选择出可以销售的商品后,准备先在亚马逊平台上发布一款婴儿音乐玩具。通过对亚马逊平台的相关婴儿音乐玩具的商品搜索,贺鹤发现这款商品并没有在亚马逊平台上进行销售,所以他需要自建Listing页面来发布该款商品,具体操作如下。

Step1 打开亚马逊后台,单击"目录"标签下的"添加商品"子标签,如图5-13所示。

Step2 进入到添加新商品页面,单击"创建新商品信息"链接,如图5-14所示。

图5-13 单击"添加商品"子标签　　　图5-14 单击"创建新商品信息"链接

Step3 页面跳转到选择商品类目页面,输入Baby Musical来查找商品所属类目,单击"搜索分类"按钮,如图5-15所示。

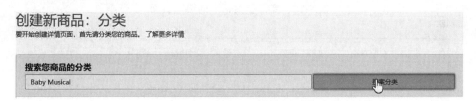

图5-15 单击"搜索分类"按钮

Step4 通过查看亚马逊平台上其他婴儿音乐玩具所属类目可以确定商品应该选择的类目,直接选择好商品大类目Toys & Games,如图5-16所示。

Step5 选择商品大类目之后,再选择商品所属的细分类目Music & Sound,如图5-17所示。

Step6 然后,进入填写商品相关信息的页面,如图5-18所示。

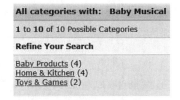

图5-16 选择商品大类目

Step7 页面上的英语单词可能并不是全部都认识,可以通过Google翻译对页面上的英语词汇进行翻译,以保证商品信息填写正确。搜索完成后,先填写Vital Info栏目的相关内容,包括Product ID、Product Name、Brand Name等信息。

Step8 进入Variations栏目,由于该款商品没有其他变体,因此直接进入Offer栏目,如图5-19所示。填写Max Order Quantity、Product Tax Cod、Handling Time等信息,选择I want to ship this item myself to the customer if it sells选项。

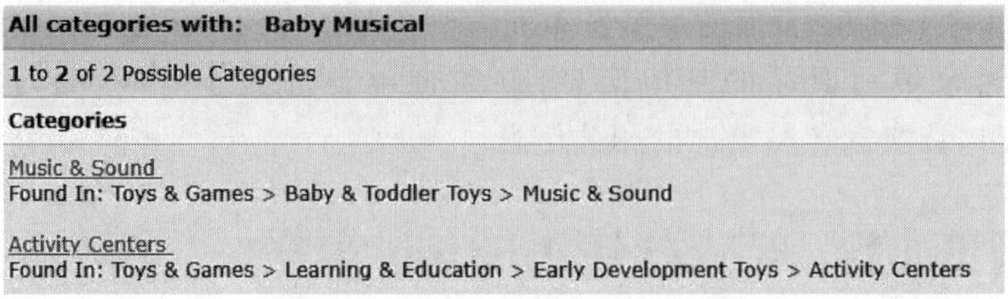

图 5-17 选择商品所属的细分类目

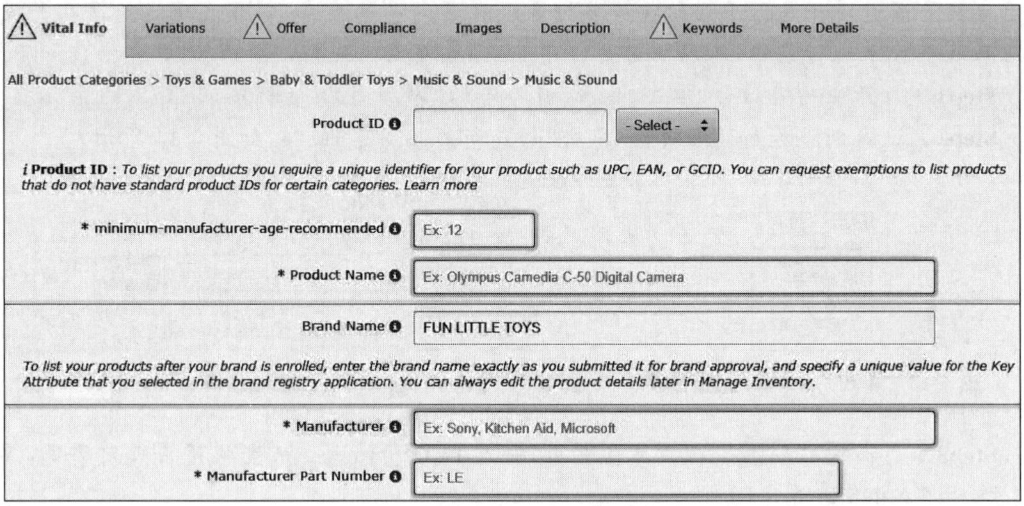

图 5-18 商品相关信息的填写页面

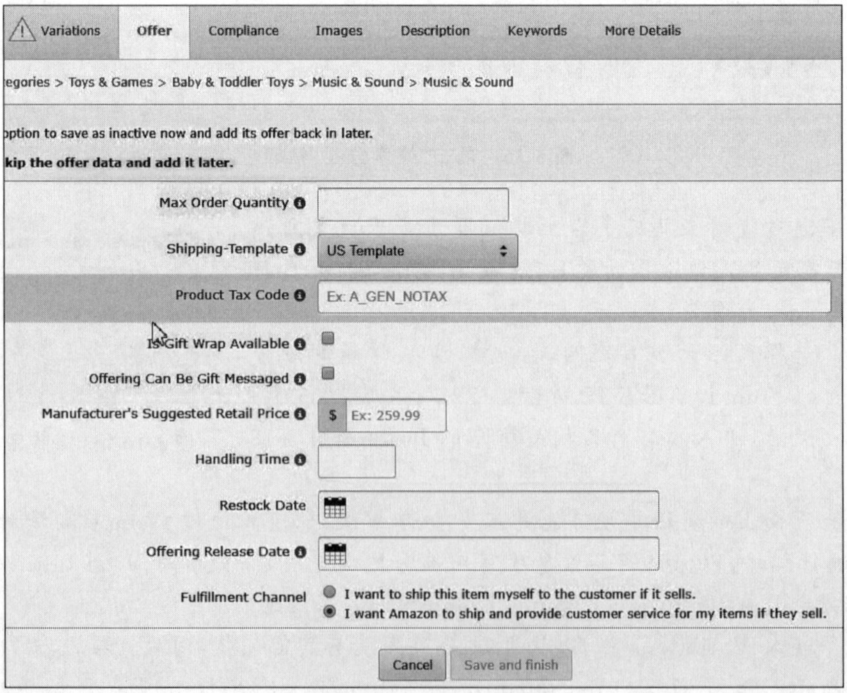

图 5-19 Offer 栏目

Step9 因为婴儿音乐玩具可能会使用电池,所以接下来填写 Compliance 栏目中有关电池的一些信息,包括 Item Weight、Battery weight/Watt hours per battery 等,如图 5-20 所示。

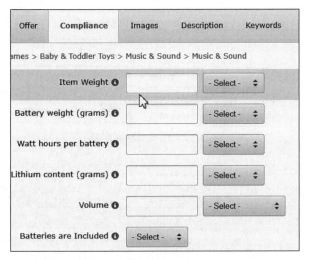

图 5-20　Compliance 栏目

Step10 在 Images 栏目中上传商品的主图和附图,如图 5-21 所示。

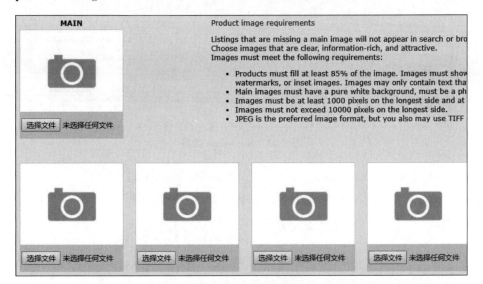

图 5-21　Images 栏目

Step11 添加好商品图片后,进入 Description 栏目,填写 Product Description 和 Key Product Features,如图 5-22 所示。

Step12 在 Keywords 栏目中的 Search Terms 中填写一些商品的长尾词,包括 baby girl、crib、musical learning 等,如图 5-23 所示。

Step13 在 More Details 栏目中填写 Assembly Time、Shipping Weight、Weight Supported 等信息,如图 5-24 所示。

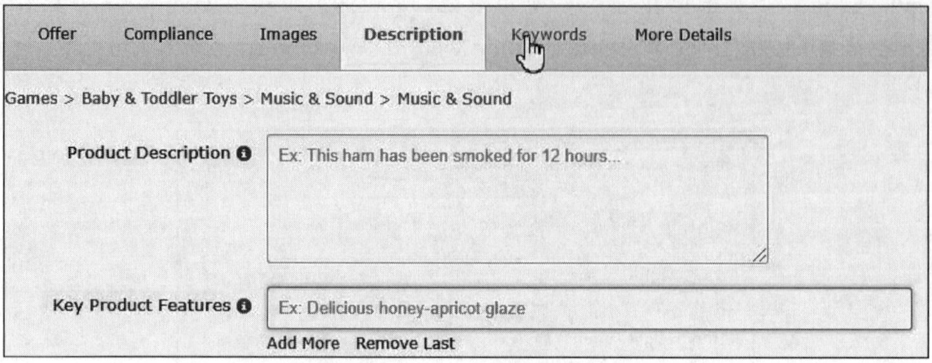

图 5-22　Description 栏目

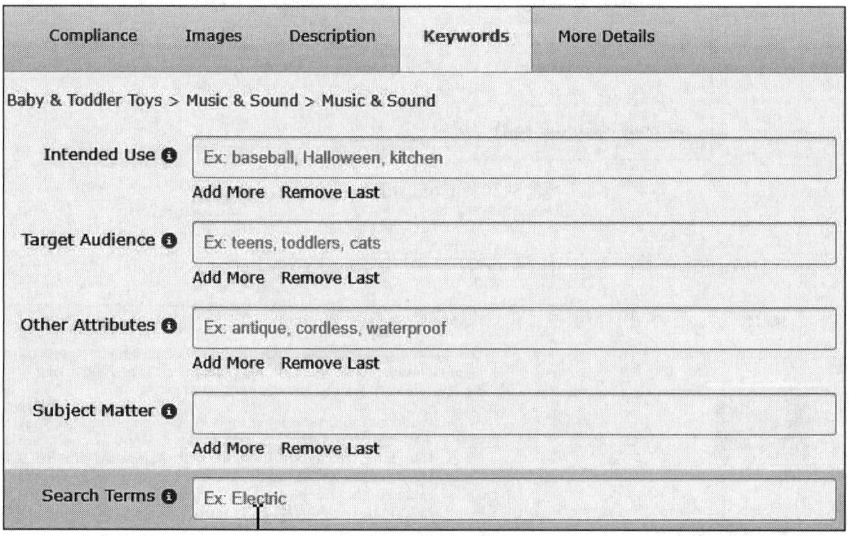

图 5-23　Keywords 栏目

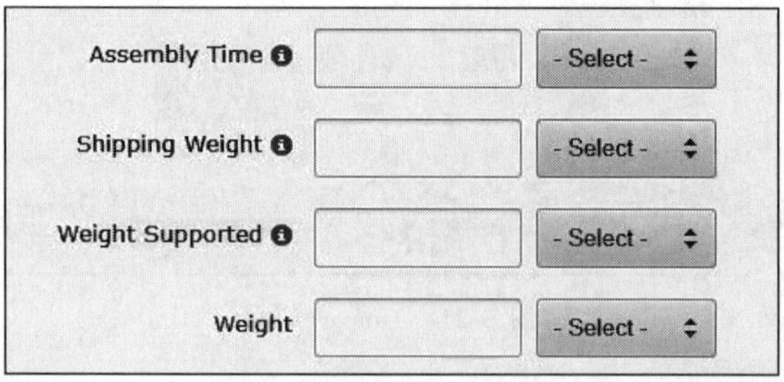

图 5-24　More Details 栏目

Step14　将可以填写的商品信息填写完成后，对这些信息重新检查一遍，以保证信息的正确。单击 Save and finish 按钮，即可完成该婴儿音乐玩具的商品发布。

注意：卖家在发布商品时，所有栏目中的带 * 的项目是必填的，其他的信息可以进行有选择的填写，但是为了让买家尽可能多地了解商品，建议商品的相关信息尽量填写完整。

5.3.2 商品跟卖

商品跟卖与商品自建 Listing 有所区别，但也是多数卖家在进行商品发布时经常使用的一种商品发布方法，下面对商品跟卖的概念和商品跟卖的两种设置方法（前台设置和后台设置）分别进行讲解。

1. 商品跟卖概述

商品跟卖是亚马逊上的一种特别的功能，卖家不用自建 Listing 页面也可以销售商品，例如多个卖家同时销售 A 商品，王先生使用自建 Listing 的方式发布了 A 商品，其他卖家如果也要销售 A 商品，只要进行商品跟卖即可，不必再自己新建 A 商品的 Listing 页面。但是这种发布商品的方法存在一定的限制，商品相同（图片、包装、参数、功能、性能、颜色、大小等全部相同）且无品牌（商品不能带 TM、R 等标志）。在亚马逊平台上，卖家可以在商品 Listing 页面的五点描述下方查看商品是否被跟卖，图 5-25 所示即为商品跟卖商家数量。

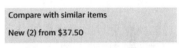

图 5-25 商品跟卖商家数量

在图 5-25 中，New(2)表明至少有其他一个卖家也在出售该商品，卖家单击即可跳转页面查看。

被跟卖的商品一般是比较畅销的，卖家通过商品跟卖的方式能快速截获流量，最直接的效果就是增加订单量，提升店铺的流量和带动店铺中其他商品的销量。但是商品跟卖也是一种高风险行为，其中最大的风险就是被有品牌授权的卖家或品牌商家以及买家投诉，导致账户受限或被封。

2. 前台设置

卖家找到自己想要跟卖的商品，进入商品 Listing 页面后，会看到商品购物车的下方有一个 Sell on Amazon 按钮。单击进入信息填写页面后，即可进入跟卖设置流程。Sell on Amazon 按钮如图 5-26 所示。

3. 后台设置

在商品规格展示区域找到商品编码（ASIN 码、UPC 码等）或商品标题，在商品发布页面进行搜索，单击"搜索"按钮，即可查找到该商品，从而进入跟卖设置流程。图 5-27 所示为跟卖商品搜索栏。

图 5-26 Sell on Amazon 按钮

图 5-27 跟卖商品搜索栏

商品跟卖的设置流程十分简单。因为该商品已经有了 Listing 页面，信息十分完整，所以卖家只需要设置商品的价格、状态、库存等即可上架销售。

如果卖家要取消某款商品的跟卖,卖家只要在"库存"标签下的"管理库存"子标签中,将商品库存改为 0 且删除跟卖商品即可。

5.4　本章小结

本章首先了解了商品在亚马逊平台上的展示逻辑,然后学习了 A9 算法对于商品排名的一些影响因素,最后学习了亚马逊平台上的商品发布方式。

了解和掌握本章内容后,卖家即可有针对性地编辑商品相关信息和正确地进行商品发布操作,为以后销售商品打下良好的基础。

5.5　课后思考

亚马逊平台的 A9 算法是为了能将商品更好地展示给买家,在提升买家购物体验的同时,也提升卖家商品的销量。无独有偶,A9 算法这类搜索规则不仅在亚马逊平台上有,其他电子商务平台也有类似的规则,这对于一个电子商务平台来说至关重要。读者可以去了解其他电子商务平台上的搜索规则,总结其影响商品排名的因素,研究与 A9 算法之间的区别,填写在搜索规则研究表中,如表 5-2 所示。

表 5-2　搜索规则研究表

项　　目	内　　容
平台名称	
影响商品排名的因素	
与 A9 算法的区别	

第 6 章
亚马逊平台的物流模式

【学习目标】

- 了解 FBM 物流模式
- 了解 FBM 物流模式的优势和劣势
- 了解 FBM 物流渠道的分类
- 掌握 FBM 物流渠道的选择
- 掌握 FBM 物流的后台操作
- 了解 FBA 物流模式
- 了解 FBA 物流模式的优势和劣势
- 了解 FBA 物流的工作阶段
- 掌握 FBA 物流的后台操作

卖家通过跨境电子商务物流将商品运输到买家手中是跨境电子商务交易流程中不可缺少的一个环节。跨境电子商务物流，也称跨境物流，是指位于不同国家或地区的交易主体通过跨境电子商务平台达成交易并进行支付后，通过物流渠道送达商品进而完成交易的一种商务行为。

经营亚马逊平台同样如此，卖家发布的商品产生销售后，就需要使用跨境物流将商品运输到买家手中，进而完成整个交易流程。

在亚马逊平台上根据跨境物流环节中卖家所负责的环节不同将物流模式分为两种，分别是 FBM 物流模式和 FBA 物流模式。为了使卖家能够选择出适合自己的物流模式，以保证店铺的正常运转，本章将对这两种物流模式进行讲解。

6.1 亚马逊平台的 FBM 物流模式

亚马逊平台的 FBM 物流模式是新手卖家大多会选择的一种跨境物流模式。为了卖家能够更好地了解该跨境物流模式，本节将从 FBM 物流模式概述、FBM 物流模式的优势和劣势、FBM 物流渠道的分类、FBM 物流渠道的选择、FBM 物流的后台操作五个方面进行详细讲解。

6.1.1 FBM物流模式概述

FBM（Fulfilment by Merchant）即卖家自发货物流模式，是指卖家在收到买家订单后，直接联系跨境物流从国内供应商或仓库发货的一种物流模式。在该模式中，卖家将负责所有的物流环节。亚马逊FBM物流模式的流程图如图6-1所示。

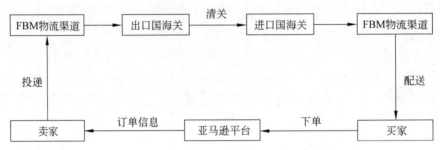

图6-1 亚马逊FBM物流模式的流程图

在图6-1中，跨境物流环节的主要流程如下。
- 买家在亚马逊平台上下单；
- 卖家从亚马逊平台上获取订单信息；
- 卖家将商品打包后投递到跨境物流渠道；
- 跨境物流渠道将打包好的商品通过出口国海关清关后运输到进口国海关；
- 然后通过跨境物流渠道将商品配送到买家手中。

6.1.2 FBM物流模式的优势和劣势

开始选择FBM物流模式前，卖家需要先了解其优势和劣势，明确其是否适合自己的店铺。下面从FBM物流模式的优势和劣势两方面进行讲解。

1. FBM物流模式的优势

FBM物流模式的优势主要包括库存压力小、发货渠道选择多和物流费用少等方面。

（1）库存压力小

FBM物流模式中商品的库存掌握在卖家自己手上。卖家自己管理库存，可以及时控制库存量，加快库存周转，减少资金占用，库存压力较小。所以FBM物流模式是一种低风险的跨境物流模式，非常适合于新加入亚马逊平台的中小型卖家。

（2）发货渠道选择多

目前跨境电子商务领域有很多从事跨境物流运输的企业，以供卖家进行选择。所以在使用FBM物流模式时，卖家可以根据自己商品的特点和买家的需求来选择最适合的发货渠道。例如A物流时效快但价格较贵，B物流价格较便宜但物流时效慢，在买家没有要求的情况下，卖家可以使用B物流来降低运营成本；在买家对于物流时效有要求的情况下，那么卖家就可以随时更换为A物流，以保证物流时效。

（3）物流费用少

在FBM物流模式下，卖家可以自己进行跨境物流渠道的选择。所以在物流费用方面，卖家可以通过与物流渠道洽谈来减少运输商品过程中的相关费用。

2. FBM物流模式的劣势

FBM物流模式的劣势主要包括人力成本高、物流时效性差等方面。

（1）人力成本高

在使用FBM物流模式时，卖家需要安排相关人员来处理商品的包装、投递、物流服务和退货等问题，所以需要花费大量的人力。

（2）物流时效性差

在FBM物流模式下，卖家虽然选择的物流渠道多，但是物流时效可控性不强，一般时效为5～15个工作日。如果发货不及时或物流太慢，可能就会造成买家投诉或退货等，给店铺带来损失。

了解了FBM物流模式的优势和劣势，卖家就可以结合自己的经营情况来判断该物流模式是否适合自己，从而进行选择。

6.1.3 FBM物流渠道的分类

FBM物流渠道主要包括邮政小包、国际快递、国际物流专线等。这些物流渠道都是在两个或两个以上国家或地区之间所进行的物流业务。它们与卖家平时接触的国内快递有所不同，卖家需要对其进行一定的了解，为后续的渠道选择打好基础。下面对邮政小包、国际快递、国际物流专线三种FBM物流渠道进行讲解。

1. 邮政小包

邮政小包又称国际小包，是中国邮政开展的一项国际邮政小包业务服务，适用于比较小件的商品。邮政小包是一项经济实惠的国际物流服务项目，下面对其优势和劣势进行介绍。

（1）邮政小包的优势

① 成本低：中国邮政小包相对于其他运输方式来说有绝对的价格优势。

② 全球化：可以寄达全球各地，只要有邮局的地方都可以送到（极少数国家或地区除外）。

③ 简便性：邮政小包交寄方便，且计费方式全球统一，不计首重和续重，大大简化了运费核算与成本控制。

（2）邮政小包的劣势

① 时效差：邮政小包最大的劣势就是时效性差，日常物流的运输需要5～30天（工作日），如果是在销售旺季和高峰期，延迟2～3个月也是有可能的。

② 丢包率高：丢包率是指在邮寄过程中会因为各种原因导致快递包裹丢失。邮政小包平邮是没有包裹跟踪服务的，且丢失将不能获得赔偿，丢包率比较高。

2. 国际快递

国际快递一般是指四大商业快递巨头企业：DHL、TNT、UPS和FedEx，这些国际快递巨头利用自建的物流网络、强大的信息系统和遍布世界各地的本地化服务，为从事跨境电子商务的卖家提供物流服务。

与邮政小包相比,国际快递的优势在于时效快、丢包率低、服务好;劣势在于价格昂贵且价格资费变化较大。如果卖家的商品价值高、对时效上也有要求,那么四大国际快递是不错的选择。此外,四大国际快递也有各自不同的优势,下面分别对 DHL、UPS、FedEx 和 TNT 的优势进行介绍。

(1) DHL 的优势

DHL 又称为敦豪航空货运公司,具体优势如下:

① 在物流时效方面,正常情况下 2~6 个工作日货通全球,其优势区域主要集中在欧洲地区,具有清关快、派送快、时效高的特点。

② 在物流价格方面,20kg 以下小货和 21kg 以上大货的价格更便宜些。

(2) UPS 的优势

UPS 又称为联合包裹服务公司,具体优势如下:

① 在物流时效方面,正常情况下在全球地区发货 3~6 天内派送完毕,其区域优势主要集中在北美地区,具有网点多、清关快、派送及时的特点。

② 在物流价格方面,UPS 折扣较多,价格上在促销季节会有一定的优势。

(3) FedEx 的优势

FedEx 又称为联邦快递公司,是一家国际性速递集团,提供隔夜快递、地面快递、重型货物运送、文件复印及物流服务,具体优势如下:

① 在物流时效方面,正常情况下 2~8 个工作日即可通达全球,区域优势集中在东南亚、南美地区,特别是东南亚,其清关速度、派送时效、网点的分布都是其他的国际快递公司所不能比拟的。

② 在物流价格方面,寄往东南亚的 21kg 以上的大件物品的价格比其他物流便宜。

(4) TNT 的优势

TNT 的具体优势如下:

① 在物流时效方面,正常情况下 2~4 个工作日通至全球,其区域优势在西欧,并且价格低、清关能力极强、货通全球(无偏远地区派送的附加费用)。

② 在物流价格方面,100kg 以上大件物品的价格相对便宜些。

当然,除了四大商业快递巨头企业外,中国的顺丰、申通等本土物流也纷纷加入跨境物流的领域中,为卖家提供了更多的国际快递选择。

3. 国际物流专线

国际物流专线是指进行跨境电子商务交易时对特定的国家或地区采用的跨境专用物流线路。

(1) 国际物流专线的优势

国际物流专线一般通过航空包舱的方式把货物运输到国外,再通过合作公司进行目的国的派送,其优势在于能够集中大批量到某一特定国家或地区的货物,通过规模效应降低成本。因此,其价格通常比国际快递低;在时效上,物流专线稍慢于国际快递,但比邮政小包快很多。最常见的物流专线是欧美专线、澳洲专线等。

（2）国际物流专线的劣势

国际物流专线的起点、终点、线路、运输工具、时间、周期等基本都是固定的。这样就使得这种物流模式产生了一定的局限性，卖家在寄送商品时不能够灵活安排和调整。

6.1.4 FBM 物流渠道的选择

了解了各个物流渠道及其优势和劣势之后，卖家在实际的商品运输过程中，还要选择出适合自己的物流渠道进行商品的运输。卖家在选择物流渠道时主要从商品特点、物流价格、物流时效、物流服务四个方面进行考虑，具体介绍如下。

1. 商品特点

商品的单价、重量、体积等特点是卖家在选择物流渠道时应该优先考虑的，因为不同的物流渠道对于商品的重量、体积和种类的限制也是不同的。例如商品的单价较低且体积、重量都较小，那么说明该商品的利润较低，就更适合选择价格低廉的邮政小包。

2. 物流价格

跨境物流的成本无疑是卖家最关注的问题之一，但是运输价格不是越低越好，而是要可控。如果卖家一个月只有几个商品要发货，那么成本很容易换算，但如果一个月有几千个商品要寄，再加上物流的价格会随时变化，那么最终的成本就非常难以核算和控制。因此物流渠道是否提供透明、合理、稳定的报价很重要。所以卖家在保证物流价格可控的情况下，所找到物流的价格越低越好。

3. 物流时效

卖家对物流渠道的另一个重要的衡量标准是时效。那物流是不是越快越好呢？如果符合买卖双方对时效的预期，在可控的成本下，时效是越稳定越好。建议店铺在销售淡季可以试一着多联系几个物流渠道，同时发货测试一下线路质量，为旺季做准备。在旺季时，也要考虑物流渠道的承运能力，考察它们过往对于爆仓问题有没有好的应对方法和相应的理赔机制。

4. 物流服务

物流服务是成本和时效之外卖家必须考虑的一个重要因素。卖家考核物流渠道时，可以详细了解此物流公司全环节操作是否足够专业、在海外是否有分公司团队及客服团队、是否可以及时响应和排查物流异常事件等。例如，物流渠道在节假日是否收件、有没有专业的车辆可以满足特殊的装货需求、是不是有全程商品跟踪等。各种服务的细节决定了这家物流渠道是否值得依靠和信赖。有专业和稳定团队的物流供应商还会在卖家拓展海外市场或是入驻电商平台时，把它的经验分享给卖家，让卖家少走弯路。

没有哪个物流渠道是完美的，只有适合卖家发货的渠道才是最好的，卖家除了要考虑上述几点问题外，还要结合自身、平台、买家等各方面的因素进行考虑。例如，卖家在实际销售商品的过程中，即使拥有再多的经验，也无法预估所有买家的情况，所以把选择权交给买家更为合适，只需要在商品描述中表明所支持的运输方式，再确定一种默认的运输方式，那么买家如果有其他的物流渠道需求自会联系卖家。

【阶段案例 6-1】 贺鹤选择跨境物流渠道

贺鹤将商品都发布完成后,开始着手选择运输商品的物流模式。因为贺鹤所在的公司在跨境电子商务方面前期未投入太多的资金,所以他首先选择了对库存要求较小的 FBM 物流模式。

通过对物流渠道的了解,贺鹤发现邮政小包和 DHL 在邮寄小件商品方面有优势,于是通过官网、论坛等对这两个物流作了进一步了解。邮政小包和 DHL 的比较表如表 6-1 所示。

表 6-1 邮政小包和 DHL 的比较表

物 流 名 称	邮 政 小 包	DHL
物流价格(寄送到美国)	85 元/kg	首重:402 元/kg,续重 132 元/kg
物流时效(寄送到美国)	10～20 天	4～7 天
主要物流服务	① 优先清关 ② 免费海外退件	① 上门取货 ② 货物运输保险
重量限制	限重 2kg	限重 250kg;单件重量超过 70kg,加收超重费
体积限制	非圆筒货物:长+宽+高≤90cm,单边最长为 60cm,最小尺寸单边长度≥17cm,宽度≥10cm	货物长度不可超过 140cm,宽度不过 140cm,高度不超过 130cm;单件单边长度超出 120cm,加收超长费

通过表 6-1 可知,两个物流的主要区别在于:邮政小包的价格更为便宜,对于商品的重量和体积限制较大;但是 DHL 的服务更好,对于商品的重量和体积限制较小。

贺鹤考虑到自己商品的特点是基本都不超过 2kg,体积也不大,所以选择了物流费用较少的邮政小包作为目前店铺的 FBM 物流渠道。与当地邮政部门进行了了解和洽谈后,贺鹤便开始使用邮政小包作为自己店铺的发货物流。

6.1.5 FBM 物流的后台操作

卖家在选择好 FBM 物流渠道后,还需要在亚马逊后台进行一些设置才可以正式进行商品发货。为了卖家能够在亚马逊后台正确地进行相关操作,下面从配送设置、退货设置、订单处理三方面带领卖家学习 FBM 物流模式的后台操作。

1. 配送设置

卖家进行商品发货时,由于国外地址区域的不同,物流运输的距离和费用也会有相应的改变。卖家可以根据自己的情况在亚马逊后台进行相关的物流配送设置。在配送设置中,卖家需要设置物流运费模板。

设置运费模板时,有 Price Banded(以商品价格分段配送)和 Per Item/Weight-Based

(以商品的件数或重量决定运费)两种设置方式供卖家选择。运费设置方式的选择如图6-2所示。

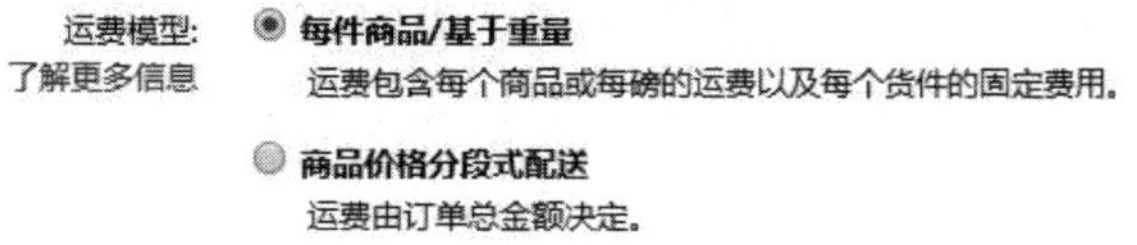

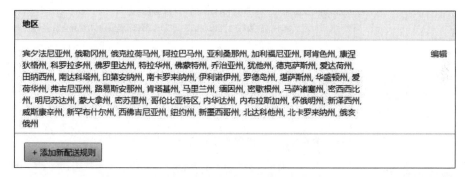

图6-2 运费设置方式的选择

卖家选择好运费设置方式后,即可开始根据自己的情况来自行选择运费模板中的到货地区,如图6-3所示。

图6-3 设置到货地区

运费模板中还要设置地址类型、物流速度、运费费用等,如图6-4所示。

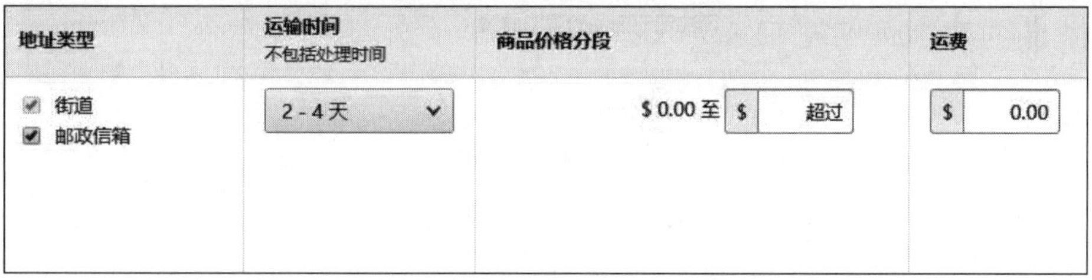

图6-4 设置其他信息

值得一提的是,卖家可以同时设置多个运费模板,以便于在销售商品时进行运费模板的更换,例如卖家可以设置日常运费模板和促销运费模板。每当节日大促时,卖家的订单会增加,那么运费也会相应地增加,这时卖家可以将日常运费模板替换为促销运费模板。卖家也可以将运费费用设置为0美元,这样就可实现商品包邮。

2.退货设置

当商品到达买家手中时,有时会因为一些原因(例如商品损坏、描述不符等)导致买家想要退货。所以卖家还需要进行退货地址、退货条件等一些退货内容的相关设置,以保证买家能够顺利退货。亚马逊商品后台的退货设置主要包括常规设置、无法退货设置、退货地址设置。

(1) 常规设置

在常规设置中，卖家可以制定和设置一些退货标准说明。那么在买家进行商品的退货时，亚马逊平台就可以根据卖家所制定的退货标准来选择自主处理或者通知卖家处理。常规设置页面的部分截图如图 6-5 所示。

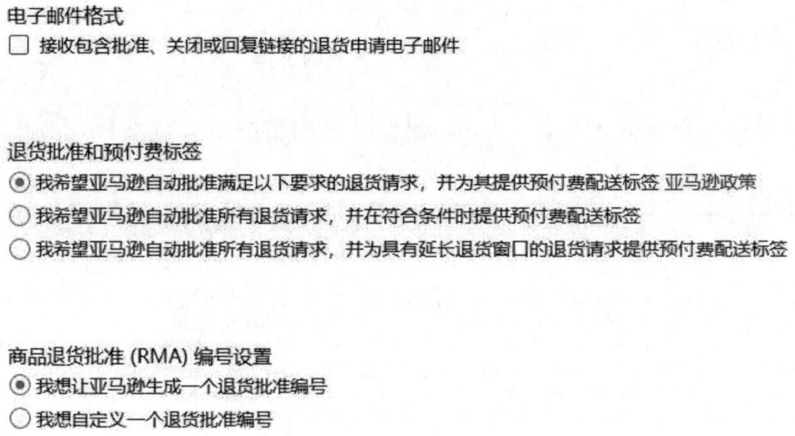

图 6-5　常规设置页面的部分截图

(2) 无法退货设置

在无法退货设置中，卖家可以设置相关规则来说明在哪些情况下商品是无法进行退货的。无法退货设置如图 6-6 所示。

图 6-6　无法退货设置

例如，某商品由于买家个人原因损坏了，不属于卖家的商品质量问题或物流问题，而且卖家不接受此类问题所导致的退货退款，那么卖家就需要在无法退货设置中添加该规则，亚马逊在审核买家退货申请时就会给予拒绝。

(3) 退货地址设置

如果买家的退货申请符合卖家的退货条件，那么接下来卖家就需要为买家提供一个可将商品寄回的地址。退货地址设置如图 6-7 所示。

图 6-7　退货地址设置

3. 订单处理

当店铺产生订单后,卖家需要将已经售出的商品通过物流渠道来发货。卖家主要是通过 TAB 功能板块下的"订单"标签来进行订单的查看和处理。"订单"标签下主要包括"管理订单""订单报告"和"管理退货"三个子标签。

(1) 管理订单

在"管理订单"子标签中,卖家可以查看等待中(加入购物车但未支付)、未发货、已取消、已发运等状态下的订单。管理订单界面如图 6-8 所示。

图 6-8 "管理订单"界面

在该子标签下,卖家还可以根据订单编号、买家姓名等信息来查询订单,然后对订单进行相应的管理。订单搜索框如图 6-9 所示。

图 6-9 订单搜索框

(2) 订单报告

在"订单报告"子标签中,卖家可以按月申请已经存档的订单报告。订单报告中包括商品信息、成交价格、买家个人信息等,以供卖家进行查看。订单报告界面如图 6-10 所示。

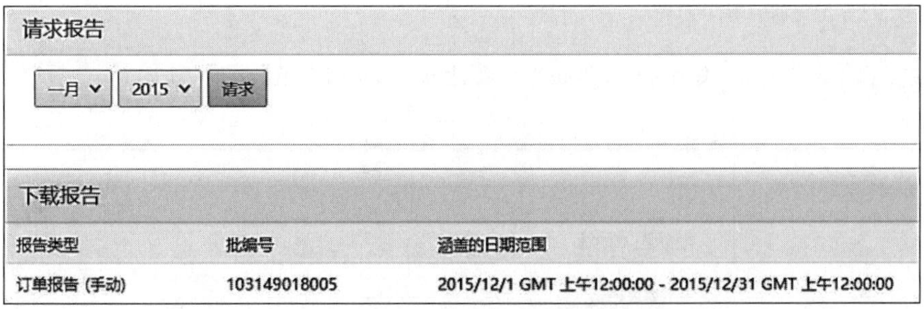

图 6-10 订单报告界面

（3）管理退货

在"管理退货"子标签下，卖家可以查看店铺中退货订单的信息，这些订单包括已批准的退货订单、已完成的退货订单和已关闭的退货订单等。"管理退货"界面如图 6-11 所示。

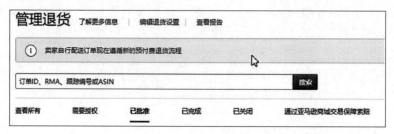

图 6-11 "管理退货"界面

【阶段案例 6-2】 设置退货地址

选择好物流渠道之后，贺鹤在亚马逊后台进行了物流的相关设置。但是他在设置时只想着发货，却忘记买家收货之后可能退货，所以忘记了设置发货地址。贺鹤决定吃一堑长一智，将设置发货地址的步骤记录下来，引以为戒。设置退货地址的步骤如下。

Step1 在快捷功能板块的"设置"快捷功能的下拉菜单中，单击"退货设置"选项，如图 6-12 所示。

Step2 在"退货设置"界面，单击"退货地址设置"选项，如图 6-13 所示。

图 6-12 单击"退货设置"选项

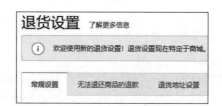

图 6-13 单击"退货地址设置"选项

Step3 在"退货地址设置"中，单击"设置地址"按钮，如图 6-14 所示。

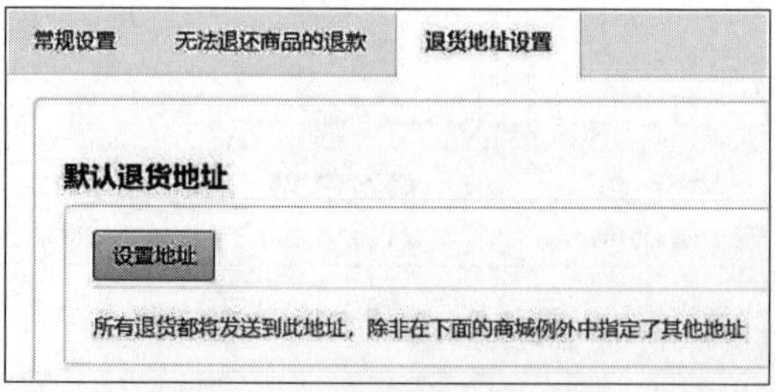

图 6-14 单击"设置地址"按钮

Step4 填写具体的地址信息,保存即可,如图 6-15 所示。

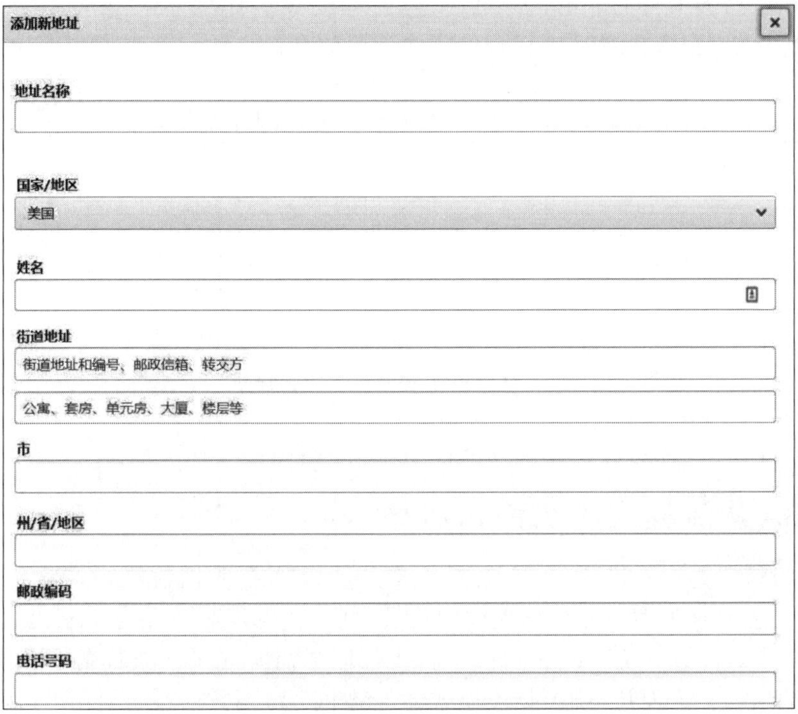

图 6-15　填写地址信息

> **多学一招:RMA 是什么**
>
> RMA 为退货授权,即当买家提出商品出现品质问题需要退回时,亚马逊会对买家提供的资料进行分析,在认为确属卖家责任而同意退货的情况下,授权买家将商品退回。

6.2　亚马逊平台的 FBA 物流模式

亚马逊平台的 FBA 物流模式是亚马逊提供的另一种跨境物流模式。为了卖家能够更好地了解该跨境物流模式,本节将从 FBA 物流模式概述、FBA 物流模式的优势和劣势、FBA 物流的工作阶段、FBA 物流的后台操作 4 个方面进行详细讲解。

6.2.1　FBA 物流模式概述

亚马逊 FBA(Fulfillment by Amazon)是指卖家把自己在亚马逊上销售的商品直接送到亚马逊当地市场的仓库中,买家购买商品之后,由亚马逊来完成物流发货工作的一种物流模式。也就是说,在该模式中亚马逊平台将负责一部分物流的工作。FBA 物流模式的流程图如图 6-16 所示。

在图 6-16 中,FBA 物流模式的主要流程如下。
- 卖家将商品打包后投递到跨境物流;
- 跨境物流将打包好的商品通过出口国海关通关后运输到进口国海关,商品到达亚马逊 FBA 仓库暂存；
- 买家在亚马逊平台上下单；
- 亚马逊 FBA 仓库从亚马逊平台上获取订单信息；

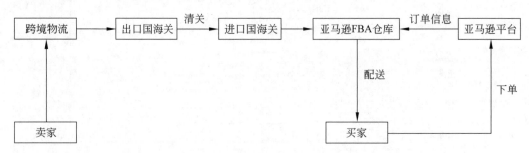

图 6-16　FBA 物流模式的流程图

- 亚马逊 FBA 仓库将已售出的商品配送至买家手中。

6.2.2　FBA 物流模式的优势和劣势

FBA 物流模式是亚马逊主营业务之一，只要卖家为专业销售账户，都可以进行开通。FBA 物流模式主要是为第三方卖家提供的代发货服务，也是亚马逊为卖家提供的另一种商品配送的选择。开始选择 FBA 物流模式前，卖家同样需要先了解其优势和劣势，明确其是否适合自己的店铺。下面从 FBA 物流模式的优势和劣势两方面进行讲解。

1. FBA 物流模式的优势

FBA 物流模式的优势主要体现在提高商品排名、节省人力成本、缩短配送时效、获得推广基础四个方面。

（1）提高商品排名

因为 FBA 物流模式是亚马逊主营业务之一，如果卖家的商品使用了该物流模式，那么该商品就会显示"亚马逊物流"标识，所以卖家的商品就可以获得更多流量和赢得买家信任，进而在一定程度上提高商品的展示排名。

（2）节省人力成本

在 FBA 物流模式中，商品的包装、配送、服务和退货等都将由亚马逊来处理，因此卖家可以节省大量的人力成本。

（3）缩短配送时效

从事跨境电子商务时，卖家最大的一个痛点就是物流的时效问题。亚马逊 FBA 物流的仓库遍布很多国家和地区，而这些仓库都是在临近交通较为便利的位置，例如机场。所以当买家下单后，亚马逊的仓库能够第一时间发货，缩短了商品的配送时效。

（4）获得推广基础

在亚马逊平台上，卖家必须拥有 BUYBOX 才能使用商品的广告推广功能，而开通和使用亚马逊的 FBA 物流模式是获得 BUYBOX 的前提条件。

2. FBA 物流模式的劣势

FBA 物流模式的劣势主要体现在缴纳费用多、占压资金多和处理问题慢三个方面。

(1) 缴纳费用多

因为卖家使用的 FBA 物流模式属于亚马逊的服务，所以就意味着卖家需要向亚马逊平台缴纳相关的服务费用。亚马逊 FBA 物流模式中的各项费用根据国家站点和时间的不同，费用金额也会不同，这里只为卖家展示一些费用的名称和标准，卖家可以在使用该物流模式时通过官方渠道进行了解。亚马逊 FBA 物流模式的部分费用表如表 6-2 所示。

表 6-2　亚马逊平 FBA 物流模式的部分费用表

费用名称		标　准
订单配送费	标准尺寸商品	标准尺寸商品是指商品在完全包装后，最长边不超于 18 英寸，第二长边不超过 14 英寸，最短边不超过 8 英寸，并且重量不超过 20 磅的商品
	大件商品	如果商品大于以上标准尺寸的任何一条都会被归于大件商品
库存仓储费	月度库存仓储费	亚马逊会在第二个月的 7～15 号之间进行收取，和物流配送费一样，仓费用也是不同大小、不同月份费用不同，费用按立方英尺进行收取
	长期库存仓储费	长期仓储费：亚马逊会在每年的 2 月 15 日和 8 月 15 日进行商品库存的清点
移除订单费		对于出现不可销售的商品，卖家们自然要选择移除订单。亚马逊 FBA 对于这类商品会按照每件商品进行收取，处理方式分为退还、弃置、清算这三种，收费不同
计划外预处理费用		对于那些运送到亚马逊仓库的商品，如果出现了没有经过妥善预处理或贴标的情况，就可能需要在亚马逊实施计划外预处理服务，如使用塑料袋封装商品、使用胶带封装商品等

(2) 占压资金多

因为采用 FBA 物流模式发货的卖家需要准备好大量的商品放置在亚马逊的仓库中，所以一旦使用 FBA 物流模式，卖家就会面临资金被占压的问题，增加卖家运营店铺的风险。例如，当卖家的大批货物都在 FBA 仓库中时，如果账号受限了，导致商品无法销售，那么就会导致卖家在无法销售商品的同时，还需要支付大量的仓储费用。

(3) 处理问题慢

采用 FBA 物流模式发货时，商品的退货是由亚马逊平台来进行处理的，所以卖家不能及时查看买家退货情况，进而发现和解决相关问题。

通过了解 FBA 物流模式的优势和劣势，卖家可以知道由于缴纳的费用过多、占压资金多等问题的存在，商品体积小、重量轻以及周转时间短的卖家更适合使用 FBA 物流模式。

6.2.3　FBA 物流工作阶段

由图 6-16 中的 FBA 物流模式的流程可知，在整个 FBA 物流工作中，卖家主要负责 FBA 物流工作的前半阶段，亚马逊主要负责 FBA 物流工作的后半阶段。通过了解 FBA 物流工作的阶段，卖家可以了解需要负责的工作内容，更好地使用 FBA 物流模式。下面将对 FBA 物流工作的前半阶段和后半阶段进行介绍。

1. FBA 物流工作的前半阶段

FBA 物流前半阶段的主要工作是指卖家将商品大批量地运输到亚马逊 FBA 仓库前的工作,也被称为亚马逊 FBA 头程。例如卖家做的是亚马逊美国站,那么他将商品运到亚马逊 FBA 美国仓库的这个过程就是亚马逊 FBA 头程。

不少跨境物流都会提供亚马逊 FBA 头程服务,例如大森林全球物流公司、云邮国际速递等。卖家在选择亚马逊 FBA 头程服务时特别要注意以下两点。

(1) 明确物流渠道的价格区别

卖家可以找到很多能够提供亚马逊 FBA 头程的物流,但是这些物流渠道的报价都是不同的,为此了解不同的物流渠道的报价区别可以让卖家搭配出更好的选择。例如,A 物流渠道发送 10 千克以下的货物为 100 元/千克、10 千克以上的货物为 90 元/千克;B 物流渠道发送 10 千克以下的货物为 110 元/千克、10 千克以上的货物为 85 元/千克。那么卖家就可以在发送 10 千克以下的货物时使用 A 物流;在发送 10 千克以上的货物时使用 B 物流,以节省不必要的成本。

(2) 明确物流渠道的优势

卖家需要发现不同的物流渠道各自的优势特点,例如有一些物流在美国线路上拥有更多的资源、有些物流在欧洲线路上拥有更多的航线、有些物流拥有更快的配送过程、有些物流虽然价格低但是物流中转时间较长。卖家们通过了解不同物流渠道的优势和劣势,可以在面对不同的商品和不同的时间要求时选择到提供更加适合的亚马逊 FBA 头程物流服务的物流渠道。

2. FBA 物流工作的后半阶段

亚马逊主要负责 FBA 物流的后半阶段工作,如图 6-17 所示。

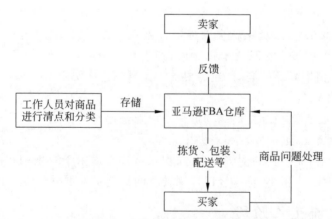

图 6-17　1FBA 物流工作的后半阶段

在图 6-17 中,FBA 物流工作的后半阶段流程如下。

- 亚马逊的工作人员将这些商品进行清点和分类;
- 清点和分类完成之后,这些商品将存储在亚马逊 FBA 仓库;
- 等到卖家将商品销售后,亚马逊的 FBA 仓库将对商品进行拣货、包装、配送等工作,使商品及时到达买家手中；
- 亚马逊会跟进买家，确保订单一切正常，如果出现退换货等问题，亚马逊会自动处理；
- 最后，亚马逊将仓库中商品的库存量、费用使用情况等反馈给卖家，卖家根据情况进行处理。

由上述 FBA 物流工作的后半阶段流程可知，虽然亚马逊负责了商品从拣货、包装、配送、商品售后等一系列工作，但是卖家还是需要进行持续不断的跟进，以保证 FBA 物流模式的运转。例如亚马逊 FBA 仓库中的商品没有库存了，卖家就无法在继续进行商品的正常销售工作，这时就需要及时进行向亚马逊仓库中补货。

6.2.4　FBA 物流的后台操作

卖家明确了 FBA 物流模式的优势和劣势及主要工作阶段和内容后，如果选择使用 FBA 物流模式，那么就需要在亚马逊后台进行 FBA 物流的相关操作。下面从转换模式、创建计划、跟进反馈三方面对 FBA 物流的后台操作进行介绍。

1. 转换模式

想要使用亚马逊的 FBA 物流模式，卖家要将已经上架的商品转换为 FBA 物流模式。卖家可以在"库存"标签下的"管理库存"子标签中进行这一操作，如图 6-18 所示。

图 6-18　商品转换为 FBA 物流模式

亚马逊会给卖家两个选项，即"只转换"和"转换并发送库存"，如图 6-19 所示。其中"只转换"是指卖家只是将商品转换为 FBA 物流模式，"转换并发送库存"是指卖家不但会将该商品转换为 FBA 物流模式，还会马上将商品发送到亚马逊的仓库中。一般情况下，卖家不会只将一种商品运输到亚马逊的仓库中，所以可以先选择"只转换"选项。等到所有需要发送的商品都转换完成后，卖家可以将所有商品一起进行发送。

图 6-19　商品转换选项

2. 创建计划

卖家将商品的发货模式进行转换之后，接下来需要创建一个 FBA 发/补货计划，同样是在"库存"标签下的"管理库存"子标签中进行计划的创建。FBA 发/补货计划的主要步骤包括选择入库计划和设置入库计划。

（1）选择入库计划

卖家在创建 FBA 发/补货计划时，首先要明确是要创建新的入库计划，还是添加至现有的入库计划。入库计划的选择如图 6-20 所示。

创建新的入库计划是指卖家想要单独地创建一个 FBA 发/补货计划，而添加至现有的入库计划是指卖家在已经拥有其他 FBA 发/补货计划时，想要将商品加入另一个计划中所进行的选择。

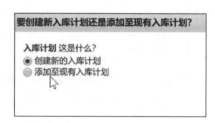

图 6-20　入库计划的选择

另外在进行入库计划的选择时，卖家还需要注意根据自己的情况来填写发货的地址和商品的包装类型。

（2）设置入库计划

选择好入库计划后，卖家就可以开始设置入库计划中的设置数量、预处理商品、为商品贴标、检查货件等内容。入库计划的设置如图 6-21 所示。

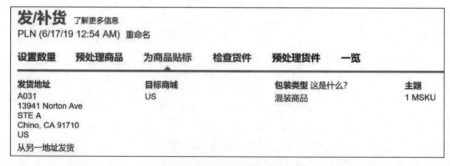

图 6-21　设置入库计划

在设置入库计划的工作中，其中最关键的就是设置数量和为商品贴标。

① 设置数量就是指设置卖家想要发/补货的数量，需要卖家如实填写。商品数量的设置如图 6-22 所示。

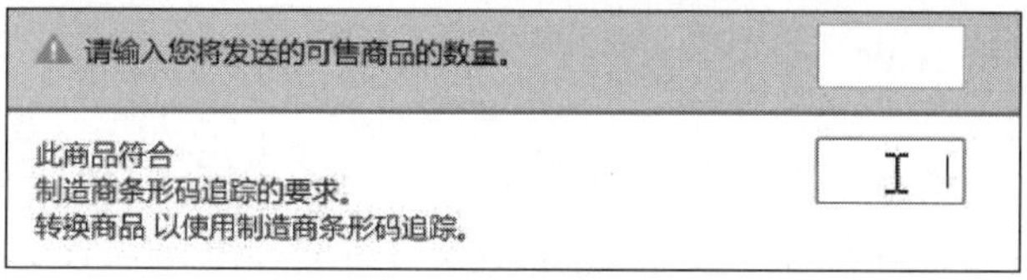

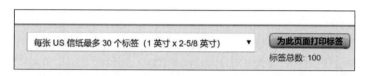

图 6-22 设置商品数量

② 为商品贴标就是为了亚马逊在收到商品后能够对商品进行盘点和分类所做的工作，分为商品标签和箱标签。商品标签的打印如图 6-23 所示。

图 6-23 打印商品标签

3．跟进反馈

创建完 FBA 发/补货计划后，卖家会将打包好的商品投递到物流渠道，随后就会发往亚马逊的站点仓库。此时卖家需要做的就是时刻跟进亚马逊的反馈。卖家可以在 TAB 功能板块的"库存"标签下的"管理库存""管理亚马逊库存"和"库存规划"三个子标签中来查看亚马逊 FBA 仓库中商品的库存、价格、销售及建议等，然后根据亚马逊的反馈来管理自己的 FBA 物流模式下的商品。管理库存界面如图 6-24 所示。

图 6-24 管理库存界面

6.3 本章小结

本章首先带领读者了解了 FBM 物流模式的优势和劣势、渠道分类以及卖家如何进行渠道选择和后台操作，然后又为大家介绍了 FBA 物流模式的优势和劣势以及卖家在不同阶段下的工作重点和后台操作。

通过学习本章内容，希望读者在运营亚马逊店铺时，能够清晰准确地选择适合自己的物流模式，并且能够开展相应的工作。

6.4 课后思考

本章讲述了亚马逊平台上的两种物流模式,但是物流模式不止这两种,读者可以对其他物流模式进行了解并分析其特点,填写到如表 6-3 所示的物流模式表中。

表 6-3 物流模式表

项 目	内 容
物流模式名称	
物流特点	

第 7 章

亚马逊平台的售后与违规

【学习目标】

- 掌握亚马逊平台的商品评论反馈问题
- 掌握亚马逊平台的商品退货问题
- 掌握亚马逊平台的商品违规
- 掌握亚马逊平台的关联账号违规
- 掌握亚马逊平台的店铺绩效违规
- 掌握亚马逊平台的知识产权违规
- 了解亚马逊平台的KYC审核违规

卖家在运营亚马逊店铺的过程中,难免会在商品、物流等方面出现差错。一旦出现问题,卖家就需要进行处理。为了卖家能够有效地规避和处理商品的售后问题或店铺的违规问题,本章将对亚马逊平台的商品售后与店铺违规两个方面的知识进行讲解。

7.1 亚马逊平台的商品售后

亚马逊平台的商品售后主要包括商品评论反馈、商品退货等。如果卖家没有及时妥当地进行处理,那么可能会给店铺造成一定损失。卖家在运营亚马逊店铺时可能出现的售后情况主要包括商品评论反馈和商品退货两个方面。为了使卖家能够了解和处理这两个常见的商品售后问题,本节将进行详细讲解。

7.1.1 商品评论反馈

卖家将商品运输到买家手中后,不少的买家会在亚马逊平台上根据自己对商品、物流等方面的满意程度进行评论反馈,并且这些评论反馈会直接或间接地影响卖家商品的销售,例如商品出现了一个差评,其他买家浏览商品时就可能由于该差评而不购买这款商品。卖家在进行商品评论反馈处理和操作前,要先了解商品评论反馈的规则、展示和类型,以便于更好地查看商品的评论反馈。下面将从商品评论反馈规则、商品评论反馈展示、商品评论反馈类型、商品评论反馈处理、商品评论反馈操作五个方面进行讲解。

1. 商品评论反馈规则

亚马逊平台上的商品评论反馈规则主要从买家角度和卖家角度进行了规范。

（1）买家角度

只要满足了下面两个条件的任意一个，买家就可以对卖家的商品进行评论反馈，具体条件如下。

① 完成了商品订单的买家可以进行针对订单的评论反馈，其评论反馈涉及商品、物流、客服等订单相关因素。

② 买家未购买卖家的商品，但是在过去 12 个月中使用有效的信用卡或借记卡在亚马逊平台上花费至少超过 50 美元（购买折扣商品的花费不计算在内）并且是亚马逊平台的付费会员；或者买家参与了亚马逊平台的免费试用活动（免费活动是指卖家将商品免费邮寄给买家试用）。这样的买家只能对商品本身进行评论反馈。

（2）卖家角度

商品售出后，亚马逊会自动向买家发送电子邮件，请买家对商品进行一次评论反馈，卖家无需任何操作。

卖家如果想要了解亚马逊平台对于商品评论反馈方面的具体规则，可以在亚马逊后台的快捷功能板块的帮助中进行查看。亚马逊的部分评论反馈规则如图 7-1 所示。

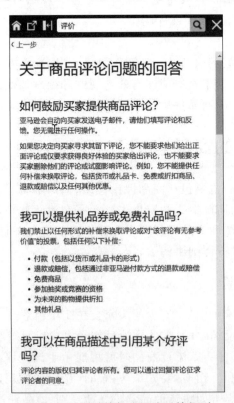

图 7-1 亚马逊的部分评论反馈规则

2. 商品评论反馈展示

卖家的商品被买家评论之后,评论反馈的内容会展示在亚马逊平台上,其展示形式主要包括评论反馈星级、评论反馈数量和评论反馈合集展示等。

(1) 评论反馈星级

买家对商品进行评论反馈时,首先需要选择商品的星级,最高 5 颗星,最低 1 颗星。4～5 颗星是较好的评论反馈;3 颗星为中评;1～2 颗星是差评。某商品的评论反馈星级如图 7-2 所示。

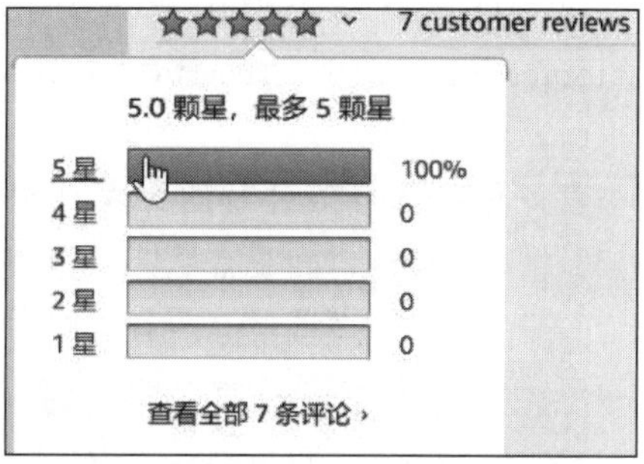

(2) 评论反馈数量

关于有多少数量的买家对卖家商品进行了评论反馈,也会进行展示,例如在图 7-2 中,该商品的评论反馈数量为 7 条。

图 7-2 某商品的评论反馈星级

(3) 评论反馈合集展示

卖家商品的相关评论反馈还会以合集的形式展示在 Listing 页面中。Listing 页面的评论反馈合集展示如图 7-3 所示。

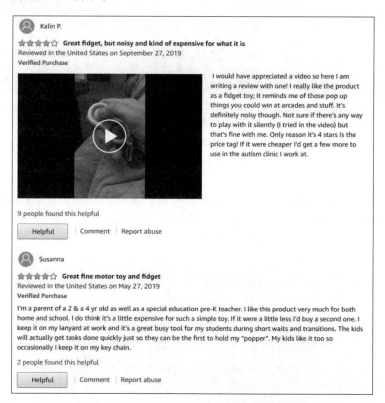

图 7-3 Listing 页面的评论反馈合集展示

在图 7-3 中,卖家商品被评论的时间、评论的文字、评论的视频等都展示在了 Listing 页面中,以供买家查看。

3.商品评论反馈类型

商品评论反馈类型主要分为三类,分别为直评、VP(Verified Purchase)、VN(Vine Customer Review of Free Product)。

(1) 直评

直评是指符合条件②的买家对卖家商品进行的评论,买家直评如图 7-4 所示。

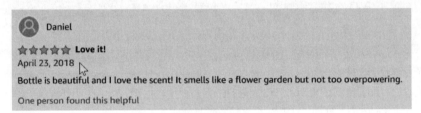

图 7-4　买家直评

(2) VP

VP(Verified Purchase)译为核实购买,即完成了商品订单的买家所进行的评论反馈,这一类评论反馈对于卖家的商品满意度影响最大。买家的 VP 评论反馈如图 7-5 所示。

图 7-5　买家的 VP 评论反馈

(3) VN

VN(Vine Customer review of Free Product)译为藤计划商品免费试用活动中获得的买家评论。免费试用了商品的买家可以对商品进行评论反馈,这些买家的评论会以 VN 标志进行展示。买家的 VN 评论反馈如图 7-6 所示。

图 7-6　买家的 VN 评论反馈

4．商品评论反馈处理

当卖家的商品收到买家较好的评论反馈时，商品排名会相应地提升，从而为卖家销售商品带来助力。如果卖家商品收到了差评，那么就会导致商品排名下降，从而影响销量。卖家收到买家差评时，首先要分析造成此评论反馈的原因，然后根据具体原因来选择处理方法。亚马逊平台上卖家处理差评的方法主要分为申请删除、联系买家、积极回复、增加好评和快速降价。

（1）申请删除

如果是买家原因导致的差评，且该差评与商品毫无关系或者含有以下内容，那么卖家可以向亚马逊平台申请删除该差评。

① 评论含有粗俗或侮辱性的言语。
② 评论含有任意促销内容，例如推销其他卖家的商品。
③ 评论含有私人信息，例如电子邮件地址、姓名、电话号码等。
④ 评论中含有歧视性语言。

（2）联系买家

如果卖家查看了差评的内容后，确定是自身的原因所致，例如质量问题、物流问题或违背承诺等，那么一定要在第一时间联系买家。

卖家在与买家联系时，要思考买家购买商品的用途以及差评中反馈的具体问题，还要分析买家的背景，根据这些信息要素有针对性地编写沟通邮件的内容。只有这样，买家才有可能被卖家所打动，增加修改评论反馈的可能性。

卖家需要注意的是，买家的差评只能在 60 天之内进行删除，超过时间则无法再操作。所以建议卖家每天都要查看评论反馈，遇到问题及时处理。

（3）积极回复

积极回复指卖家可以在差评下进行留言，以积极的态度和合适的言语化解差评的负面影响。毕竟，卖家针对差评的每一次回复都相当于一次小的危机公关。公开诚信地回复商品差评不仅可以维护店铺形象，还可以让未购买商品的买家看到卖家的服务态度。如果出了售后问题卖家能够及时帮助解决，有助于提高买家满意度。卖家在进行前台回复时，要勇于承担责任并道歉，对买家所反映的问题进行解释和提出有效的解决方案。

（4）增加好评

增加好评指的是卖家适当地增加商品的评价。如果差评没有得到解决，那么卖家还可以通过适当且安全的增评方式来降低商品差评对销售排名带来的影响。但是使用这种方法的前提是卖家必须在 Facebook 等社交媒体上拥有自己的好友群或粉丝群。当遇到无法删除的差评时，卖家可以利用好友或粉丝去购买自己的商品，进而让他们对商品进行一个较好的评价。

（5）快速降价

买家的差评会导致商品被系统降低排名，这会导致流量减少、销量下降等情况的发生。但如果能够快速降低商品价格，以价格的敏感性来拉升销量和转化率，使得商品的排名有所上升，那后期的销量也不至于受到太大的影响。正因为如此，在收到买家差评后，卖家可以采取快速降价的策略，在销量和排名恢复之后，再逐步提价到原来的价位。当然，由于价格的变化，会使已经购买过的买家发生不良反应，例如要求退货、退还差价等，卖家在使用该方法时要多加注意。

5. 商品评论反馈操作

卖家进行的商品评论反馈的相关操作主要包括查看评论反馈、删除评论反馈、回复评论反馈、查找买家信息等。

(1) 查看评论反馈

卖家可以通过 TAB 功能板块中的“反馈”子标签来查看相关评论反馈。“反馈”子标签如图 7-7 所示。

图 7-7 “反馈”子标签

卖家可以在“反馈”子标签中查看店铺的整体评论反馈情况，如图 7-8 所示。

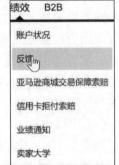

反馈评级：★★★★★
自卖家开店以来共获得 4.9 颗星。(4888 次评级)

	30 天	90 天	365 天	累计
好评	100 %(140)	100 %(572)	100 %(2703)	99 %(4819)
中立	0 %(0)	0 %(1)	0 %(5)	0 %(22)
差评	0 %(0)	0 %(0)	0 %(3)	1 %(47)
计数	140	573	2711	4888

图 7-8 店铺的整体评论反馈情况

卖家还可以查看具体评论反馈的日期、评级、订单编号、评论等，如图 7-9 所示。

所有评级 好评 中立 差评
< 1 2 3 4 5 ... 245 >

日期	评级	订单编号	评论
2019/06/13	5	111-2006496-8755425	She loved It!!!!
2019/06/12	5	111-4507921-1073802	Excellent Seller !!! Great Product !!! Over-All = AAA+++
2019/06/12	5	113-1533668-3817065	great seller, thank you

图 7-9 具体评论反馈

(2) 删除评论反馈

卖家在申请删除评论反馈时，可以在某评论反馈的详细信息位置找到“操作”栏下的“请求删除”按钮，单击按钮进行删除。评论删除操作按钮如图 7-10 所示。

图 7-10 评论删除操作按钮

(3) 回复评论反馈

卖家想要回复评论反馈，可单击图 7-10 中“操作”栏下的“发布公开回复”按钮。

(4) 查找买家信息

当决定要联系买家时，卖家首先需要确定具体的买家是谁，可

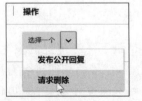

将评论者的名字和订单记录中的买家名字进行比照,找出对应的买家,然后在"管理订单"子标签中查找相应的订单。订单查询界面如图 7-11 所示。

图 7-11　订单查询界面

📖 **多学一招:亚马逊导致的差评**

如果卖家使用了 FBA 物流模式,而亚马逊在进行商品配送的过程中由于发货包装、发货速度、运输商品、商品服务等问题造成买家差评的话,那么亚马逊平台会对这些差评进行负责和删除。亚马逊导致的差评如图 7-12 所示。

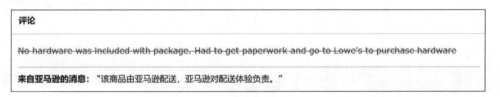

图 7-12　亚马逊导致的差评

【阶段案例 7-1】　索要好评与处理差评

贺鹤目前经营的亚马逊店铺每天能出售 10~15 款商品,销量不是很大,但他也明白刚开始运营店铺时是会出现这样的情况。贺鹤之前做过其他国内的一些电商平台,知道商品评论反馈的重要性,但是同时也了解亚马逊关于评论反馈的相关规则。于是,贺鹤决定在不会触犯亚马逊相关规则的基础上,向已经购买了商品的买家索要一些评论,具体话术如下。

亲爱的买家,

感谢您的购买,订单编号:xxx-xxxxxxx-xxxxxxx。

我写信是担心您是否已收到您的物品。你对我们的商品满意吗?如果您对订单有疑问,在您留下反馈之前,请与我们联系。我们将尽力解决它。

您是否方便与他人分享您的意见?这将给我们很大的鼓励。

请花一点时间在亚马逊网站上为我们进行评论反馈。您的反馈意见一定会激励我们改善服务质量。我们真的需要您的支持。

希望你能帮助我们。非常感激。

最好的问候,童趣天堂买家服务团队。

贺鹤给买家发送了邮件之后,获得了不好评论,例如其中的一个豌豆玩具,如图 7-13 所示。

豌豆玩具的好评如图 7-14 所示。

但是,贺鹤所获得的评价并不都是好评,还有一个 1 星的差评。豌豆玩具的差评如图 7-15 所示。

好的评论反馈能帮助店铺提高销量,但是一个差评的影响比十个好评还大。为了让该买家能够删除该评论,贺鹤制定了以下话术来与其进行沟通。

尊敬的买家:

感谢您的购买和抽出宝贵时间写商品评论。得知您收到的商品有缺陷,我们深感抱歉,并且想知道我们是否可以为您提供免费更换商品服务或协助您退款。

买家评论对我们很重要,我们重视您的回应。所有答复将用于进一步改善我们的服务和商品的质量。

图 7-13 豌豆玩具的主图

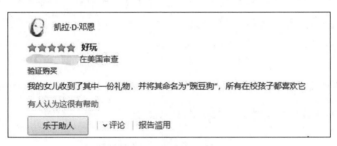

图 7-14 豌豆玩具的好评

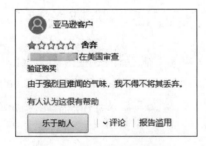

图 7-15 豌豆玩具的差评

请让我们知道我们该如何协助您解决您遇到的问题。

对于给您带来的不便,我们深表歉意。感谢您给我们提供解决问题的机会。

最诚挚的道歉,童趣天堂买家服务团队。

最后,贺鹤为该买家办理了商品退款,并且将商品赠送给了买家,从而获得了买家的原谅,使其删除了该差评。

7.1.2 商品退货

商品退货在任何电子商务平台都是很常见的售后问题,亚马逊平台也不例外。卖家在进行退货处理时,首先要了解商品退货的原因并有效地进行规避;然后根据自己的物流模式来选择处理商品退货的方法和操作。下面将从商品退货原因、FBA 退货处理流程、FBM 退货处理流程、退货处理操作四个方面进行讲解。

1. 商品退货原因

买家进行商品退货的原因主要包括商品描述不符、商品操作困难、商品质量差、商品物流慢。卖家了解了买家退货的主要原因后,可以在经营店铺的过程中有效地避免这些问题的发生。

(1) 商品描述不符

买家收到的商品与卖家在 Listing 页面所描述的商品信息相差较多时,买家一般都会要求商品退货。所以,对于商品的标题、五点描述等描述内容,卖家要保证是基于商品实际情况进行填写的,不要刻意地夸大事实,需要讲清楚商品参数,以免引起不必要的退货问题。

(2) 商品操作困难

有些商品的功能会稍复杂些或者需要特定的操作,买家由于自己不会操作就可能进行商品退货。为应对这一问题,卖家在商品包装内一定要有详细的使用说明书,并且对操作细节进行必要的提醒,以保证买家能够正常地使用该商品。例如对于蓝牙耳机、笔记本电脑等电子产品,卖家就需要提供详细的使用说明书。

(3) 商品质量差

商品质量差的话,买家可能会进行退货。卖家在选择商品以及发货时,一定不要售卖假冒伪劣商品,并且在发货时进行严格把关,做好商品质量检查。

(4) 商品物流慢

有时商品物流过慢,买家也可能会进行退货。所以卖家在选择物流渠道时,要注意物流渠道的时效性。值得注意的是,卖家选择的物流如果提供商品追踪服务,使买家能够了解到商品的行踪,那么买家可能就不会进行商品退货。

2. FBA 退货处理流程

如果卖家使用的是 FBA 物流模式,那么商品的退货问题主要是由亚马逊的工作人员来处理,但是卖家还是要持续跟进的,以保证商品能够被退回以及解决相关问题。卖家进行 FBA 退货跟进时主要有记录退货邮件、联系退货买家、退回退货商品、检查退货商品等步骤。

(1) 记录退货邮件

当买家发起商品退货时,亚马逊会立即退款并通知卖家退款已经从账户内扣除。卖家应该在邮件应用中建立一个文件夹来整理这些邮件,这样就可以记录已经退款和退货的商品。Outlook 邮箱的邮件文件夹如图 7-16 所示。

卖家需要核实退货商品是否在 45 天内被退回,如果商品在限定的 45 天内没有被退回,那么卖家可以向亚马逊申请赔偿。

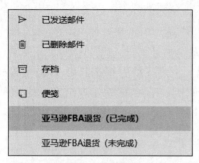

图 7-16 Outlook 邮箱的邮件文件夹

（2）联系退货买家

亚马逊对订单进行处理后，卖家有必要联系买家，然后对给买家带来的不愉快购物体验深表歉意，以获得买家谅解，例如下面是某卖家联系退货买家时用的模板。

亚马逊刚刚告知我，你已经申请 xx 商品的退款，很抱歉我们不能提供满意的商品给您。由于这是会员订单，亚马逊会立即给您退款，所以我会确保退款成功返回给您。我能做什么来弥补您吗？感谢您在百忙之中查看这封邮件，祝您生活愉快！

（3）退回退货商品

当商品被退回到亚马逊仓库时，仓库工作人员会检查该商品是否可以返回卖家的库存进行再次销售配送，主要分为以下三种情况。

① 如果发现商品被买家打开过，那么工作人员会将该商品标记为"买家损坏商品"，这样就不能放回可配送库存中。

② 商品以瑕疵品为由被退回，工作人员也不会将其放回可配送库存中。

③ 如果发现商品未被拆封，包装未被损坏，并且商品未被标记为瑕疵品，那么工作人员会将该商品列入可售库存中，再次进行售卖。

（4）检查退货商品

无论商品是什么原因被退货的，卖家都应该回收所有退货商品，然后亲自进行检查。为了提高工作速度，亚马逊的工作人员不会检查得很仔细。如果商品要被列为全新商品，那么它的包装也必须要全新的。即使是商品盒子里的一个小裂口或包装有一点小损伤，也会让买家怀疑商品不是全新的。如果收到该商品的买家再次退回该商品并向亚马逊投诉卖家正在试图将二手商品作为新商品销售，那么卖家的账户就会收到亚马逊的警告，即便这是亚马逊仓库的工作人员将该退货商品列入新商品行列的。

所以卖家应该将商品退回到自己手中，自行决定退货商品是否再次售卖，而不是将决定权交给仓库工作人员。如果退货商品没有被拆封，仍然处于全新状态，那么卖家还可以把它发回亚马逊再次出售。虽然把这些退货商品发回到卖家手中进行检查会花费大量的时间、精力和金钱，但是为了保护卖家的店铺账户，这样做是值得的。

3. FBM 退货处理流程

如果利用 FBM 物流模式进行发货，那么在买家退货时，卖家只能自己来进行处理。卖家自处理的流程主要包括识别退货原因、与买家沟通、有效降低成本、商品回收。

（1）识别退货原因

卖家需要先根据买家的反馈来识别退货的原因，例如买家是因为商品质量差而退货。

（2）与买家沟通

卖家可以与买家进行沟通，诚挚地道歉并且在不触犯亚马逊规则的情况下，给予买家一些补偿，例如小礼品、优惠券等，可能就可以说服买家选择取消退货。

（3）有效降低成本

肯定有一部分买家会坚持退货的。这个时候就会涉及物流运费问题，主要分为以下两种情况。

① 由商品质量和发货操作问题（例如发货超时、包装破损等）导致的退货一般是由卖家承担相关物流费用。

② 亚马逊支持买家无理由退货但没有强制要求买家承担退回运费。以美国站为例，由买家原因引起的退货申请，如果是退回美国当地的，则卖家可与买家协商决定退货运费分摊的比例；如果是退回中国的，国际物流费则由卖家来承担。

当出现上述情况时，卖家就要考虑如何降低退货的成本，例如可以与当地的一些公司进行合作，让买家将退货的商品统一寄到当地的地址，等到商品积攒到一定数量后，再统一打包寄回国内，以节省物流费用。

（4）商品回收

被退回的商品可能会有一些小瑕疵，一般采用以下几种处理方式。

① 卖家将被退回的商品与热销商品捆绑销售，进行优惠处理。

② 卖家将被退回的商品重新销售，但是价格要偏低，做成特价商品。

③ 卖家可与公益组织合作，将被退回的商品捐赠给一些有需要的人。

4．退货处理操作

卖家在处理退货时可以在"管理退货"子标签页面中进行订单的查找、处理等操作，亚马逊管理退货的界面如图7-17所示。

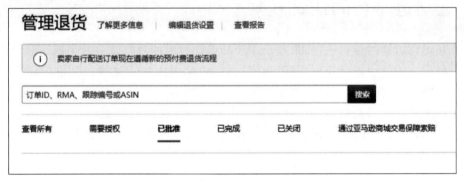

图7-17　亚马逊管理退货的界面

查找到某一订单后，卖家可以查看买家退货的原因、退货的时间、买家信息等，如图7-18所示。

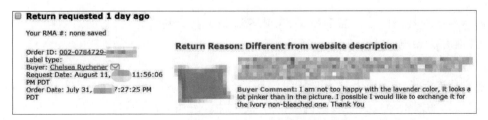

图7-18　查看退货订单信息

卖家查找到相应的订单后需要先联系买家,然后再进行批准退货申请、关闭退货申请、进行退款等操作。退货的处理方式如图 7-19 所示。

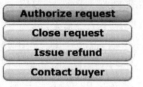

图 7-19　退货的处理方式

(1) 联系买家

联系买家(Contact buyer)是指卖家收到退货申请后,可以单击此按钮来联系买家。

(2) 批准退货申请

批准退货申请(Authorize request)即卖家批准买家的退货请求。在批准买家的退货申请后,亚马逊将提示卖家提供退货地址、选择退货标签等,以保证退货的商品能够回到卖家手中。

(3) 关闭退货申请

关闭退货申请(Close request)指的是卖家可以通过此按钮来关闭买家的退货申请。但是不要因为卖家可以关闭退货订单就随意关闭退货订单申请,关闭申请是基于卖家和买家双方沟通后协商一致的结果,而不是单方面的任意关闭。此外,卖家关闭退货申请时需要填写相应的关闭退货的原因。

(4) 进行退款

进行退款(Issue refund)是指卖家可以通过此按钮来将退货订单的款项退给买家。卖家要在已经收到买家的退货以后或者自己不要这个商品让买家直接保留的前提下,才进行退款操作。因为单击 Issue refund 按钮后,退货订单的款项会如数退回给买家,所以如果卖家决定要买家把商品退回,那么就要在收到退货后再给买家退款,否则有可能"钱货两空"。

7.2　亚马逊平台的店铺违规

卖家在运营店铺的过程中,如果违反了亚马逊平台上的规则就可能会造成账户冻结(卖家无法对账户内的款项进行操作)或者店铺被封(卖家无法对店铺的商品进行相关操作,例如销售权被剥夺)等情况。一旦出现上述情况,卖家的店铺就会无法销售商品,从而导致巨大的损失。为了让卖家能够尽量地规避和妥当地处理店铺违规问题,本节将对商品违规、关联账号违规、店铺绩效违规、知识产权违规、KYC 审核违规等常见问题进行讲解。

7.2.1　商品违规

商品违规指的是卖家的商品违反了亚马逊的相关规则,主要包括商品品质违规和商品描述违规,下面对这两个常见的商品违规问题进行具体介绍。

1. 商品品质违规

商品品质违规指的是商品的质量、包装等违反了亚马逊的规则,下面对商品品质违规的原因、处理方法和规避策略进行介绍。

(1) 商品品质违规的原因

卖家的商品除了可能由于本身质量问题造成违规外,还可能在销售过程中因一些非人为、非可预知的因素导致买家收到的商品陈旧、破损,例如商品的材质易碎或者包装材料质量低劣使得商品经常在运输过程损坏,进而导致 A-to-Z 索赔和差评。对于商品品质导致的问题,卖家可以首先进行商品售后处理,如果卖家与买家没有达成良好的解决方案,那就会面临买家的投诉。如果卖家每个月收到2~3个正式投诉,那么店铺就可能被封。

(2) 商品品质违规的处理方法

如果卖家已经涉嫌商品品质违规且被亚马逊平台进行了处罚,那么可以通过向亚马逊进行邮件申诉的方式来处理该情况。在邮件中,卖家首先要表明已经调查了店铺被封的原因,认识到了在经营店铺过程中出现的问题。然后卖家要表示已经想出一些办法来确保以后不再出现违规的情况,并且提出具体的解决方案,例如分派了更多的品质管理人员、更换了更好的供应商等。

(3) 商品品质违规的规避策略

卖家处理完成之后,还需要采用一定的策略来规避类似情况的发生。下面为卖家介绍几种商品品质违规的规避策略。

① 定期检查库存中易损物品的状态。

② 熟悉亚马逊所有可售商品类别及状态相关的规则。如果卖家不确定商品是否符合相关规则,那就不要随意去发布商品。

③ 卖家不要将已经违规下架的商品立刻重新上架出售,除非亚马逊已经解除警报且卖家确认已经解决了商品的违规问题。

④ 如果卖家不是自己生产商品,那么在进货前要向供应商索要样品进行测试,以保证商品的品质不会出现问题。

⑤ 无论使用的是FBA物流模式还是FBM物流模式,在发货之前,卖家都要给易沾灰尘的商品采取一定的密封措施以保证商品不会显得陈旧,例如套上塑料袋。

⑥ 卖家要在商品上标明质保期,并且确保买家购买前已经了解这一点,例如卖家可以在五点描述中编写相关话术。

⑦ 卖家在发货前要反复检查商品状态。

2. 商品描述违规

商品描述违规指的是商品本身和Listing页面展示的商品信息存在较大的区别而导致的投诉。当买家在亚马逊平台下单时,期待的是完美的商品和卓越的服务。所以,当买家收到的商品和订购的商品不一致时,很可能会发起投诉。投诉过多的话,卖家就会收到亚马逊的警告或店铺被封。卖家遇到商品描述违规的情况时需要查看违规的原因、处理违规并在以后规避违规。

(1) 商品描述违规的原因

当收到亚马逊的警告邮件或者店铺被封时,卖家先要找出问题所在。商品实物与Listing页面的描述有任何细微差别都可能触碰到买家的底线。但是商品描述违规和商品品质违规不一样,亚马逊不会告诉卖家具体违规的原因,因此卖家要全面检查所有可能出问题的地方。卖家在检查问题时主要从以下几方面着手。

① 检查商品。卖家在检查Listing页面时主要要注意商品页面、商品要点、商品细节与规格等。Listing页面的问题如表7-1所示。

表 7-1　Listing 页面的问题

位　置	具　体　问　题
商品页面	查看图片、标题、副标题、出版社/制造商、颜色等是否与实物有差别
商品要点	查看商品是否应该放在礼品盒内并提供质保书、配件等,检查商品是否遗失某些部件和是否运转正常
商品细节与规格	查看重量、尺寸、型号、兼容性等

② 检查销售记录。卖家要检查涉事商品的销售记录,查看是否有什么规律,例如买家是否因相似的原因要求退货。

③ 检查商品库存。卖家核查涉事商品库存时,如果发现这件商品之前也出过很多问题,那么就要考虑把商品下架。如果涉事商品是 FBA 库存,那么卖家就要向亚马逊申请检查剩下的库存商品或者要求亚马逊将商品退回来自行检查。

(2) 商品描述违规的处理方法

在进行商品描述违规处理时,卖家同样需要通过邮件申诉的方式来解决问题。亚马逊不仅希望看到卖家调查并解决问题,还希望卖家能够提出一些长远的解决方案。所以卖家可以回复亚马逊官方邮件来保证已经清理库存商品,并说明准备实施以下措施来避免重蹈覆辙。

① 优化 Listing,遵守相关规则。

② 安排员工负责复查 Listing。

③ 创建一个项目,将大部分问题商品捐赠出去,以显示没有重复上架的可能。

④ 设计打印传单放入包装箱内,清楚标明退货和退款政策。

(3) 商品描述违规的规避策略

为了规避以后买家的投诉触发亚马逊警告邮件或导致店铺被封,卖家可采取以下措施。

① 不出售任何 Listing 描述与实物不符的商品。

② 如果已上架 Listing 与商品实物并不是 100% 匹配,则创建一个新的 Listing。

③ 如果很多买家询问同一个问题,则在商品描述中直接标明答案。

④ 提供清晰的退货政策和退款政策,在每一个包装盒上印上公司商标。

⑤ 定期查看退货报告,了解有多少件商品"与描述不符",及时发现问题并处理。

7.2.2　关联账号违规

亚马逊的规则之一就是禁止卖家在同一个地点拥有两个账号。亚马逊强制执行"单账号"政策,这样可以帮助买家减少与不良卖家的接触。假设卖家在绩效下滑、遭到投诉或负面评价的情况下可以随意开设新账号,那买家就有可能被误导而从不良卖家那里购物。同时,这对其他卖家来说也构成不公平竞争的环境。通过了解关联账号违规的原因、处理办法及规避方法,卖家可以更好地处理这一问题,具体介绍如下。

1. 关联账号违规的原因

亚马逊究竟是根据哪些方面来检测卖家是否关联了账号,这点并未具体公开说明。通常情况下,卖家可以通过以下几点来查看两个不同的账号是否关联。

(1) IP 地址

IP 是英文 Internet Protocol 的缩写，意思是"网络之间互连的协议"，也就是为计算机网络相互连接进行通信而设计的协议。卖家日常见到的情况是每台联网的 PC 上都需要有 IP 地址才能正常通信，例如我们可以把"个人电脑"比作"一个手机"，那么"IP 地址"就相当于"电话号码"。

如果卖家在登录两个不同的亚马逊账号时，使用了同一台计算机的 IP 地址，那么就很可能被亚马逊检测为关联账号违规。

(2) 企业信息

企业信息包括法定代表人身份证和商业文件等，如果卖家使用了同一家公司的企业信息注册了两个亚马逊店铺，那么就很可能被亚马逊检测为关联账号违规。

(3) 邮箱地址

邮箱地址是指卖家在运营亚马逊店铺时所使用的邮箱地址，如果卖家使用了同一个邮箱地址关联了两个亚马逊店铺，那么也会被亚马逊检测为关联账号违规。

(4) 银行卡账号

银行卡号是指卖家在亚马逊平台上用来收款和支付的银行卡号。一个银行卡号不能用于两个亚马逊店铺的收款和支付，否则也会被检测为关联账号违规。

2. 关联账号违规的处理办法

关联账号违规的处理办法主要包括找出问题、进行交涉、提供记录。

(1) 找出问题

根据上面列出的关联账号违规的原因，卖家要找出导致账号关闭的具体原因并尽快处理。亚马逊通知卖家销售权限被移除一般基于两个原因：操作多个卖家账号或者现有账号与已关闭账号有关联。卖家可对比所有账号信息，找出具体哪里出了问题。

(2) 进行交涉

如果账号被关闭，可尝试向亚马逊申诉恢复，这可能是卖家要面对的最艰难的事情之一。除非有开设两个账号的正当理由，否则很难胜诉。即使这样，卖家也应当不抱成见，用积极的态度与亚马逊交涉。

如果卖家是故意经营两个账号，那么也要联系亚马逊，向其展示两个账号是完全独立的。卖家需要证明这两个账号运营的是完全不同的商品、供应商、物流体系甚至商业模式等，提出所有能够区分两个账号的因素。

(3) 提供记录

如果亚马逊曾允许卖家开设两个账号，但是之后又反悔要求关闭一个账号。这时，卖家将保留的与亚马逊交涉的所有记录提供给亚马逊可有助于提高胜诉概率。

3. 关联账号违规的规避策略

卖家在运营过程中要注意不要让两个亚马逊店使用同样的 IP 地址、企业信息，这样可避免关联账号违规的发生。

7.2.3 店铺绩效违规

店铺绩效违规指的是店铺的绩效指标数据太差导致的违规。绩效指标是针对第三方卖家设置的行为准则,亚马逊用该指标来区分卖家优劣。了解亚马逊店铺的绩效指标都包括哪些方面以及其处理方法有助于卖家更好地运营亚马逊店铺,下面对店铺绩效的指标以及店铺绩效指标违规的处理方法和规避方法进行讲解。

1. 店铺绩效的指标

店铺绩效指标可以在"账户状况"子标签下进行查看,主要包括买家服务绩效和配送绩效。

(1) 买家服务绩效

买家服务绩效主要是 ODR(即订单缺陷率),如图 7-20 所示。

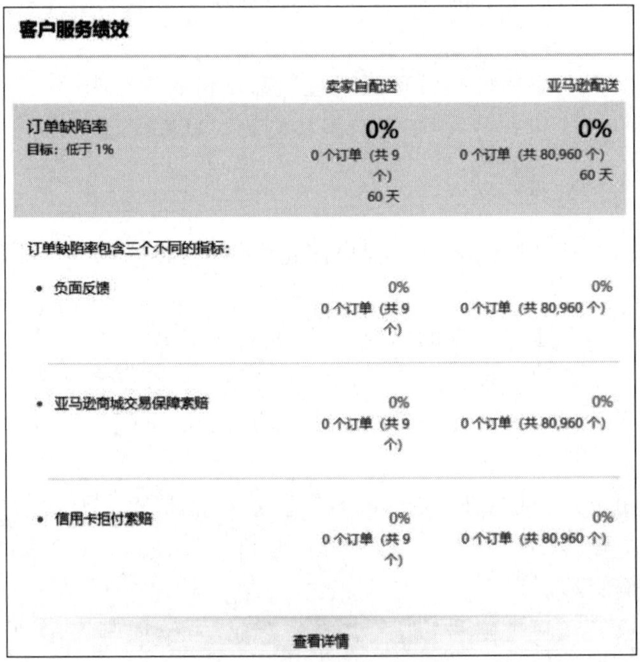

图 7-20 买家服务绩效

ODR 是亚马逊关闭卖家店铺的主要参考标准。如果 ODR 超过 1.19%,那么亚马逊就会立刻对卖家店铺进行封店处理。ODR 主要包括负面反馈、亚马逊商城交易保障索赔和信用卡拒付索赔三方面。

① 负面反馈

负面反馈就是指买家给予卖家的差评,卖家要及时进行售后处理,以规避负面反馈的增加。

② 亚马逊商城交易保障索赔

卖家须警惕,亚马逊商城交易保障索赔(A-to-Z)对 ODR 的影响非常大,即使撤销也会有影响。

③ 信用卡拒付索赔

对于信用卡拒付索赔问题，卖家要及时与相关银行协商解决，但是这一方面对 ODR 的影响最小。

（2）配送绩效

配送绩效主要包括迟发率、配送前取消率和有效追踪率，如图 7-21 所示。

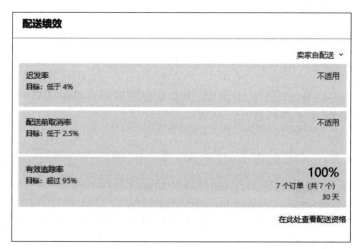

图 7-21　配送绩效

① 迟发是指卖家延迟发货或发货后忘记通知买家并提供运单号。这种情况发生后，亚马逊就会认为卖家没有及时进行商品发货。迟发率不能高于 4%。

② 配送前取消指的是卖家对相关的订单进行发货前，买家已经取消了该订单。配送前取消率不能高于 2.5%。

③ 有效追踪率指的是卖家发货后商品能够被有效追踪的指标，该指标不能低于 95%。

2. 店铺绩效违规的处理方法

在店铺绩效指标中，ODR、迟发率和配送前取消率这三个指标不符合亚马逊标准是导致店铺被封的主要原因，当出现店铺绩效违规时，卖家不仅要向亚马逊平台进行申诉，而且还需要改善这三个指标。下面对如何处理 ODR、迟发率和配送前取消率问题进行讲解。

（1）处理 ODR 问题

处理 ODR 问题的方法主要包括以下几点。

① 尝试说服买家或亚马逊删除负面反馈。

② 及时配送商品，以规避亚马逊商城交易保障索赔和负面反馈。

③ 根据买家的抱怨和评论反馈，卖家要提供更好的包装和更严格的质量把控，提高配送速度。

④ 设置专门人员负责检查商品状态、配送流程等。

（2）处理迟发率和配送前取消率问题的方法主要包括以下几点。

① 及时更新订单处理时间。

② 查看最近记录，了解快递公司是否及时发出商品。

③ 提高总销量,以降低迟发率和配送前取消率。
④ 如果无法按现有模式运营,则更换供应商或改变物流模式。
⑤ 如果几天之内无法处理订单,则将店铺状态改为假期模式。
⑥ 雇佣更多包装员、商品处理员和发货员。

3. 店铺绩效违规的规避方法

卖家可以通过定期查看、积极处理、提高买家体验三种方法来将店铺绩效指标控制在亚马逊要求的范围内。

(1) 定期查看

如果经常重复出售一些固定的商品,那么卖家要定期查看订单报告,找出买家经常不满意、要求退款的销售模式或商品并及时处理。

(2) 积极处理

卖家要关注买家抱怨、负面评价、退货要求等所有不好的信息和商品信息页面,找出具体问题。卖家可以设定比亚马逊指标更高的目标,当未达到指标时,进行内部预警。

(3) 提高买家体验

卖家在销售商品的过程中,可以通过清楚地标明退货政策,保证在拒绝买家的退货请求时都是合理的,提高买家体验。

【阶段案例 7-2】 店铺绩效违规的申诉

贺鹤公司的团队在过年期间都放假了,本来安排了相应的人员来进行值班。但是由于该同事的疏忽,导致买家发来的售后邮件未能及时处理,最终被两名买家给出了商品差评并且向亚马逊平台进行了投诉。

当贺鹤发现问题时,为时已晚,店铺的 ODR 已经高于 1‰ 且店铺的销售权已被暂停。贺鹤马上联系买家,表明问题未处理的原因以及愿意为他们处理相关问题。另一方面,贺鹤向亚马逊平台进行了申诉,希望平台能够恢复自己店铺的销售权。店铺绩效违规的申诉邮件的内容如下。

尊敬的亚马逊卖家绩效团队:

我们了解到,最近我们在 Amazon.com 上作为卖家的表现已经低于亚马逊和我们自己的质量标准。

我认为主要是由于我们的沟通不足,我们最近看到了两次负面评价,导致我们的 ODR 超过了 <1‰ 的绩效目标。

不幸的是,由于长时间休假,我们将店铺状态从 2020 年 1 月 23 日至 2020 年 2 月 3 日更改为假期模式。很明显,这两起投诉都是在无店铺管理期间的噩梦。

行动计划:我们正在采取以下步骤来提高绩效。

1. 查看所有商品,以确保图片和说明与我们的商品准确匹配。

2. 最重要的是,我们将在 12 小时内对买家订单的任何问题进行更快速、更主动的调查,以使我们的买家更了解情况并尽可能规避此类情况,然后在不超过 24 小时的范围内进行替换或全额退款。

3. 此外,我们将更加积极地监控我们的绩效指标,以确保我们达到亚马逊设定的标准以及我们自己的优质买家服务标准。)

贺鹤通过和买家、亚马逊平台的友好沟通,并且提出切实可行的解决方案,解决了这一店铺绩效违规问题。

7.2.4 知识产权违规

在亚马逊平台进行销售的过程中,卖家要确保所售商品合法且拥有产权所有人的授权。如果做不到,卖家就会面临账号被封的局面。如果卖家不了解知识产权的相关内容,那么将很容易触犯亚马逊的规则而被封店。下面从知识产权违规的原因、应对步骤和规避方法三方面进行讲解。

1. 知识产权违规的原因

知识产权,也称为"知识所属权",指权利人对其智力劳动所创作的成果享有的财产权利。各种智力创造(如发明、外观设计、文学和艺术作品,以及在商业中使用的标志、名称、图像等)都可以被认为是某一个人或组织所拥有的知识产权。而在亚马逊平台上,卖家需要有版权、商标权、发明专利权和设计专利权。换句话说,在亚马逊上销售的过程中,卖家需要规避非法制造、剽窃以及销售仿品和假货的行为。

从理论上来讲,在平台上出售这些商品需要亚马逊和卖家共同承担责任。但考虑到平台的商业模式,法院规定亚马逊无须为此担责。这就意味着,卖家需要独立承担侵权后果。如果产权所有人或法定代理人向亚马逊提起诉讼,那么就会导致卖家的亚马逊账号被封,资金被冻结。

2. 知识产权违规的应对步骤

卖家在运营店铺的过程中如果出现知识产权侵权行为,那么应对步骤主要包括查找原因、联系知识产权所有人、请求撤诉和违规申诉。

(1) 查找原因

店铺出现了侵权行为后,卖家要浏览亚马逊关于知识产权的一些相关政策,然后根据政策找出侵犯知识产权的商品或 Listing 页面信息。

(2) 联系知识产权所有人

联系知识产权所有人并直接与其对话,通常情况下知识产权所有人比律师更容易交流。如果找不到知识产权所有人,就联系亚马逊在暂停账号通知邮件里提到的法定代理人。

(3) 请求撤诉

卖家可以向知识产权所有人提供供应商名单及与其合同条款等证明文件,请求知识产权所有人或代理人撤销投诉。如果知识产权所有人或其代理人没有回复,那就请律师帮忙处理。

(4) 违规申诉

如果投诉未撤销,那卖家可以下架或清理导致亚马逊账号被停的所有库存商品以及禁止在平台销售的商品。然后给亚马逊提交一份详细的步骤清单,表明和自己的律师采取了哪些措施来规避未来的侵权行为,或者证明投诉的不合理性。

3. 知识产权违规的规避方法

在亚马逊平台上,卖家主要分为两种:自有品牌的卖家和第三方进货的卖家,下面从分别从这两种卖家的角度来对知识产权违规的规避方法进行介绍。

(1) 自有品牌的卖家

对于自有品牌的卖家,在规避知识产权违规时主要有以下几点。

① 发布商品信息时要特别注意使用的词语,确保一切都是原创。
② 在商标数据库中检测品牌关键词或短语。
③ 发布自有品牌商品之前,确保它是独一无二的,即使已经通过专利审核。

值得一提的是,中国卖家的自有品牌需要在相应的经营站点国家进行品牌再注册,例如卖家经营的是美国站点,那么就需要通过美国商标局进行品牌的注册,不然就相当于没有品牌。

(2) 第三方进货的卖家

对于第三方进货的卖家,在规避知识产权违规时主要有以下几点。

① 尽量了解每一件商品的知识产权所有人和销售权代理人。
② 确保发布的所有商品信息(包括图片)都被知识产权所有人认可。
③ 记录每一件商品的项目清单和发票,在发布前进行检查。
④ 调查供货商和供货商的竞争对手,不要从不能提供相关文件的供应商那里进货。

7.2.5　KYC 审核违规

KYC(Know Your Customer)简单来说就是对亚马逊账户持有人的条件审查和备案(对欧洲平台卖家身份的审核)。卖家在经营亚马逊欧洲站时,了解在进行 KYC 审核时所需要的文件可以有效地规避 KYC 审核违规导致店铺被封的情况。为了防止美国站也出现类似情况,下面我们带领卖家了解 KYC 审核违规的原因、KYC 审核资料以及 KYC 审核违规的规避策略。

1. KYC 审核违规的原因

根据欧洲有关监管机构的要求,亚马逊有义务对在欧洲平台(包括英国、法国、德国、西班牙、意大利等国家站点)上开店的卖家进行公司和公司所有人身份的审核。卖家只有在欧洲验证团队审核通过后,才能在欧洲平台销售商品。为此,要求卖家在注册时及在注册后通过卖家后台如实填写有关信息并按照要求上传所需文件。如果卖家上传的文件不符合亚马逊平台的审核规范,那么就会造成 KYC 审核违规,导致卖家无法进行商品的销售。

2. KYC 审核资料

KYC 审核资料一般包括联系人资料、个人账单、银行账单、授权函、日常费用账单。

(1) 联系人资料

卖家需要提供公司首要联系人及受益人(受益人是指在公司中占有股份等于或超过 25% 的自然人或法人)的身份证件,例如护照扫描件或身份证正反面加户口本本人页。受益人资料填写界面如图 7-22 所示。

图 7-22　受益人资料填写界面

(2) 个人账单

首要联系人和受益人的个人费用账单主要包括近 90 天内的任意一张日常费用账单,包括水、电、燃气、网络、电视、电话、手机等费用账单或信用卡对账单等;账单上需要有姓名和家庭详细居住地址。

(3) 银行账单

银行账单指的是公司的对公银行账单。账单上的公司名称必须和营业执照上的公司名称一致;要有银行名和 Logo;必须有在该开户银行的银行账号;账单如有日期,要求开立日起在一年内,无日期亦可接受;个人卖家提供个人银行对账单,要求同上。

(4) 授权函

如果首要联系人不是公司法人或受益人,则亚马逊会要求卖家提供一份由公司法人授权首要联系人实际运营该账户的授权函。

(5) 日常费用账单

对于在中国香港特别行政区和中国台湾地区注册的卖家,亚马逊要求卖家提供一份公司日常费用账单(包括水、电、燃气、网络等),且公司名称和地址应和营业执照/商业登记证保持一致。

3. KYC 审核违规的规避策略

卖家在进行 KYC 审核时要注意公司名称的准确性、资料的真实性、资料的提交次数。

(1) 公司名称的准确性

公司的名称全部使用汉语拼音,以保证准确性。香港公司按照注册证书上的公司英文名称填写。卖家千万不要自己翻译一个类似中文发音的英文名,亚马逊不会认可其有效性。

(2) 资料的真实性

公司有几个受益人,就真实地填写几个受益人,再提交相应的个人账单和资料信息。另外,卖家在提交审核资料时,一定不能修饰,哪怕是把身份证正反面合成到一张图上都不可以,因为亚马逊绝不会认可任何带有一点点修图痕迹的资料。建议大家可以把多页资料或图片整合成 PDF,再提交资料。

(3) 资料的提交次数

KYC 审核允许多次提交资料,很多卖家也不知道自己的资料是否符合条件,就会反复提交。建议尽量不要这么做,一定要在确保无误的前提下提交相关资料。对于超过三人以上股东的公司的资料,提交信息时更需要慎重,一次审核通不过,账号受影响的可能性就会非常大。

7.3　本章小结

本章主要讲解了亚马逊平台上的一些常见的售后问题与违规问题,包括商品评论反馈、商品退货、商品违规、关联账号违规、店铺绩效违规、知识产权违规等。

通过学习本章,希望卖家能够了解这些店铺的售后与违规问题,并且能够有效地规避和处理这些问题,避免在运营过程中造成店铺损失。

7.4　课后思考

通过学习本章,卖家可以知晓商品评论反馈对于买家查看商品时的选择以及亚马逊 A9 算法的排名规则都有着十分重要的影响。此外,卖家还可以了解到买家会从商品的物流、描述等方面给出差评。但买家也可能从不同的方面对商品进行评价,京东某品牌店铺商品的差评如图 7-23 所示。

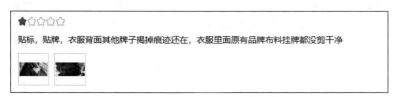

图 7-23　京东某品牌店铺商品的差评

读者在了解了亚马逊平台上的差评原因后,还可以去其他电子商务平台上了解不同商品的具体差评原因并提出合理的解决方案,以保证未来经营店铺的过程中规避这些事情的发生。读者可以将调查结果填写在评价问题表中,如表 7-2 所示。

表 7-2　评价问题表

项　　目	内　　容
平台名称	
商品链接	

续表

项　　目	内　　容
差评描述	
处理办法	

第 8 章
亚马逊平台的免费推广

【学习目标】

- 掌握亚马逊平台的商品标题优化
- 掌握亚马逊平台的五点描述优化
- 掌握亚马逊平台的商品图片优化
- 掌握亚马逊平台的商品详情优化
- 了解 BUYBOX 的意义
- 了解 BUYBOX 的运作模式
- 掌握 BUYBOX 的获取条件和影响因素
- 了解社交媒体推广的基础知识
- 掌握社交媒体推广的策略

亚马逊平台拥有很大的卖家数量,且同类目的卖家之间会因为争夺买家到店数量而形成较为激烈的竞争关系。所以卖家在运营亚马逊店铺时,即使拥有高质量的商品和服务,也可能会由于买家到店数量较少而导致店铺销量不佳,极大地制约了店铺发展。为了避免这种情况的发生,卖家可以通过一些推广方法来使更多的买家看到自己的商品,进而提升自己的店铺销量。卖家可使用的推广方式按照卖家是否需要直接支付款项可分为免费推广和付费推广两种。

卖家在运营亚马逊平台的前期可能会存在一些资金不足的问题,那么此时可以选择通过免费推广的方式来获取更多买家的关注。亚马逊平台的免费推广方式主要包括 SEO 推广、BUYBOX 推广和社交媒体推广,本章将对这三种推广方式进行讲解。

8.1 亚马逊平台 SEO 推广

SEO 是 Search Engine Optimization 的英文缩写,中文译为"搜索引擎优化"。亚马逊平台上的搜索引擎是 A9,SEO 指卖家在了解 A9 算法的基础上,对商品进行优化调整,提高商品在 A9 算法中的自然排名以获得更多买家,从而提升店铺的商品销量。卖家在进行 SEO 推广时,可以进行优化调整的影响 A9 算法的商品因素主要包括商品标题、五点描述、商品图片和商品详情,本节将对这 4 个因素的优化方法进行详细介绍。

8.1.1 亚马逊平台的商品标题优化

在学习商品发布时,卖家已经了解了书写标题的基本要求,并且在标题中添加了一些关键词。但是随着买家需求的变化,商品的关键词也会不停地变化,所以卖家要通过一定的方法来对商品标题进行优化。商品标题的优化方法主要包括自我分析法和竞品分析法,下面对这两种方法进行具体介绍。

1. 自我分析法

自我分析法是指卖家通过分析自己的商品,进而查找关键词优化商品标题的方法。自我分析法主要包括确定商品核心词、查找商品关键词和填充商品关键词三个步骤。

图 8-1 玩具商品标题

(1) 确定商品核心词

卖家在进行自我分析时,首先要确认所要优化商品的核心词。对于标题而言,核心词就是整个标题的中心。标题中所有的关键词都是由核心词延伸出来的,所以整个标题的关键词都是与核心词息息相关的。例如某款儿童玩具的商品标题为 Baby Bath Toys for Toddlers, Fun Animals Hatching Duck Penguin Dragon Squirting Egg Kids Eco Bathtub Toys Spray Sprinkle Swimming Water Toys for Kids,该标题的核心词就为 Baby Bath Toys。玩具商品标题如图 8-1 所示。

(2) 查找商品关键词

卖家确定了商品核心词后,可以通过亚马逊平台的关键词查找工具来查找商品的热门关键词。查找关键词的工具包括卖家精灵 2.0、tool4seller、Jungle Scout、Sonar 等,卖家可以在亚马逊卖家网址导航网页中找到这些工具。亚马逊卖家网址导航网页中的关键词工具如图 8-2 所示。

图 8-2 亚马逊卖家网址导航网页中的关键词工具

例如卖家可以使用 Sonar 工具来查找商品关键词,Sonar 查找某关键词的界面如图 8-3 所示。

图 8-3　用 Sonar 查找某关键词

在图 8-3 中,卖家利用 Sonar 查找了核心词 baby bath toy 的一些热门关键词。baby bath toy 的热门关键词如图 8-4 所示。

```
关键词                                     下载    相关问题
109 结果                                              搜索量
baby bath toy
baby bath toy organizer
baby bath toy holder
baby bath toy storage
baby fishing bath toy
```

图 8-4　baby bath toy 的热门关键词

在图 8-4 中,卖家可以看到 baby bath toy 核心词所关联的一些热门关键词。这些关键词从上到下搜索量依次下降,卖家可以根据自己的需要来进行关键词的选择。

（3）填充商品关键词

卖家查找到商品的热门关键词后,可以将商品关键词填充到商品标题中,以提高商品标题的关键词相关性,提高商品排名。卖家在进行商品标题的关键词填充时要注意以下两点。

① 关键词关联性。卖家需要注意热门关键词和自身商品的关联性。如果热门关键词和自己的商品没有任何关系,那么即便它的搜索量非常大也不可以使用。例如在图 8-4 中,baby bath toy 的热门关键词之一为 baby bath toy organizer(婴儿沐浴玩具的整理器),该热门关键词在整个搜索的关键词下排名第二,拥有较高的搜索量。但是卖家的婴儿沐浴玩具商品中并不包含整理器,一旦使用了该热门词,就会违反亚马逊的平台规则,造成商品描述不符的违规问题。

② 标题可读性。除了要注意关键词的可使用性外,卖家还要注意标题的可读性,例如标题中的英文拼写、标点符号、字母大小写等,以免造成语句不通顺的问题。卖家要时刻保证商品标题的可读性,以便于买家能够准确地读取商品信息。

2. 竞品分析法

竞品分析法是指通过分析竞品商品,然后利用竞品的相关信息来查找关键词优化商品标题的方法。竞品分析法主要包括确定竞争商品、查找 ASIN 码、搜索竞品关键词和优化自身标题四个步骤。

（1）确定竞争商品

卖家在使用竞品分析法时，首先要找到自己的竞争商品。卖家在确定自己商品类目无误的情况下，可以在商品 Listing 页面中找到亚马逊热销商品排名。该亚马逊热销商品排名相对应的就是卖家商品所在类目中的排名情况，如图 8-5 所示。

亚马逊热销商品排名	商品里排第19,631名婴儿用品 (查看商品销售排行榜婴儿用品) 商品里排第432名牙胶
用户评分	★★★★☆ 44 星级 4.3 颗星，最多 5 颗星

图 8-5　亚马逊热销商品排名

在图 8-5 中，该款商品在婴儿用品的大类目中排名为 19 631 名，在牙胶的细分类目下排名为 432 名。因为商品的细分类目中的竞品比大类目的竞品范围更加准确，例如在婴儿用品排名中还包括婴儿服装、婴儿车等细分类目，而细分类目中只包含不同型号的牙胶，所以卖家可以单击"牙胶"链接，进入牙胶商品排名页面中查找竞品。牙胶商品排名页面如图 8-6 所示。

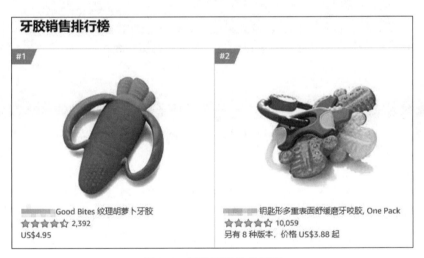

图 8-6　牙胶商品排名页面

进入图 8-6 所示的牙胶商品排名页面后，卖家可以通过比对各个商品的属性特征、参数等，找到与自己商品相似度较高的竞品。

（2）查找 ASIN 码

卖家确定与自己商品相似度较高的竞品后，可以在竞品的 Listing 页面中查找商品的 ASIN 码。竞品的 ASIN 码如图 8-7 所示。

（3）搜索竞品关键词

找到竞品的 ASIN 码后，卖家可以通过关键词搜索工具搜索竞品关键词，如图 8-8 所示。

产品信息	
颜色:Light gray & lilac purple	
商品尺寸	3.9 x 3.1 x 2 cm
商品重量	45.4 g
发货重量	1.6 g (查看运费和政策)
ASIN	B07P8QKM1J
厂商推荐适用年龄	3 个月以上

图 8-7　竞品的 ASIN 码

图 8-8　利用 ASIN 码查找竞品关键词

（4）优化自身标题

卖家查找到竞品关键词后，可以利用这些关键词来优化自己商品的标题。卖家在优化商品标题时，同样需要注意标题的可读性和关键词的可使用性。

8.1.2　亚马逊平台的五点描述优化

商品五点描述中的关键词在买家搜索商品时也能够被检索到，所以卖家可以通过优化商品的五点描述来提升搜索排名，进行 SEO 推广。卖家在进行商品的五点描述优化时，主要从五点描述的内容优化和关键词优化两方面入手，下面进行具体介绍。

1. 五点描述的内容优化

卖家在进行五点描述的内容优化时，主要是从凸显商品优势和突出商品保障两方面入手。

（1）凸显商品优势

卖家凸显商品优势时可以从好评分析和竞品比较两方面着手。

① 好评分析。卖家在销售商品的过程中，买家会对商品进行一些评论反馈，他们大多数都会对自己满意的商品特点进行评价，例如衣服好看、修身等。卖家可以将这些好评进行汇总分析，得出买家所喜欢的商品特点，在优化五点描述时将这些内容填写到其中，以吸引买家。

② 竞品比较。卖家在五点描述中会根据自己的商品和同类竞品相比较，突出商品优

势。卖家可以通过分析竞品的五点描述,得出自身商品与该竞品相比有哪些优势,然后在自身商品的五点描述中突出这些优势来吸引买家。例如卖家的商品是杯子,那么卖家就可以突出自己的杯子材质、设计风格等方面与同类竞品相比具有哪些优势。卖家同样可以在商品 Listing 页面中找到亚马逊热销商品排名,然后再找到竞品。

(2) 突出商品保障

经过一段时间的运营后,卖家会处理商品的一些差评、退货等售后问题。卖家可以根据差评、退货等售后问题所表现出来的原因来优化五点描述。例如,销售打印机的卖家有一定数量的买家差评原因是因为打印机在打印过程中出现了卡纸的现象,而该卖家分析后得出该现象是由于买家使用不当。那么卖家就可以在五点描述中突出该问题并且提出解决方案,当后续购买该打印机的买家在发生此现象时,问题就能得到很好的解决。

2. 五点描述的关键词优化

卖家通过关键词搜索工具搜索出商品的热门关键词后,由于商品标题字数有限,因此并不是所有的关键词都能顺利地优化进标题中。卖家可以巧妙地将其余关键词运用在五点描述中,从而更好地进行 SEO 推广。

例如卖家销售的是一款杯子,商品核心词为 Blender Bottle(摇摇杯)。经过查找后,卖家找到一些可使用的热门关键词:Loop Top(环顶)、Shaker Bottle(摇瓶)、28-Ounce(28 盎司)、Dishwasher safe(洗碗机可安全使用)、BPA-(双酚 A)、Phthalate free(不含邻苯二甲酸盐)、Flip cap(翻盖)、Protein Shakes(蛋白质奶昔)、Ergonomic(人机工程学)、Easy to Carry(携带方便)、Measurement Markings(测量标记)、Easy mixing(容易混合)、Meal Replacements(代餐)。

卖家首先对商品标题进行了优化,优化后的摇摇杯标题如图 8-9 所示。

> BlenderBottle Classic Loop Top Shaker Bottle, Clear Black, 28-Ounce
> by Blender Bottle
> ★★★★☆ 1,406 customer reviews | 12 answered questions

图 8-9　优化后的摇摇杯标题

在图 8-9 中,卖家使用了 Loop Top(环顶)、Shaker Bottle(摇瓶)、28-Ounce(28 盎司)这三个关键词,优化后的标题为 Blender Bottle Classic Loop Top Shaker Bottle,Clear Black,28-Ounce(摇摇杯经典环顶摇瓶,透明黑色,28 盎司)。那么剩余的关键词就可以运用到五点描述中,优化后的摇摇杯五点描述如图 8-10 所示。

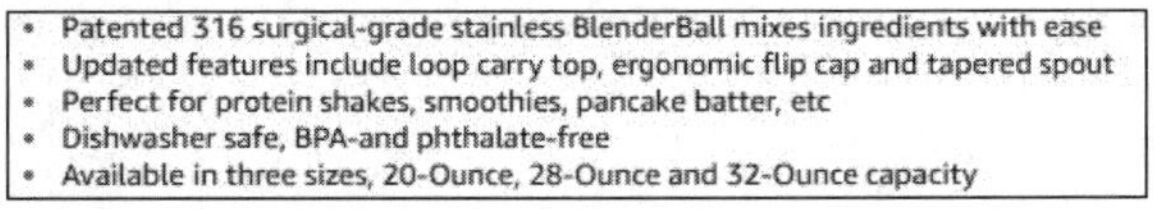

> - Patented 316 surgical-grade stainless BlenderBall mixes ingredients with ease
> - Updated features include loop carry top, ergonomic flip cap and tapered spout
> - Perfect for protein shakes, smoothies, pancake batter, etc
> - Dishwasher safe, BPA-and phthalate-free
> - Available in three sizes, 20-Ounce, 28-Ounce and 32-Ounce capacity

图 8-10　优化后的摇摇杯五点描述

在图 8-10 中,卖家将 Flip cap(翻盖)、Protein Shakes(蛋白质奶昔)、Dishwasher safe(洗碗机可安全使用)、BPA-(双酚 A)、Phthalate free(不含邻苯二甲酸盐)这几个关键词运用到了五点描述中,以提高商品的可搜索性。

值得注意的是,卖家在进行五点描述优化时不可以将所有的关键词随意填充。卖家随意优化的五点描述如图 8-11 所示。

> - A CUP OF ENZO MATCHA :: Burns fat faster any brewed tea, it's great as a snack treat, gives you energy that last longer than coffee, without any jitters and crashes. Saves you time & helping you to focus on your task at hand.
> - PREMIUM MACCHA :: Gluten Free, Kosher, Vegan high grade organic tea made from pure naturally sweet blend of green tea picked and extracted mid-morning by farmers packet into bags and stone-grinded into powder. You'll love it, it's as good as the traditional Uji Kyoto Japan matcha. And some say it makes better than Starbucks teavana with vibrant emerald green color and dark roasted toasty tea taste it's amazing with coconut milk added, no whisk required :: Stir in Hot Water to Drink
> - VEGAN SUPER FOOD :: Multiple purpose easy to use matcha not only helps you lose weight but taste amazing. You could make a quick cup of hot tea, smoothie, latte, herbal ice tea or bake a cake, brownies, or even make delicious icecreams with some Japanese geen te kitkat.
> - POWERHOUSE OF ANTIOXIDANT :: 7 Times More Antioxidants than Dark Chocolate Macha destroys the free radicals which helps with productivity. It also reliefs stress level, helping you to stay alert, calm and focus which means you get more faster, which means more time to spend with your friends & family doing the things you love.
> - PERFECT DETOX & IMMUNE BOOSTER :: Detoxifies your body while aiding your immune system. It also Increases metabolism, body's natural fat burning rate, all over 30%. Helping you lose the bad fat and lowers cholesterol & blood sugar level. A Daily Dose of Matcha, Relieves Stress Naturally, helps prevent diseases, improves skin health and keeps the doctor away. :: 100% MONEY BACK GUARANTEE :: Satisfaction or Full Refund

图 8-11 卖家随意优化的五点描述

在图 8-11 中，卖家随意地将关键词填充到描述中，导致五点描述完全没有可读性，那么买家就无法读取到重点信息，进而无法产生销量。这样的优化只会对商品的 SEO 推广起到反作用。

8.1.3 亚马逊平台的商品图片优化

亚马逊平台上的商品图片虽然不会被买家直接搜索到，但它是亚马逊上买家点击商品的主要影响因素。如果买家在亚马逊的商品列表页中搜索到卖家商品后没有点击商品，那么卖家就无法产生销量。在亚马逊的 A9 算法中，商品的点击率和转化率都是十分重要的排名影响因素。如果卖家的商品被频繁地点击和购买，那么亚马逊的 A9 算法将提升商品在搜索结果中的排名。下面对如何优化商品图片来提高商品点击率和商品转化率这两个排名影响因素进行讲解。

1. 提高商品点击率

主图是提高商品点击率的关键。想要提高商品的转化率，卖家首先要做的就是提高买家的购买欲。一张优质的主图让买家看到之后会有眼前一亮的感觉。在不违背亚马逊关于主图规定的情况下，卖家应尽量将主图做得既逼真又漂亮。卖家可以通过拍摄和精修的方式来体现出商品的质感。某厨具主图如图 8-12 所示。

图 8-12 某厨具主图

在图 8-12 中，该厨具商品的主图就体现出了商品的质感，既逼真又漂亮，能极大地吸引买家的目光，从而提高商品的点击率。

2. 提高商品转化率

卖家可以通过制作可带来高转化的商品图片来提高商品转化率。卖家通过确保商品图片像素、展示商品细节、展示商品场景三方面来提高商品图片的转化效果,进而提高商品转化率。

(1) 确保商品图片像素

首先,卖家要确保图片符合亚马逊的商品图片像素要求,最好为1001×1001像素,以启用亚马逊的缩放功能。亚马逊商品图片的缩放功能如图8-13所示。

图8-13 亚马逊商品图片的缩放功能

(2) 展示商品细节

卖家要使商品能够展示更多的细节,需要从不同的角度进行展示,这样做的目的是让买家更加全面地了解商品。商品的多角度图如图8-14所示。

图8-14 商品的多角度图

(3) 展示商品场景

为了让买家能够更加清楚地了解商品的功能、操作方法等,卖家可以在附图中使用一些商品场景的图片,例如各种家具可以通过融入生活环境来展现出它的功能。茶几的使用场景图如图8-15所示。

在图8-15中,卖家将茶几放入客厅的场景中。图片中的茶几以沙发、地毯为背景,再加以水杯、书籍为装饰,为买家呈现了一个在生活中真实存在的使用场景,增加了买家对于商品的认知和想象,从而提升了商品销量。

图 8-15 茶几的使用场景图

8.1.4 亚马逊平台的商品详情优化

卖家在发布商品时,可以填写文字版的商品详情。除此之外,还可以展示图文版的商品详情以提高买家对于商品的认知,促进商品转化,进而提高商品的自然排名。下面从品牌备案、商品详情优化这两个方面对亚马逊平台的商品详情优化进行讲解。

1. 品牌备案

图文版商品详情的功能并不是对所有的卖家都开放的,卖家必须在亚马逊平台上进行品牌注册(Brand Registry)。平台审核通过之后,卖家才可进行品牌内容和商品详情的相关展示。所以,进行商品描述的优化前,卖家需要先在亚马逊的网站上进行品牌注册,然后再进行商品详情的优化。

中国卖家在进行品牌备案前需要到销售站点国家进行品牌再注册,然后再通过亚马逊品牌注册网站进行品牌备案。首先,卖家要使用亚马逊的账户登录亚马逊品牌注册网站。亚马逊品牌注册网站的截图如图 8-16 所示。

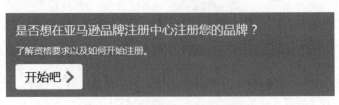

图 8-16 亚马逊品牌注册网站的截图

然后,卖家根据网站指引进行品牌资格、知识产权、特点等信息的填写和认证即可。信息认证页面如图 8-17 所示。

信息填写完成后,卖家即可提交申请。在提交申请之后,亚马逊将会与卖家所在区域的相关商标管理部门核实商标信息。为了使注册过程更加顺畅,卖家可以联系商标主管部门并提前告知亚马逊会跟他们就商标信息进行沟通。

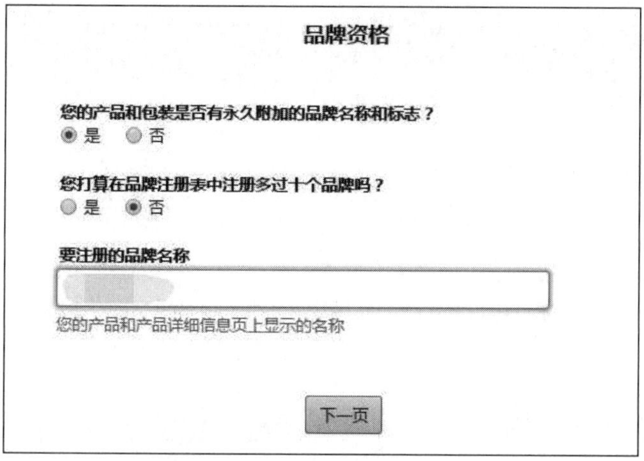

图 8-17　信息认证页面

2. 商品详情优化

卖家完成品牌备案后,即可在 TAB 功能板块的"广告"标签中进行图文版商品详情页面的设置。图文版商品详情页面如图 8-18 所示。

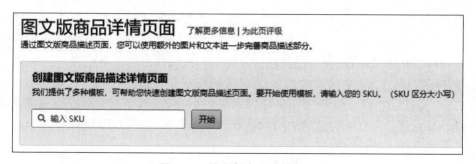

图 8-18　图文版商品详情页面

使用了图文版商品详情页面后,卖家可以对品牌和商品进行更加详细的描述,增加买家对于品牌和商品的认知。卖家在设置商品详情页时首先要了解亚马逊对于商品详情页面的要求,然后再设计商品详情的板块,最后是制作商品文案。

（1）商品详情页面的规范

亚马逊要求卖家在设置商品详情页面时不超过 5 页,此外还对商品详情页的文字描述和图片问题进行了规范。

① 文字描述规范。亚马逊对于商品详情页文字描述的规范如表 8-1 所示。

表 8-1　文字描述规范

文字描述规范内容
禁止介绍自己是卖家或分销商并给出卖家的联系方式
禁止写出价格歧视性文字,例如 Cheapest on Amazon（最便宜的商品）

续表

文字描述规范内容
禁止写出煽动性促销语,例如 Best Seller(最热卖)
禁止写入买家评论或其他广告语
禁止违法或违反道德的表述
禁止写出发货信息,例如发货时间、免费发货等

② 图片规范。亚马逊对于商品详情页图片的规范,如表8-2所示。

表8-2 图片规范

图片规范内容
图片分辨率不能太低
禁止重复同样的图片
禁止模仿亚马逊的图片或 Logo
禁止显示公司联系方式或网址
禁止裸露暴力图片
图片中没有显示公司 Logo 或商品

(2) 设计商品详情的板块

卖家设计商品详情的板块时,主要包括品牌区和商品展示区两个板块。

① 品牌区。品牌区是指卖家对自身品牌进行展示和描述的区域。高质量的商品详情页面拥有一个共同的特征,就是顶部的品牌形象很突出,通常是大胆的视觉效果和品牌展示。这里的要点是让买家了解卖家的品牌是什么,某玩具的品牌页面如图8-19所示。

图8-19 某玩具的品牌页面

卖家在品牌区还可以添加一些品牌的价值主张、思想情怀等文字内容,以加强买家对于品牌的了解。

② 商品展示区。商品展示区中的图片应主要展现商品的真实使用场景。卖家需要将商品置于理想的使用环境中,以突出展示商品的适用场景。不要在此处使用与商品主图和附图相同的图片。在商品详情页面上,卖家可以通过为买家提供更具吸引力的视觉效果以促进其购买商品。某钱包的详情图片如图8-20所示。

图 8-20　某钱包的详情图片

（3）制作商品文案

卖家在进行商品详情页优化时，不仅需要商品场景的图片，还需要为图片搭配一些文案以帮助买家更好地理解商品。可参考的文案制作角度包括：商品解决的问题，商品的使用者、历史、升级、情感和特殊点。

① 商品解决的问题。卖家可以在商品文案中阐述商品为买家解决了什么样的问题。这样的商品文案直接向买家揭示了商品能解决的问题，有需要的买家可以直接判断商品是否适合自己。例如 L 形书桌的商品文案"如果你的房间空间有限，那么 L 形桌子能非常好地解决你的空间问题"。

② 商品的使用者。卖家可以从商品使用者的角度来进行讲解。这种文案直接面向商品的目标买家做出呼唤，具有很强的感召力。例如麦克风商品的文案："歌手们、演讲者们都会爱上这个麦克风发出的声音，深沉而清晰！"。

③ 商品的历史。卖家在商品文案中讲述商品的历史，可以向买家传递出卖家对于商品品质的认真态度。例如某服装的文案为"30 年前，我们推出了一款温暖的双层衬衫，衬衫的灵感来自北方森林原木司机工作时为了抵御漫长潮湿天气穿的那种保暖衬衫"。

④ 商品的升级。卖家可以通过文案告知买家自己对于商品优化做出的努力，让买家感受到商品确实在变好。例如某相册的文案为"过去全彩印专业品质的相册价格非常贵，但现在你可以得到非常漂亮的相册，价格绝对不会超过你的预算"。

⑤ 商品的情感。卖家可以通过文案来呼起买家的情感，引起买家共鸣。例如某牛皮钱包的文案为"我们的产品是用牛皮手工缝制的，牛皮的质感让人不禁联想到丛林的狩猎时光，细致的手工缝制针脚将给你带来永恒的舒适感"。

⑥ 商品的特殊点。卖家还可以通过向买家展示商品的特殊之处，以获得买家青睐。例如某木质家具的文案为"归功于产品所采用的叠层加工工艺，人们能在欣赏产品实木外观的同时，无须担心日常的划痕或污渍问题"。

以上为卖家介绍了几个制作文案的角度，卖家在实际工作中要结合自己的商品进行具体分析,研究商品适合的文案,从而提升店铺销量。

8.2 亚马逊平台 BUYBOX 推广

BUYBOX 即黄金购物车,BUYBOX 推广是卖家通过获得 BUYBOX 来对商品进行推广的一种免费推广方式。卖家商品获取亚马逊平台的 BUYBOX 后,可以较大地提升买家关注度和订单转化率。但是在进行 BUYBOX 推广前,卖家首先要了解 BUYBOX 对于自己的意义,然后了解 BUYBOX 的运作模式以及 BUYBOX 的获取条件和影响因素。本节将从 BUYBOX 的意义、运作模式以及获取条件和影响因素三个方面进行讲解。

8.2.1 BUYBOX 的意义

BUYBOX 对于卖家店铺销量的提升具有十分重要的意义。买家如果对卖家的商品比较满意,在详细浏览了 Listing 页面之后,下一步要做的就是单击 Listing 页面的 to cart 或 buy now 按钮,从而继续进行购买活动。to cart 和 buy now 两个按钮如图 8-21 所示。

因为亚马逊平台上没有卖家的数量限制,所以经常会看到很多个卖家同时销售相同的商品。如果一款商品没有 BUYBOX 或是因为种种原因失去了 BUYBOX,那么右侧的 to cart 和 buy now 两个按钮就会消失不见,Listing 的价格也会被隐藏,只会在标题下方显示 Can be purchased from these sellers 提示。然后如果买家想下单购买,则必须点击右侧的 See all shopping options 按钮,再进去选择相应的卖家进行购买,这无疑增加了购物的烦琐程度,会将一部分具有购物意向的买家拒之门外。无 BUYBOX 按钮的商品如图 8-22 所示。

图 8-21　to cart 和 buy now 两个按钮

图 8-22　无 BUYBOX 按钮的商品

由此可见,BUYBOX 的存在与否会对卖家的转化率产生重大的影响,而转化率的高低又是影响商品排名的诸多因素中最重要的一个因素,所以毫不夸张地说,BUYBOX 是决定卖家销量最为关键的一个推广方式。

8.2.2 BUYBOX 的运作模式

亚马逊平台并不会把 BUYBOX 给予固定的卖家,而是把 BUYBOX 在众多优秀卖家之间进行共享,这些优秀的卖家可以通过竞争的方式来获取 BUYBOX 的使用权。

当一位卖家拥有 BUYBOX 的资格时,亚马逊的 A9 算法会根据卖家的店铺状况对卖家店铺做出优、中或差的评级。如果其中一个卖家的评级相比其他的卖家都要高,那么该卖家使用 BUYBOX 的时间占比就会越高。例如,销售一个商品获得最高评级的卖家可以在 24 小时中有 70% 的时间拥有 BUYBOX,而其他较低评级的卖家只能有 30% 的时间。

一般来说,评级较高的卖家有机会获得BUYBOX的70%的时间,评级中等的卖家有25%的机会,评级较低的卖家只有5%的机会。

8.2.3 BUYBOX的获取条件和影响因素

掌握BUYBOX的获取条件和影响因素有助于卖家有效地改善店铺情况,提升店铺评级,从而快速获得BUYBOX。下面从BUYBOX的获取条件和影响因素两方面进行讲解。

1. BUYBOX的获取条件

卖家需要符合亚马逊平台的一些要求才能获取BUYBOX,这些要求主要包括账户要求、绩效要求、新品要求、库存要求、回复要求。

(1) 账户要求

卖家经营的店铺账户必须是专业销售账户,该要求是获取BUYBOX的基本要求。

(2) 绩效要求

卖家绩效指标中的ODR低于1%,因为绩效是评价卖家是否为优秀卖家的最重要的标准。

(3) 新品要求

卖家的商品最好是新品,而不是二手商品或翻新商品。新品会更加容易获得BUYBOX。

(4) 库存要求

卖家的商品必须有库存,否则亚马逊会将BUYBOX自动转给其他卖家。

(5) 回复要求

卖家是否能快速回复买家的咨询问题、售后问题等也影响到获取BUYBOX。卖家必须在24小时内回复90%以上买家的问题才有机会获取BUYBOX。

2. BUYBOX的影响因素

卖家符合了BUYBOX的获取条件后,还需要注意其他一些影响因素,以提高获取BUYBOX的概率,这些因素主要包括物流模式、运输历史、商品价格、买家评论反馈、订单取消率等。

(1) 物流模式

使用FBA物流模式对于卖家获取BUYBOX具有很大帮助。例如A卖家使用的是FBA物流模式,B卖家使用的是FBM物流模式,那么在其他条件相同的情况下,亚马逊会优先将BUYBOX给予A卖家。

(2) 运输历史

卖家物流运输历史的相关内容(包括按时发货率、延迟发货率、追踪订单率等)都会影响卖家是否能获取BUYBOX。其中这三个内容最佳的数值为按时发货率100%、延迟发货率0、追踪订单100%。

(3) 商品价格

亚马逊会优先为买家推荐物美价廉的商品,所以商品价格也是影响卖家获得BUYBOX的因素之一。例如C卖家和D卖家同时在出售一款相同的商品,但是C卖家商品的价格为10美元,D卖家商品的价格为15美元。那么在其他条件相同的情况下,亚马逊会优先将

BUYBOX 给予 C 卖家。

（4）买家评论反馈

买家评论反馈的数量以及评论星级也会对商品获取 BUYBOX 造成影响。买家评论反馈的数量越多越好，其中好评率最好在 98% 以上，不能低于 70%。某店铺的反馈评级如图 8-23 所示。

反馈评级： ★★★★★ 自卖家开店以来共获得 4.9 颗星。（4888 次评级）		
	30 天	90 天
好评	100 %(140)	100 %(572)
中立	0 %(0)	0 %(1)
差评	0 %(0)	0 %(0)
计数	140	573

图 8-23 某店铺的反馈评级

（5）订单取消率

卖家店铺的订单取消率超过 2.5% 的话，就会对获取 BUYBOX 造成影响，该比率越低越好。

为了卖家能够更直观地查看 BUYBOX 的影响因素，下面将其汇总到一个表格中。BUYBOX 的影响因素汇总表如表 8-3 所示。

表 8-3 BUYBOX 的影响因素汇总表

影响因素	赢得 BUYBOX 的最佳条件
物流模式	FBA 物流模式
运输历史	按时发货率 100%、延迟发货率 0、追踪订单率 100%
商品价格	越低越好
买家评论反馈	买家评论反馈的数量越多越好，好评率最好在 98% 以上，不能低于 70%
订单取消率	该比例越低越好，不能超过 2.5%

了解了 BUYBOX 的获取条件和影响因素后，卖家就可以不断地优化这些条件和因素，从而提高店铺的评级来获取 BUYBOX。

8.3 社交媒体推广

社交媒体是人们用来创作内容、分享经验、交流观点的虚拟社区和网络平台。随着互联网的普及，社交媒体已经深入人们的生活，所以卖家可以通过社交媒体来对店铺或商品进行推广，从而为店铺带来销量。在开展推广活动前，卖家需要了解社交媒体推广的基础知识，然后在此基础上利用一定的策略来开展社交媒体推广活动。本节将从社交媒体推广的基础知识和策略两方面对社交媒体推广进行讲解。

8.3.1 社交媒体推广的基础知识

社交媒体推广的基础知识分为很多模块,其中特点和作用是卖家最需要进行了解的。了解社交媒体推广的特点和作用有助于卖家更好地开展后续的推广工作。下面将从社交媒体推广的特点和作用两个方面进行讲解。

1. 社交媒体推广的特点

社交媒体推广的特点主要包括时效性强、内容形式多样化、互动性强、广泛不可控等。

(1) 时效性强

社交媒体推广的时效性强主要表现在两方面。

① 每时每刻都处于推广状态。卖家发布在社交媒体上的推广信息随时会被买家看到,并且可能会被分享、评论、点赞等,因此卖家与买家时刻处于互动状态。

② 实时反馈。在推广过程中,卖家对于这些互动行为及推广效果可以进行实时的监测、分析、总结和管理,根据市场的反馈及时调整推广目标及方案。

(2) 内容形式多样化

由于社交媒体平台的技术不断发展,目前的社交媒体推广的内容形式都呈现多样化的特点,从最初的文字、图片到短视频的应用,都体现了推广内容形式的多样化。

(3) 互动性强

人们的生活方式伴随着技术的发展正在改变,社交媒体已经积累了大量的买家资源并且还在迅速增长。卖家通过社交媒体与买家进行生活化的交流,使得社交媒体推广更加具有互动性。

(4) 广泛不可控

社交媒体平台的买家众多,卖家虽然因此获得更多的推广机会,促进了卖家与买家之间的交流;但是买家在看到卖家的推广信息时不一定都是正面的反应,也可能带来一些负面的反应,这是卖家无法掌控的。

2. 社交媒体推广的作用

社交媒体推广的作用除了可以直接提升卖家商品的销量外,还可以了解买家需求、形成口碑效应和降低推广成本。

(1) 了解买家需求

社交媒体平台上承载着大量买家的信息,卖家可以通过这些信息有针对性地了解买家对于商品的兴趣点、关注点等,同时了解相关推广活动的反馈效果,综合分析得出买家需求,从而为买家提供更好的商品和服务。例如,奶嘴卖家想要进行商品的改进时,可以在社交媒体中收集买家发布的相关信息,如对奶嘴样式、奶嘴硬度等方面的抱怨或建议,从而获得更多的买家需求信息用以自身改进商品。

(2) 形成口碑效应

由于社交媒体的广泛买家参与度,信息传播的规模极大、速度极快。因此,买家在互动中给卖家的正面评价和建议等都会为卖家进行免费推广,而且由于社交网络中买家信任度较高,带来的推广效果更好。当然,可能还会有一些负面评价,但是如果卖家能做到及时妥善地处理，也会提高买家忠诚度，形成口碑效应。

(3) 降低推广成本

社交媒体推广可以有效地降低卖家的推广成本。通过社交媒体，企业可以快速、低成本地聚集庞大的宣传团队，也可以有效地找到意见领袖，为企业进行宣传推广活动。

8.3.2 社交媒体推广的策略

对于社交媒体推广有了初步的认识之后，卖家还需要通过一些策略方法来进行店铺商品的推广工作，以达到更好的推广效果。在进行推广策略前，卖家需要先选择合适的社交媒体，然后在选定的社交媒体上开展推广活动。下面将从平台选择策略和平台推广策略两方面进行讲解。

1. 平台选择策略

卖家在进行社交媒体推广过程中首先要完成的就是平台的选择。国外社交媒体平台主要包括 Facebook、LinkedIn、Twitter、YouTube、Pinterest、Instagram 等，国外主要社交媒体的特点如表 8-4 所示。

表 8-4　国外主要社交媒体的特点

媒体名称	买家群体
Facebook	全球较大的社交网站，用户群体差异巨大，活跃用户已有 14.9 亿
LinkedIn	全球较大的职业社交网站，用户数达 3 亿以上，30～49 岁人群居多
Twitter	全球较大的微博网站，注册用户超过 5 亿，25～34 岁人群居多
YouTube	世界上较大的视频网站，16～39 岁人群居多
Pinterest	全球较大的图片分享网站，用户数超 1 亿，68% 为女性用户
Instagram	跨平台图片社交应用，用户数超过 4 亿，75% 为 35 岁以下

卖家了解了国外主要社交媒体平台的特点后，还需要分析自身的品牌特点、商品特色、目标市场、目标消费人群等。然后，卖家再根据自己的需要选择合适的社交媒体平台来进行推广活动。

例如卖家出售的是相机及其配件，主要针对的人群是爱好摄影的年轻女性，那么就可以选择 Pinterest 和 Instagram 这两个图片分享平台进行推广。摄影卖家分享的摄影图片如图 8-24 所示。

2. 平台推广策略

卖家在社交媒体平台上可以通过采用可视化内容、及时回复信息和保持消息推送三个策略来开展推广活动。

(1) 采用可视化内容

社交媒体平台推广具有内容形式多样化的特点。有研究表明，一分钟的视频效果相当于 1800 万个文字。在诸多在线分享和交换的内容中，图片、视频等可视内容的分享和交换的比率位居榜首。在 Facebook 上，图片信息比文字信息多得到 53% 的赞、104% 的评论和

图 8-24　摄影卖家分享的摄影图片

84%的点击。这说明图片和视频等可视内容比纯文本的内容更容易被买家接受。因此，与其大费周章地描述商品的外观和功能，不如发布一条商品的实际体验视频，以吸引更多的买家。例如，经营时尚女装的卖家可以在社交主页上发布真实的买家秀，吸引买家观看。某时尚女装的买家秀如图 8-25 所示。

图 8-25　某时尚女装的买家秀

(2) 及时回复信息

社交媒体推广与其他推广方式相比最突出的特点就是互动性强,卖家与买家在社交媒体平台上实现双向的交流沟通。卖家在社交媒体中要保证对评论的及时回复、增加互动,这样可以在潜移默化中与买家建立情感关系,提高买家忠诚度。例如,当女装卖家发送了一条当季新品服装推送之后,有买家转发并评论"喜欢第三条裙子,要是红色的就好了",那么卖家就要及时回复是否有红色衣服,尽最大可能留住买家。

(3) 保持消息推送

一些卖家在社交媒体上注册账号并进行了一段时间的推广之后就不再发布消息。卖家在一段时间内没有活跃在买家的视野之中会使得推广效果大打折扣。社交媒体推广是一项长期的推广活动,卖家在推广过程中,除了在目标市场的特定节日发布促销活动,在平时也可进行生活化的互动,使买家参与品牌的塑造和口碑传播。例如,一家经营健身服装的跨境电子商务企业卖家可在社交平台上发布减肥食谱、健康作息时间等督促买家保持健康生活。Facebook 上的食谱建议如图 8-26 所示。

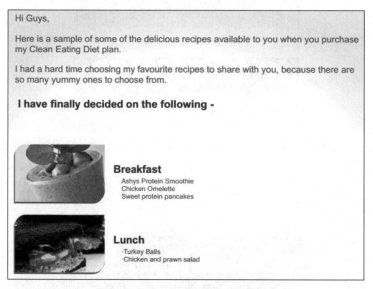

图 8-26　Facebook 上的食谱建议

如今,在关系导向型的推广时代,社交媒体凭借天然的"强互动"属性,将卖家和买家紧密结合在一起,帮助卖家达到店铺推广的目的。从事跨境电子商务的卖家应该对社交媒体给予足够的重视,通过精细化运作,让社交媒体成为真正有效的店铺推广方式。

【阶段案例 8-1】　社交媒体的推广方案

贺鹤进行了 SEO 推广和 BUYBOX 推广后,店铺的销量有了很大的提升。但是,为了能够吸引更多的买家购买自己的商品,贺鹤想要在国外的社交媒体平台上进行一些推广。

贺鹤了解了 Facebook、LinkedIn、Twitter、YouTube、Pinterest、Instagram 等国外较为知名的社交媒体网站的特点,然后分析总结了自己企业的一些特点。童趣天堂品牌分析表如表 8-5 所示。

表 8-5 童趣天堂品牌分析表

项 目	分 析 总 结
品牌特点	童趣天堂主要是为了帮助妈妈开发婴幼儿智力,提高其动手、动脑的能力
商品特色	主要品种有积木玩具、拼图玩具、游戏玩具等,具有一定的操作性
目标市场	美国市场
目标消费人群	宝宝年龄为 0～6 岁的年轻妈妈,其主要年龄段为 26～35 岁

了解国外社交媒体的特点和自身品牌的特点后,贺鹤决定将 Facebook 和 YouTube 作为进行推广的社交媒体。选择 Facebook 是因为该社交媒体的买家基数较大,涉及的年龄段较为广泛,具有很大的推广潜力;选择 YouTube 是因为童趣天堂的玩具具有一定的操作性,可以通过视频的方式来吸引买家。

选择好社交媒体之后,贺鹤制定了在 Facebook 和 YouTube 上的推广方案,如表 8-6 所示。

表 8-6 社交媒体推广方案

项 目	方 案 内 容
社交媒体平台	Facebook、YouTube
主题规划	每个月确定一个主题,素材为玩具商品和买家秀的视频和图片,结合玩具的玩法,在 YouTube 上推出一部微视频,在 Facebook 上推出多组商品照片
平台维护	利用 Facebook、YouTube 自带的数据工具分析推广效果,不断调整营销方案和主题
粉丝互动	保证 24 小时内响应网友问题,节假日 48 小时内回复

制定出在社交媒体上的推广方案后,贺鹤即安排相应人员开始进行相应工作。

8.4 本章小结

本章为读者讲解了在运营亚马逊平台时采用的三种主要的免费推广方式,这三种推广方式分别是 SEO 推广、BUYBOX 推广和社交媒体推广。

学习本章后,希望读者能够使用这三种免费推广方式来对店铺和商品进行推广,解决买家到店数量较少的问题,从而有效地提升销量。

8.5 课后思考

在本章所讲的三种免费推广方式中,SEO 推广和 BUYBOX 推广属于在亚马逊平台上进行推广,根据自己的商品特点和亚马逊相关的规则进行优化推广即可。而社交媒体属于在亚马逊站外的一些网站上进行推广,这种方式不再局限于亚马逊平台的规则,所以请读者选择一款商品或一个品牌,思考如何在某一个社交媒体平台上进行推广。读者思考完成后可以将方案填写在社交媒体推广方案表中如表 8-7 所示。

表 8-7　社交媒体推广方案表

项　目	内　容
商品	
社交媒体平台	
方案	

第 9 章
亚马逊平台的付费推广

【学习目标】

- 了解 CPC 付费推广的机制
- 了解 CPC 付费推广的准备工作
- 了解亚马逊平台的秒杀活动
- 了解亚马逊平台的促销活动
- 了解搜索引擎付费推广的广告原理
- 了解搜索引擎付费推广的影响因素
- 掌握 CPC 付费推广的创建工作
- 掌握 CPC 付费推广的分析工作

卖家经过一段时间的运营后,店铺应该已经形成一定的规模。接下来,卖家要继续增加商品的曝光量,吸引更多的买家来购买商品,提升销量。卖家可以在进行免费推广的基础上结合付费推广的方式来实现这一目的。亚马逊平台上主要的付费推广方式包括 CPC 付费推广、平台活动推广和搜索引擎推广,本章将对这三种付费推广方式进行讲解。

9.1 CPC 付费推广

CPC 是 Cost Per Click 的缩写,译为点击付费,是一种按点击量收费的推广方式。CPC 付费推广是卖家在亚马逊平台上获得买家流量的重要方式。卖家使用 CPC 付费推广可以向目标买家投放广告使商品获得更多的曝光量,以提升店铺的销量。为了使卖家能够更好地了解和使用亚马逊平台上的 CPC 付费推广,本节将从 CPC 付费推广的机制、准备、创建和分析四个方面进行详细讲解。

9.1.1 CPC 付费推广的机制

卖家进行 CPC 付费推广的前提是必须清晰地了解这一付费推广方式,所以在开展推广工作前,卖家需要先了解 CPC 付费推广的相关机制,以保证相关推广工作的正常开展。下面将从 CPC 付费推广的要求、类型、原理、排名和费用五个方面对 CPC 付费推广的机制进行讲解。

1. CPC 付费推广的要求

在进行 CPC 付费推广前,卖家首先要了解亚马逊对于卖家的一些基本要求。亚马逊对卖家的要求主要包括账户要求和商品要求两个方面。

（1）账户要求

卖家想要进行 CPC 付费推广的广告投放,那么其账户就必须是一个处于激活状态的专业销售账户,并且卖家能够将商品运送至所售商品国境内的任何地址。

（2）商品要求

亚马逊要求卖家的商品必须拥有 BUYBOX 才能进行相应的 CPC 付费推广。

2. CPC 付费推广的类型

CPC 付费推广的广告类型主要包括品牌广告和商品广告两种。

（1）品牌广告

品牌广告是指推广整个店铺的广告,其推广形式为品牌商标加商品。品牌广告主要在搜索商品列表页的第一屏的顶部位置进行展示。Baby Baby 玩具品牌广告如图 9-1 所示。

图 9-1　Baby Baby 玩具品牌广告

在图 9-1 中,Baby Baby 玩具品牌广告的左侧展示了品牌的 Logo 和介绍,然后在右侧展示了商品,买家单击商品即可查看商品的 Listing。页面中的 SPONSORED BY BABY BABY 即表明该品牌广告来自 BABY BABY 这个品牌。在亚马逊平台上,卖家的推广广告都会有 SPONSORED 标志。

需要注意的是,卖家如果想要进行品牌广告的推广,那么必须已经在亚马逊上进行过 Brand Registry。只有这样,卖家才可以进行品牌广告的投放工作。

（2）商品广告

商品广告是指推广单个商品的广告,其推广形式是进行单个商品的广告展示。买家搜索某个关键词时,商品广告会与其他商品一样展现在搜索商品列表页中。搜索商品列表页的商品广告如图 9-2 所示。

在图 9-2 中,左侧带有 Sponsored 标志的商品就是某卖家投放的广告。从图中可以看出,该商品广告是与其他正常的商品放在一起进行展示的。

此外,商品广告还会在商品的 Listing 页面中进行展示。Listing 页面的商品广告如图 9-3 所示。

在图 9-3 中,该 Listing 页面是 Baby Bath Toys 关键词下的某一个商品。买家进入该款商品的 Listing 页面中,可以在商品详情的上方或下方看到与这款商品相类似的其他商品

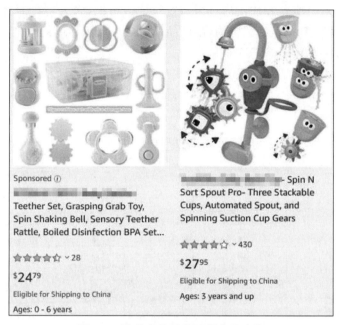

图 9-2　搜索商品列表页的商品广告

图 9-3　Listing 页面的商品广告

广告。

3. CPC 付费推广的原理

CPC 付费推广是一种展现免费、点击付费，根据商品设置的关键词将商品展现给潜在买家的推广方式，是亚马逊为卖家量身打造的精准营销工具。

所以，CPC 付费推广的原理是卖家在亚马逊后台推广板块上预先设置一些推广关键词，当买家搜索该关键词时，卖家的商品就有机会出现在买家面前，从而提升商品的曝光量、点击率和转化率。

简单来讲，买家在亚马逊平台上搜索某一关键词后，与该关键词相关联的商品就会通过 A9 算法进行排名并展示在买家面前。然后买家可以根据自己的喜好来选择自己想要购买的商品,进而产生点击、浏览和购买的行为。针对这一情况,卖家可以通过设置一些与商品关联度较高的、买家经常搜索的关键词,使商品通过广告展示尽可能地吸引买家点击商品和浏览商品以提高商品的销量。

为了让卖家更好地理解亚马逊 CPC 付费推广的原理,下面展示一个 CPC 付费推广的原理图,如图 9-4 所示。

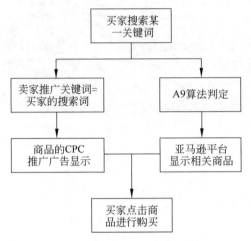

图 9-4　CPC 付费推广的原理图

在图 9-4 中,买家搜索商品关键词时,亚马逊会以两种方式为买家呈现商品。第一种就是 A9 算法的判定,即卖家通过亚马逊平台的 SEO 推广来使买家购买商品。第二种就是卖家通过设置推广关键词来匹配买家的搜索词,进而在买家搜索商品的结果中展示卖家的投放广告,通过投放广告来吸引买家点击商品进行购买。

4. CPC 付费推广的排名

亚马逊平台上的很多卖家都在进行 CPC 付费推广,所以亚马逊会根据一定的逻辑规则来为买家展示相关 CPC 广告。CPC 付费推广的排名逻辑属于一种很重要的逻辑规则,卖家通过了解此排名逻辑可以更好地设置推广的相关内容,从而保证展示广告有一个较好的排名。CPC 付费推广的排名逻辑主要依托于店铺权重和关键词出价两方面。

(1) 店铺权重

店铺权重即店铺中各项数据指标的综合体,例如转化率、好评率、点击率等数据指标。店铺权重越高,则卖家 CPC 付费广告的排名越高。对于卖家如何提高店铺的各项数据指标,前面的章节已经进行过详解讲解,此处不再赘述。

(2) 关键词出价

另一个影响卖家付费广告排名的因素就是关键词出价。在进行 CPC 付费推广时,卖家需要对选定的推广关键词进行出价。在店铺权重相同的情况下,卖家的关键词出价越高,CPC 付费广告的排名越高。

值得一提的是,店铺权重和关键词出价这两个影响 CPC 付费推广的排名的主要因素中,店铺权重相比于关键词出价更重要一些。因为对于亚马逊平台而言,为卖家提供 CPC 付费推广的方式也是为了给平台带来更多的转化和销售额。所以,亚马逊不可能为了赚取卖家的推广费,而不顾卖家商品的质量。总体而言,卖家的店铺权重越高,CPC广告排名就会越靠前。

5. CPC付费推广的费用

CPC付费推广的费用主要通过CPC广告扣费公式来进行计算,具体如下。

CPC广告扣费=下一名的出价×下一名的权重/自己店铺的权重+0.01

从CPC广告扣费公式可以看出,卖家店铺的权重将影响广告的扣费。下面通过一个小例子来为卖家讲解CPC付费推广的扣费标准。

例如有A、B、C三个卖家同时在投放了一个关键词baby toys。
- 其中A卖家的店铺权重为1000,B卖家的店铺权重为1200,C卖家的店铺权重为1100。
- 这三位卖家对关键词baby toys进行出价时,A卖家的出价为0.5美元,B卖家的出价为0.35美元,C卖家的出价为0.65美元。
- 从以上两个数值,平台就可以得出A卖家的权重与出价的乘积为500,B卖家的权重与出价的乘积为420,C卖家的权重与出价的乘积为715。
- 从上述数值可以得出CPC推广广告的排名:C卖家排名第一,A卖家排名第二,B卖家排名第三。
- 最后,卖家根据CPC付费推广的扣费公式即可得出:C卖家的广告点击扣费=0.5×1000/1100+0.01≈0.46,A卖家的广告点击扣费=0.35×1200/1000+0.01≈0.43,B卖家的广告点击扣费=0.65×1100/1200+0.01≈0.61。

卖家需要注意的是,如果店铺权重很低的话,建议不要做CPC付费推广。一方面会大量消耗资金;另一方面,由于店铺权重低,转化率和销量都很难提升。卖家最重要的工作还是将店铺的各个方面优化好,这样在进行付费推广时才会取得好的效果。

9.1.2 CPC付费推广的准备

了解了CPC付费广告的机制之后,卖家就要为开展CPC付费广告做好基础的准备工作。CPC付费推广的准备工作主要包括明确投放目标和确定推广商品,具体介绍如下。

1. 明确投放目标

在进行CPC推广时,卖家要明确自己的投放目标,根据投放目标来选取相应的推广关键词。在亚马逊平台上,卖家的投放目标一般分为提高销量和宣传品牌两种。

(1) 提高销量

卖家如果以提高销量为投放目标,那么就需要在投放广告时选择一些能够精准引流的关键词,例如长尾关键词(长尾关键词是指包含三个或三个以上单词的搜索词组)。卖家不能使用一些范围较大的关键词,例如商品词(商品词是指卖家商品的大类目和细分类目,例如冰箱)、核心词(核心词是指能精准表达商品且字数比较少的词,例如海尔冰箱)。因为这些范围较大的关键词会包含较多的商品,它会导致卖家投放广告面对的不是自己的精准目标买家。

例如,baby toys就属于商品词,在这个关键词中包含了很多不同种类的玩具。因为只要是玩具,都可以称为儿童玩具。如果搜索了这个关键词,则说明买家的购物意图还不是很明显。而卖家正好使用了这一关键词,由于竞争者较多,很可能出现的情况就是买家看不到商品广告,即使看到了也不会去购买。因为这一关键词的竞争过于激烈,所以会对卖家的权重和出价有特别高的要求。

所以,在以提高销量为目标时,卖家优先考虑的就是商品的长尾词。因为相对于商品词和品牌词等范围较大的关键词,长尾关键词的竞争小,买家指向明确,流量精准,转化率高。例如 baby bath toys 6 to 12 months 这一关键词就是长尾词,卖家利用该关键词进行推广时,可将推广广告投放给搜索该关键词的买家,从而使得流量更加精准,更好地提高销量。为了卖家能够更清晰地理解商品词等大词与长尾词之间的区别,下面介绍儿童玩具(商品词)和6～12个月的儿童玩具(长尾词)两个词之间的区别。不同关键词的区别如图9-5所示。

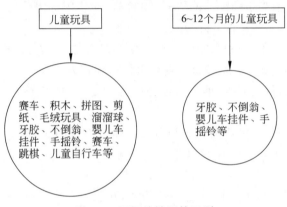

图9-5 不同关键词的区别

在图9-5中,儿童玩具这一商品词包含的商品有赛车、积木、拼图、剪纸、毛绒玩具、溜溜球、牙胶、不倒翁、婴儿车挂件、手摇铃、赛车、跳棋、儿童自行车等。而6～12个月的儿童玩具只包括牙胶、不倒翁、婴儿车挂件、手摇铃等。通过两者的对比,卖家可以很清晰地看出哪个关键词的范围更加精准,更加有助于卖家提升销量。

卖家想要查找属于自己的商品词、品牌词等关键词时,可利用卖家精灵2.0、tool4seller、Jungle Scout、Sonar 等关键词查找工具,此处不再过多赘述。

(2) 宣传品牌

如果卖家是以在亚马逊平台上宣传品牌为主要目标,那么就要选择一些曝光率较高的商品词和核心词,以便于自身的品牌和商品尽可能多地展示在买家面前。

卖家需要注意的是,选择商品词和核心词时要选择与自己商品有所关联的关键词。例如卖家的品牌是厨具商品,但为了最大限度地提高品牌知名度,在投放广告时,卖家选择了图书、女装等商品词。一旦被亚马逊发现这种情况,那么亚马逊就会对卖家进行十分严厉的处罚。

2. 确定推广商品

卖家除了确定自己的投放目标外,还需要确定自己用来实现这一目标的商品。推广的商品除了要求拥有 BUYBOX 之外，卖家还必须查看商品是否具有价格优势、页面是否优化、库存是否充足和质量是否有保证。

（1）价格优势

卖家选择的商品的价格与其他竞品相比要有一定的优势，以保证在推广过程中买家能够点击商品，进入商品购买页面。

（2）页面优化

卖家要选择优化后的商品，包括标题、五点描述、图片、商品详情等，这样才能更好地吸引买家购买，提高转化率。

（3）库存充足

卖家选择的商品一定要保证库存充足，以避免在商品推广的过程中因库存不足而导致商品下架，无法销售。

（4）质量保证

卖家还要保证商品的质量，避免出现销售商品越多，售后问题越多的情况，最终导致店铺的售后问题增加，权重下降。

9.1.3　CPC 付费推广的创建

卖家做好 CPC 付费推广的准备工作后，就可以开始进行创建工作。为了保证卖家能够准确无误地进行 CPC 付费推广的创建，下面将对广告活动管理以及商品广告和品牌广告的创建进行讲解。

1. 广告活动管理概述

卖家可以在亚马逊后台的"广告活动管理"子标签下进行创建工作，如图 9-6 所示。

进入广告活动管理页面后，卖家可以看到店铺广告的整体界面。在该界面中，卖家可以查看广告活动，创建广告活动，查看广告数据和推广图表等。在进行广告创建时，卖家首先需要在店铺广告整体界面中找到广告创建按钮，如图 9-7 所示。

图 9-6　广告活动管理　　　　　　　图 9-7　广告创建按钮

通过"创建广告活动"按钮，卖家就可以进入广告活动类型选择界面，如图 9-8 所示。

2. 商品广告的创建

商品广告的创建主要包括创建商品广告活动，创建商品广告组，设置关键词竞价，添加

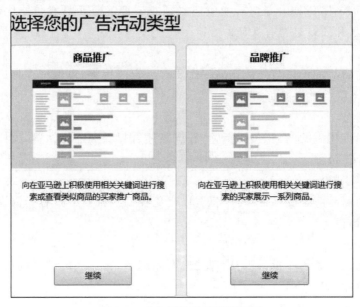

图 9-8　广告活动类型选择界面

商品关键词等。

(1) 创建商品广告活动

在图 9-8 中,卖家选择商品推广后,即可进入商品广告活动内容的创建界面。卖家可以在其中填写广告活动名称、广告组合、广告时间、每日预算以及定位等内容。创建广告活动的界面如图 9-9 所示。

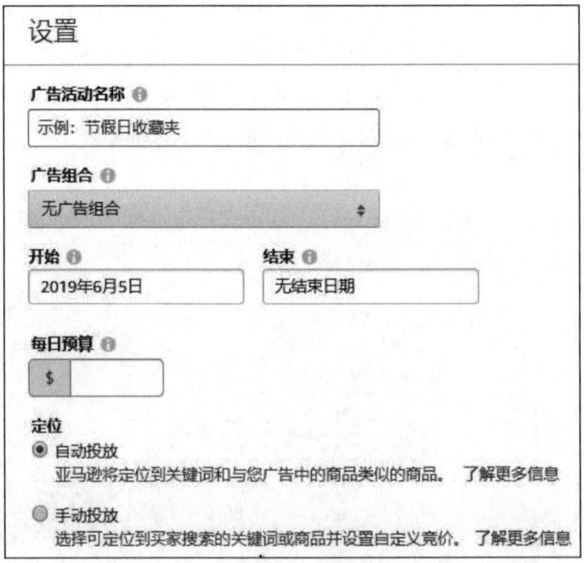

图 9-9　创建广告活动的界面

① 广告活动名称。卖家可以根据自己的需要来设置广告活动的名称,以便于后期进行商品广告的查找和管理,例如该商品广告的目的是推广新品,那么就可以起名为新品推广。

② 广告组合。广告组合是指买家可以将此商品广告与其他商品广告进行组合。但是在日常推广工作中,为了方便管理,卖家一般不进行广告组合。

③ 广告时间。广告时间就是指该商品广告投放的时间。例如,某商品广告的投放时间为 2019 年 7 月 5 日到 2019 年 8 月 5 日,那么到了 2019 年 8 月 6 日,该商品广告就会自动停止投放。

④ 每日预算。每日预算指的是卖家创建的该商品广告每天预估花费的金额。卖家设置每日预算后,可以有效地防止商品广告投放金额过多的情况。

⑤ 定位。定位指的是卖家可以选择自动投放和手动投放两种投放方式。自动投放是亚马逊平台将对卖家选择的商品进行智能投放,自行匹配关键词;而手动投放则需要卖家自行设置,自行投放。我们在这里主要讲解的是手动投放的商品广告。

(2) 创建商品广告组

广告组是指在该广告组中的商品会共享卖家所添加的关键词。在创建广告组时,卖家要设置广告组名称和添加组内商品。

① 设置广告组名称。在创建广告组时,卖家首先要填写广告组的名称,和填写广告活动名称一样,这都是为了方便后续的管理,如图 9-10 所示。

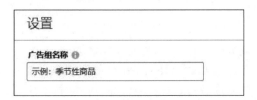

图 9-10　填写广告组名称

② 添加组内商品。卖家还需要添加该广告组内的推广商品,如图 9-11 所示。

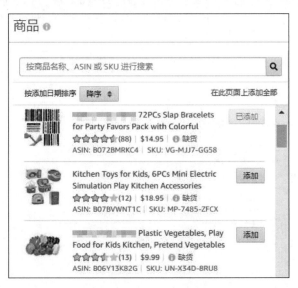

图 9-11　添加广告组商品

(3) 设置关键词竞价

卖家接下来要做的就是进行关键词竞价设置,设置竞价的界面如图 9-12 所示。

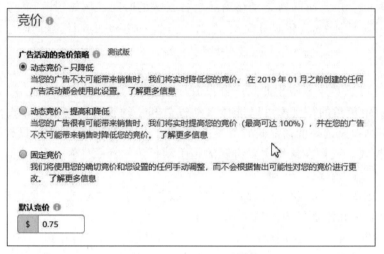

图 9-12　设置竞价的界面

卖家在设置竞价时,还可以选择相应的竞价策略,包括动态竞价(只降低)、动态竞价(提高和降低)和固定竞价。卖家可以根据需要自行进行选择。

① 动态竞价-只降低。动态竞价-只降低指的是卖家设置了一个默认竞价后,如果投放效果并不是很好,没有带来很多销量,那么亚马逊会自动帮卖家在默认竞价的基础上降低出价,以避免造成不必要的损失。

② 动态竞价-提高和降低。动态竞价-提高和降低指的是亚马逊不仅会在没有销量时帮卖家降低出价,还会在卖家的商品广告转化率较高的情况下帮卖家提高出价,以带来更多的销量。亚马逊平台帮助卖家提高出价时,溢价比例最高 100%,例如卖家出价 10 美元,那么最高溢价为 20 美元。

③ 固定竞价。固定竞价就是无论商品广告的转化率如何,亚马逊后台都会按照这一价格对卖家的广告进行推广。

(4) 添加商品关键词

最后卖家要添加一些商品关键词。添加关键词的界面如图 9-13 所示。

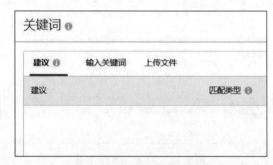

图 9-13　添加关键词的界面

值得一提的是，卖家不仅可以添加推广关键词，还可以添加一些否定关键词。填写否定关键词的意义在于避免一些与商品联系不大的关键词被买家搜索到，因为这些词并不会为商品带来很高的转化率。填写否定关键词的界面如图9-14所示。

完成关键词的设置后，卖家就可以提交给亚马逊平台进行审核。等亚马逊平台审核通过后，卖家即可开始进行CPC付费推广的商品广告投放工作。

3．品牌广告的创建

如果想要进行品牌广告推广，那么要求卖家已经在亚马逊平台上进行了品牌备案。品牌广告的创建包括创建品牌广告活动、添加品牌创意、设置关键词和竞价、添加否定关键词。

（1）创建品牌广告活动

在图9-8中，卖家选择品牌推广后，即可进入品牌广告活动内容的填写界面。在品牌广告活动内容的填写界面中，卖家同样需要填写广告活动名称、广告组合、广告时间和每日预算。不同的是，卖家需要选择吸引广告流量的着陆页，吸引广告流量的着陆页主要分为亚马逊店铺和新商品列表页面。创建品牌广告活动的界面如图9-15所示。

图9-14　添加否定关键词的界面

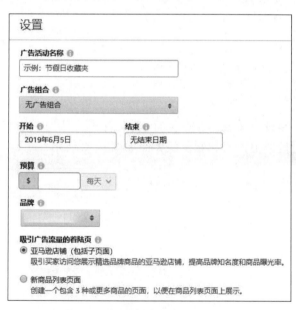

图9-15　创建品牌广告活动的界面

① 亚马逊店铺。亚马逊店铺是指当卖家进行过品牌备案后，可以拥有自己的品牌店铺。在品牌店铺中，卖家可以进行店铺品牌和商品的展示。

② 新商品列表页面。新商品列表页面是指卖家选择该方式后，即可在该页面中进行一个商品列表的创建。

（2）添加品牌创意

创建品牌广告活动的内容后，卖家需要添加品牌创意的相关内容。添加品牌创意的界面如图9-16所示。

卖家在品牌创意界面中需要添加的主要创意信息包括品牌名称和徽标、标题以及商品，卖家根据自己的需要进行添加即可。卖家添加完成后还可以在"创意"栏右侧查看品牌广告预览,如图 9-17 所示。

图 9-16　添加品牌创意的界面

图 9-17　品牌广告预览

(3) 设置关键词和竞价

在设置关键词和竞价时,卖家首先要填写一个默认关键词竞价,然后选择推广的关键词。设置关键词和竞价的界面如图 9-18 所示。

图 9-18　设置关键词和竞价的界面

在图 9-18 中可以看到,卖家在设置关键词时,可以选择亚马逊建议的推广关键词,也可以自行输入关键词或者通过文件来批量上传关键词。

（4）添加否定关键词

卖家在进行品牌广告创建时，也可以选择添加一些否定关键词。添加否定关键词的界面如图 9-19 所示。

图 9-19　添加否定关键词的界面

卖家在进行完品牌推广的相关设置之后，就可以提交审核。等亚马逊平台审核通过后，卖家即可进行品牌广告的推广。

📖 **多学一招：自动投放的关键词设置**

卖家如果选择了自动投放，那么在添加关键词时，就不必添加自己选定的关键词，只需要填写一些否定关键词即可，因为亚马逊平台会自动为卖家的商品选择合适的关键词进行投放。

9.1.4　CPC 付费推广的分析

在 CPC 付费推广的过程中，卖家还需要监测每天的推广数据，以便于对投放的广告进行分析，保证广告能够持续地为店铺带来收益。卖家在进行 CPC 付费推广分析时主要从整体分析和单个广告分析两方面开展相应的分析工作，具体介绍如下。

1. 整体分析

卖家进入亚马逊后台的广告活动管理界面后，可以看到店铺整体广告活动的所有推广数据，主要包括花费、销售额、广告投入产出比、曝光量、点击率等。通过这些数据，卖家不仅可以了解到店铺推广的整体效果，还可以看到某一时间段的数据变化趋势。某店铺数据变化的部分截图如图 9-20 所示。

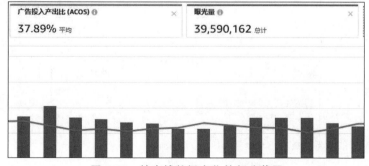

图 9-20　某店铺数据变化的部分截图

在图 9-20 中，曲线条代表了广告投入产出比在某一时间段内的变化，柱状图则代表了曝光量在某一段时间内的变化。卖家在查看数据的过程中如果看到某一个数据的数值波动极大，那么就需要注意这一情况，及时分析问题所在。例如，某一天的广告曝光量增长较大，卖家通过分析发现当天是周末，买家因为空余时间较多会上网购买一些商品，所以才导致广告曝光量增长。那么卖家就可以在之后的推广过程中，在周末的时间段内增加广告的竞价，从而获取更多的订单转化。

2. 单个广告分析

除了查看整体推广效果来进行分析外，卖家还可以查看单个广告的推广效果，进而进行优化。卖家进行单个广告的分析时，可以从广告活动和广告组两方面开展相应的工作。

(1) 广告活动

卖家可以在广告活动管理界面中找到各个广告活动并且进行查看，如图 9-21 所示。

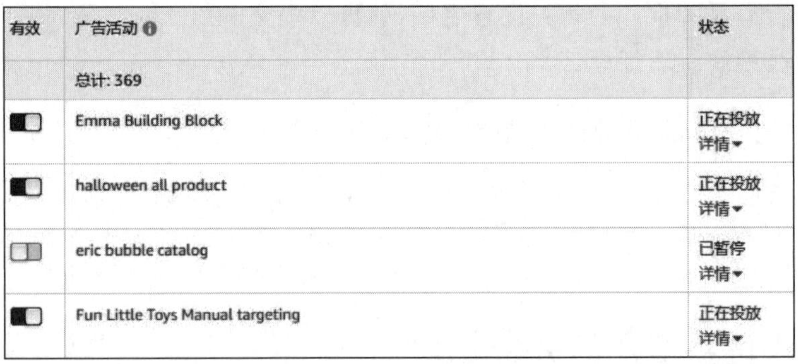

图 9-21　查看各个广告活动

卖家从图 9-21 的界面中进入某一个广告活动后，同样可以查看单个广告活动中的所有广告组的花费、销售额、广告投入产出比、曝光量和点击率等数据。同时，卖家还可以对单个广告活动进行优化设置，主要包括广告位、否定关键词、广告活动设置和广告报告。单个广告活动的设置界面如图 9-22 所示。

图 9-22　单个广告活动的设置界面

(2) 广告组

卖家在单个广告活动设置界面中可以看到所包含的广告组，如图 9-23 所示。

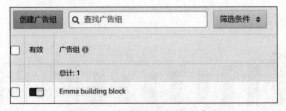

图 9-23　广告活动内的广告组

进入广告组界面后，卖家可以查看该广告组内所有商品的总体数据，也可以查看广告组内推广商品的具体数据。某款商品数据的部分截图如图 9-24 所示。

SKU/ASIN	花费	订单
	$4,647.69	436
ZU-EEVN-B5RW	$255.21	26

图 9-24　某款商品数据的部分截图

当然，在广告组界面中，卖家同样可以进行一些设置的修改。此外，卖家还可以添加或删除广告组的一些推广商品。推广商品修改界面的部分截图如图 9-25 所示。

图 9-25　推广商品修改界面的部分截图

卖家通过对 CPC 付费推广的整体分析和单个广告分析，可以很好地找到在推广过程中出现的问题，及时进行优化，最终保证 CPC 推广的有效性，以达到提高店铺销售的目的。

9.2　平台活动推广

在日常网购中，经常可以在京东、淘宝等平台上看到各种各样的商品活动，这些活动为这些平台上的卖家带来大量订单。卖家通过亚马逊平台的活动同样可以为自己的商品带来流量，提升销量。亚马逊平台的活动主要包括秒杀活动和促销活动两种，本节将进行详细介绍。

9.2.1　秒杀活动

亚马逊的秒杀活动往往会聚集大量的流量。对于参加秒杀活动的商品，亚马逊平台会主动提供流量支持，卖家将省下不少广告费以及运营成本，特别适合新卖家推广新品，提高短期内的销售数量。下面从秒杀活动类型和秒杀注意要点两个方面进行讲解。

1. 秒杀活动类型

秒杀活动分为 Deals of the Day（当日秒杀）、Lightning Deal（闪购）和 Best Deal（超划算）三种类型。

(1) Deals of the Day

Deals of the Day 简称为 DOTD,秒杀时间仅为一天,是亚马逊官方邀请卖家参与的一个活动,卖家无法申请。如果卖家的店铺销量很好,就可能收到亚马逊平台的邀请。该秒杀活动每天仅有三个广告位,而且这个广告位置是免费的。如果卖家能够抢到这样一个名额,那么推广出去的商品基本上会非常火爆。当日秒杀商品展示如图 9-26 所示。

图 9-26　当日秒杀商品展示

(2) Lightning Deal

Lightning Deal 简称为 LD,是一种持续时间较短的秒杀模式,秒杀时间一般持续 4～6 小时,每个商品收取 150 美元,卖家可以自主创建该活动,也可以通过招商经理报名参加,是最容易参加的一个秒杀活动。该秒杀活动每个月只能申请一次,要求商品评价高,至少店铺整体评分在 3.5 以上才有机会被推荐,活动价格是日常价格的八折或更低,转化率高的新品更有优势。闪购活动展示如图 9-27 所示。

在图 9-27 中,不仅显示了商品的价格、标题、评价等,还显示了该商品的活动时间还有 5 小时 7 分 10 秒,以及被订购的进度。

(3) Best Deal

Best Deal 简称为 BD,是一种持续时间较长的秒杀模式,秒杀时间为 14 天,只能通过招商经理报名,不收取费用,一般审核周期为两周。要求买家评价至少在三星以上,实际上要在四星以上才会被推荐,其次商品售价是商品正常售价的八五折或更低,每个月最多只能申请两次。

图 9-27　闪购活动展示

2. 秒杀注意要点

秒杀注意要点主要包括秒杀价格、库存控制、商品优化以及数据监测。

(1) 秒杀价格

参与秒杀的价格基本上比该商品 30 天或 90 天内的一个最低价要低 20%,相当于就是最低价打八折,所以卖家要多注意秒杀的价格问题,避免造成亏损。

(2) 库存控制

尤其是在旺季,卖家一定要保证库存充足;并且需要提前通知工厂备好货,错开高峰期,不然很有可能无货可卖,无法达到预期的秒杀效果。

(3) 商品优化

卖家在报名秒杀活动前,一定要做好相关商品的优化工作,这样才能更有效地利用这个活动,将收益最大化。在秒杀活动开始前,卖家要让商品处于一个比较好的排名位置上,同时还要提高 CPC 付费推广的竞价,让更多的买家看到商品。秒杀活动是一个极好的广告机会,但是这段时间的竞争反而更大。

(4) 数据监测

在秒杀活动中,卖家一定要多注意参加活动的商品的数据,包括出单量、转化率等。如果没有达到预期效果,卖家要根据问题及时调整。

9.2.2 促销活动

促销活动在亚马逊平台上是与秒杀活动单独分开的两个模块。无论是线下还是线上,促销活动都是十分有效的促销手段。虽然跨境电商平台亚马逊对卖家有诸多限制,但是促销活动是允许的。对亚马逊的卖家而言,促销活动是提升商品销量的一种十分有效的推广方式。在这些促销活动中,有一些是免费的,有一些是收费的,这里就统一放在付费推广中进行讲解,以免混淆。下面从促销活动类型和促销活动注意事项两个方面进行讲解。

1. 促销活动类型

亚马逊平台的促销活动类型主要包括优惠券(Coupons)、包邮(Free Shipping)、满减(Money off)、买赠(Buy One Get One)和赠品(Giveaway)五种。

(1) 优惠券

优惠券是一个对商品销量提升非常有用的促销活动。亚马逊的优惠券可以针对特定的买家群体进行展示,例如 Prime 会员、学生人群、妈妈人群、浏览过特定商品的买家、购买过特定商品的买家等。卖家创建的优惠券被买家领取后,买家可以看到一个优惠码,在订单结算时就可以输入优惠码直接抵扣商品金额。亚马逊会对每一笔成功兑换优惠券的订单收取 0.6 美元的手续费。优惠券展示如图 9-28 所示。

图 9-28 优惠券展示

在图 9-28 中，买家通过点击 Receive coupons 按钮，即可领取商品对应的优惠券。

（2）包邮

包邮是指买家购买一定数量的商品或者购物金额满一定数量即可享受免配送费的活动，例如购买 100 美元以上的商品或者购物满 3 件商品即可享受包邮。包邮活动展示如图 9-29 所示。

图 9-29　包邮活动展示

卖家通过 free shipping 后面的 Details 链接可查看包邮活动的详细信息，如图 9-30 所示。

图 9-30　包邮活动的详细信息

在图 9-30 中，Order with Free Shipping by Amazon 是指亚马逊提供免费送货活动，而 Order ＄25 or more to qualify for FREE Shipping on eligible items 是指订单满 25 美元或以上即可享受免费送货，明确表明了该活动的参加条件。其余的文字则是详细地介绍了活动内容，此处不过多进行介绍，想了解的卖家可以自行翻译查看。

（3）满减

满减是亚马逊促销方式中的一种折扣活动，也就是我们平时常见的"满多少减多少"的促销方式。满减活动如图 9-31 所示。

图 9-31 满减活动

（4）买赠

买赠指买家购买某一款商品后，卖家将附送一定数量的同类商品，且附送的商品和购买的商品必须是一样的，不可以做买 A 送 B 的促销活动。例如，卖家售卖的商品是洗衣液，如果卖家对于该商品设置了买赠活动，那么也必须赠送该洗衣液，不可赠送其他商品。

（5）赠品

赠品就是指买家购买了某件商品，卖家会额外赠送其他的一些免费商品。例如，买家购买了手机，那么卖家就可以赠送手机支架、手机膜等。

2．促销活动注意事项

在提报参加亚马逊的一些促销活动时，卖家需要注意以下几点。

（1）商品拥有 BUYBOX

参加促销活动的商品需要拥有 BUYBOX。但是优惠券促销活动除外，0 条评价的新品也能使用，这正是优惠券所能提供的巨大优势。因此在新品促销上，优惠券是每个卖家都应该利用的工具，它对于新品的效果更好。

（2）商品不可长期促销

促销活动是通过短期让利的方式来吸引买家购买的一种引流方式。卖家不可以将促销活动作为一种长期的商品推广方式，因为它一方面会让买家失去购买的热情，另一方面卖家的商品或品牌形象也会受到影响。

（3）商品优化不可少

卖家通过之前所学的知识已经知道 Listing 会影响到商品的销量。同样，当通过促销活动为商品带来流量后，要想自己的商品在活动时拥有较好的转化效果，卖家就需要认真地优化好商品的 Listing。

（4）商品库存要充足

促销活动前，卖家一定要准备好商品库存。如果库存不够，卖家好不容易提报的促销活动就无法进行商品的正常销售，导致促销活动没有效果，那么损失是极大的。

无论是秒杀活动还是促销活动，选择的活动时间也是非常重要的。对于亚马逊不同站点来说，各个国家的节假日不一样，整个流量趋势也是不一样的。例如 Prime Day（会员日）、暑假、返校季、黑色星期五、网购星期一等活动，对于这些节日大促活动，卖家一定要提前做好准备。因为是节日大促，卖家提报活动的通过时间会更长，所以就需要卖家对国外的节假日了如指掌。尤其是下半年的旺季，卖家可以频繁地提报秒杀活动，因为此时的活动效果会比之前的淡季活动更好。卖家在旺季之前提的秒杀活动其更重要的目的是打好店铺基础，优化店铺和商品的数据以迎战下半年的大促旺季。当然也不是所有的促销活动都要参加，卖家要根据自己的实际情况去选择性地参加。

9.3 搜索引擎推广

搜索引擎推广对于许多卖家来说是十分陌生的，为了能让大家更好地理解这一推广方式，本节将对搜索引擎推广作一个概述，并以谷歌为例对搜索引擎推广的广告原理和影响因素进行讲解。

9.3.1 搜索引擎推广概述

搜索引擎是指根据一定的策略和运用特定的计算机程序从互联网上搜集信息，在对信息进行组织和处理后，为买家提供检索服务，将相关的检索信息结果展示给买家的系统。而搜索引擎付费推广就是利用搜索引擎的特点，根据买家使用搜索引擎检索信息的机会，配合一系列技术和策略，将更多的广告信息呈现给目标买家，从而达到推广商品和提高盈利的一种推广方式。

如今国外最大的搜索引擎就是谷歌。随着互联网的发展，人们习惯通过搜索引擎寻找所需信息，谷歌搜索引擎越来越被海内外互联网用户所依赖。因此谷歌推广变得尤为重要，因为这里有大量的买家可以挖掘，是卖家从事亚马逊电子商务不可或缺的高效高价值的推广渠道。但是，利用搜索引擎付费推广会涉及一些十分专业的问题，卖家只需要了解即可，在实际的工作中可以聘请专业人员来开展相关工作。

9.3.2 搜索引擎推广的广告原理

谷歌搜索引擎推广基于关键词竞价排名，其广告原理为当买家搜索一个关键词时，在搜索引擎返回搜索结果中夹杂着卖家的推广广告。谷歌广告展示如图 9-32 所示。

由上述的广告原理可以看出，卖家在谷歌搜索引擎上进行推广时，同样是通过对关键词出价来使广告内容得到排名展示。

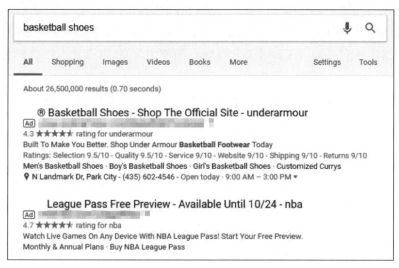

图 9-32　谷歌广告展示

9.3.3　搜索引擎推广的影响因素

在谷歌上,卖家所投放的广告也会涉及一个广告展示排名的问题。而广告排名主要是由竞价和广告质量根据内部算法决定。由此可以看出谷歌搜索引擎的推广原理和亚马逊平台的 CPC 付费推广的原理极为相似,都涉及竞价、关键词、广告质量分等因素。对于竞价和关键词,卖家根据自己的需求进行设置即可,这里着重介绍一下广告质量分。广告质量分的主要影响因素包括预定点击率、相关性以及着陆页质量三个方面,具体介绍如下。

1. 预定点击率

预定点击率是指卖家在竞价时,系统根据过往的点击率而计算出来的一个当前广告在当前搜索结果中出现时可能发生的点击率。

由预定点击率的概念可以看出,想要提升预定点击率的表现,卖家能做的其实就是提高关键词和广告整体的点击率。在过往的点击率数值持续走高的情况下,预定点击率一般也不会被评估得太差。

不过卖家要注意的是,搜索引擎系统明显要比卖家看的指标更多,例如某一个广告由某个买家在某个时间段通过某种设备搜索某一个关键字而触发。我们可以看到这其中的不确定性因素其实非常多,所以即使过去的点击率整体很好,但是在某个特定情况下点击率的过往数据并不理想,预定点击率仍有可能被向下评估。不过卖家是无法控制这么多变量的,所以能做的,其实就是尽量提高广告的点击率。

2. 相关性

相关性主要是指检索关键词和广告的关联性。谷歌推广的关联性其实是把广告文、关键字、搜索词、着陆页这四个地方的关联性都进行评价。所以最理想的状态是上面这四点都做到相关性最大,换句话说就是完全一致。

例如买家搜索了"儿童玩具",而卖家在进行谷歌推广时设置了完全一致的关键字"儿童玩具",同时卖家的广告文中也用了如"开发婴幼儿智力的儿童玩具"这样的宣传语,最后卖家的着陆页(也就是 Listing 页面)也是儿童玩具的相关信息,那么这个广告的相关性评分就会相当高。

实际操作中其实也并不难,很简单的一个方法就是看搜索词报告,然后在里面找转化率高的词作为关键字,同时把它插入广告文中,最后依情况修改着陆页。

3. 着陆页质量

广告质量分的最后一个要素是着陆页的质量。着陆页的质量主要看两点:一个是着陆页的易读性;另一个是着陆页的用户体验。

(1) 易读性

着陆页的易读性指的是买家通过搜索关键词进入卖家的着陆页后,买家可以在着陆页上简单直接地找到自己想要的信息。卖家在设置着陆页时,要避免网页杂乱无章、信息混乱的情况。

(2) 用户体验

着陆页的用户体验主要体现在网页的读取速度上。特别是当买家在移动设备上查看网页时,卖家要避免图片过大的情况,保证网页的加载速度。

通过了解谷歌搜索引擎的广告原理和影响因素,卖家不难发现即使关键词单价设定得再高,如果广告质量达不到一定标准,广告仍然不会出现在用户的搜索结果之上。这个结果的好处就是直接避免了行业内的恶性竞争,以及垄断企业用价格打压中小企业广告的情况的出现。

9.4 本章小结

本章主要讲解了亚马逊平台上的 CPC 付费推广的机制、如何进行创建以及后续的分析方法,此外还对活动推广中的秒杀活动和促销活动以及搜索引擎推广的相关知识进行了介绍。

通过本章的学习,希望读者能够在运营亚马逊平台店铺时可以灵活运用 CPC 付费推广和平台活动推广,以达到提高店铺销量的目的。而对于搜索引擎推广,卖家在有条件的情况下可以适当使用。

9.5 课后思考

亚马逊的 CPC 付费推广对于卖家来说是一个提升销量的有效方式。同样地,只要是电子商务平台,都会为卖家提供一定的推广方式,例如淘宝平台的直通车。读者可以了解一下其他平台的推广方式,与亚马逊的推广方式进行对比,进而发现电子商务平台推广的相关规律。读者可以将调查结果填到如表 9-1 所示的表格中。

表 9-1　电子商务推广调查表

项　目	内　容
平台名称	
推广方式	
与亚马逊 CPC 推广的区别	

第 10 章
跨境电子商务的多平台运营

【学习目标】

- 了解全球速卖通平台
- 了解全球速卖通平台的规则
- 了解全球速卖通平台的注册流程
- 掌握全球速卖通平台的运营策略
- 了解 eBay 平台
- 了解 eBay 平台的规则
- 了解 eBay 平台的注册流程
- 掌握 eBay 平台的运营策略
- 了解 Wish 平台
- 了解 Wish 平台的规则
- 了解 Wish 平台的注册流程
- 掌握 Wish 平台的运营策略

多平台运营，顾名思义就是卖家在运营亚马逊平台之外，同时注册运营更多的跨境电子商务平台的店铺。对于团队人数为1～3人的小卖家团队来说，运营亚马逊一个平台足以为自己创造不菲的财富。但是如果卖家想要在跨境电子商务行业发展得更好，赚取更多的利润，那么多平台运营的模式将帮助卖家实现这一目标。目前，多平台运营的卖家们选择较多的跨境电子商务平台主要有全球速卖通、eBay 和 Wish 三个平台。本书在第 1 章中已经对全球速卖通、eBay 和 Wish 进行了简单介绍，但是为了让卖家能够更好地选择和运营这三个平台，本章将对它们进行拓展讲解。

10.1　全球速卖通平台

全球速卖通是中国境内的跨境出口 B2C 平台，是许多卖家进行多平台运营的优先选择。为了让卖家能够系统地了解全球速卖通平台，本节将从全球速卖通平台的介绍、规则、注册和运营策略四个方面进行详细讲解。

10.1.1 全球速卖通平台的介绍

卖家在开展全球速卖通平台的相关工作时,首先要了解该平台的发展现状和平台特点,明确这个平台是否适合自己进行商品销售工作。下面从全球速卖通平台的发展和特点两个方面进行讲解。

1. 全球速卖通平台的发展

全球速卖通被广大卖家称为"国际版淘宝",于2010年4月正式上线。全球速卖通平台是阿里巴巴面向全球买家的线上交易平台,其首页如图10-1所示。

图10-1 全球速卖通首页

全球速卖通之所以被广大卖家称为"国际版淘宝",是因为它的运营模式与淘宝相同:卖家将各种各样的商品编辑成在线信息,通过平台展示到境外的各个国家和地区;境外买家下单后,平台卖家就可以通过跨境物流将商品运输到买家手上,从而与全球多个国家和地区的买家达成交易。自2010年上线以后,全球速卖通平台已经覆盖230个国家和地区的买家,支持世界18种语言,境外成交的买家数量突破1.5亿。全球速卖通的官方数据如图10-2所示。

在全球速卖通平台上,目前销量较好的行业有22个,其中包括服装、珠宝首饰、鞋包、手表、手机通信、消费电子、电子化办公、安防、汽车摩托配件、家居园艺、灯具照明、美容健康等。

2. 全球速卖通平台的特点

全球速卖通的特点主要包括入驻门槛低、交易流程简便两个方面。

(1)入驻门槛低

全球速卖通平台的入驻门槛较低。它对卖家没有企业组织形式与资金的限制,公司或个体工商户都可以在平台上发布商品。卖家在发布10个商品之后,就可以在平台上成立自己的店铺,然后可以直接面向全球200多个国家的买家推广商品。

图 10-2　全球速卖通的官方数据

（2）交易流程简便

全球速卖通的另一大特点就是交易程序非常简便。在该平台上，有许多优质的物流供应商入驻。出口报关、进口报关由全球速卖通上的物流供应商操作完成。买卖双方的订单生成、发货、收货、支付等过程全在线上完成。双方的操作模式近似于国内的淘宝平台，非常简便。

10.1.2　全球速卖通平台的规则

为了维护平台秩序，保障卖家权益以及买家利益，全球速卖通平台制定了一系列的规则。卖家在注册平台账户前需要了解的规则主要包括基础规则、禁限售规则和招商规则。因为基础规则、禁限售规则和招商规则涉及的具体内容较多，所以这里只对这三种规则的部分内容进行介绍，卖家在实际运营推广中可以到速卖通的官方网站查看所有规则的内容。

1. 基础规则

在全球速卖通的基础规则中，需要卖家重点了解的有注册规则、认证规则、开通店铺规则。

（1）注册规则

注册规则包括但不限于以下内容。

① 卖家在速卖通所使用的邮箱不得包含违反国家法律法规、涉嫌侵犯他人权利或干扰全球速卖通运营秩序的相关信息，否则速卖通有权要求卖家更换相关信息。

② 卖家在速卖通注册使用的邮箱、联系信息等必须属于卖家授权代表本人，速卖通有权对该邮箱进行验证，否则速卖通有权拒绝提供服务。

③ 卖家有义务妥善保管账号的访问权限。账号下（包括但不限于卖家在账号下开设的子账号内的）所有的操作及经营活动均视为卖家的行为。

④ 全球速卖通有权终止、收回未通过身份认证或者连续一年 180 天未登录速卖通或 Trade Manager（贸易通，阿里巴巴公司的网上即时通信软件）的账户。

⑤ 卖家在全球速卖通的账户因严重违规被关闭,不得再重新注册账户;如被发现重新注册了账号,速卖通有权立即停止服务、关闭卖家账户。

⑥ 速卖通的会员 ID 在账号注册后由系统自动分配,不可修改。

(2) 认证规则

① 全球速卖通平台接受依法注册并正常存续的个体工商户或公司开店,并且有权对卖家的主体状态进行核查、认证,包括但不限于委托支付宝进行实名认证。通过支付宝进行实名认证的卖家在对速卖通账号与支付宝账户进行绑定的过程中,应提供真实有效的法定代表人的姓名、身份信息、联系地址、注册地址、营业执照等信息。

② 完成认证的卖家不得在速卖通注册或使用买家账户,若速卖通有合理依据怀疑卖家以任何方式在速卖通注册买家账户,则有权立即关闭买家会员账户,且对卖家依据本规则进行市场管理。对于情节严重的,速卖通有权立即停止对卖家的服务。

(3) 开通店铺规则

开通店铺规则包括但不限于以下内容。

① 卖家(无论是个体工商户还是公司)还应依法设置收款账户。应按照卖家规则提供保证金或缴纳履约保证金;未完成资金缴纳的卖家不得开始线上销售。

② 卖家同意就每个开设的店铺,按入驻的类目(经营大类)在其指定的支付宝账号内缴存资金,并由支付宝冻结作为平台规则的履约保证金。如果卖家的店铺入驻多个类目(经营大类),而卖家规则无其他规定,则该店铺卖家应缴纳多个类目(经营大类)中金额要求最高的保证金。各个类目的保证金为 1 万~5 万。

③ 完成认证和入驻操作的卖家主动退出速卖通平台、不再经营的,平台将停止卖家账号下的类目服务权限(包括但不限于收回站内信、已完结订单留言功能及店铺首页功能等)、停止店铺访问支持。若卖家在平台停止经营超过一年的(无论账号是否使用),平台有权关闭该账号。

2. 禁限售规则

全球速卖通平台明确规定了一些禁限售商品,包括但不限于毒品、易制毒化学品及毒品工具、危险化学品、枪支弹药、管制器具、军警用品、危害国家安全及包含侮辱性信息的商品等。全球速卖通对化学危险品的禁限售说明如图 10-3 所示。

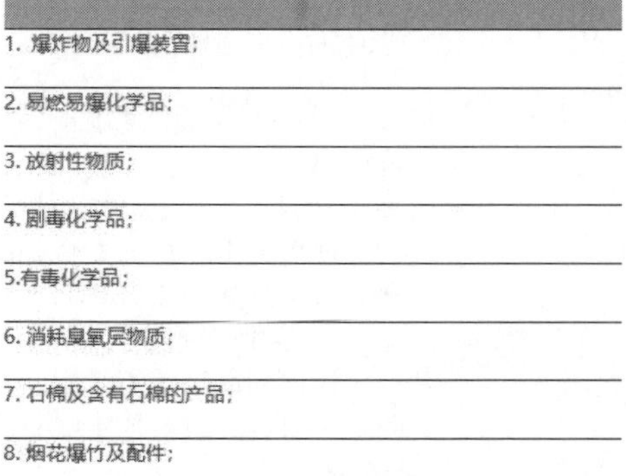

```
(二) 危险化学品  详解
1. 爆炸物及引爆装置;
2. 易燃易爆化学品;
3. 放射性物质;
4. 剧毒化学品;
5. 有毒化学品;
6. 消耗臭氧层物质;
7. 石棉及含有石棉的产品;
8. 烟花爆竹及配件;
```

图 10-3　全球速卖通对化学危险品的禁限售说明

在全球速卖通的规则中对于其他的禁限售商品类型也有明确的规定,这里不再一一展示。

3. 招商规则

在招商规则中,全球速卖通明确规定了一些对于卖家品牌和店铺的规则,其中卖家最需要了解的是全球速卖通平台的店铺销售计划,该计划与亚马逊平台的店铺销售计划(专业销售账户和个人销售账户)相似。全球速卖通有两种销售计划类型:标准销售计划和基础销售计划,一个店铺只能选择一种销售计划类型。标准销售计划和基础销售计划的区别如表 10-1 所示。

表 10-1 标准销售计划和基础销售计划的区别

开店项目	标准销售计划	基础销售计划	备 注
店铺的注册主体	企业	个体工商户/企业均可	注册主体为个体工商户的卖家店铺,初期仅可申请基础销售计划,当基础销售计划不能满足经营需求时,满足一定条件可申请并转换为标准销售计划
开店数量	不管个体工商户还是企业主体,同一注册主体下最多可开 6 家店铺,每个店铺仅可选择一种销售计划		
年费结算奖励	中途退出:按自然月,返还未使用年费; 经营到年底:返还未使用年费,使用的年费根据年底销售额完成情况进行奖励	中途退出:全额返还; 经营到年底:全额返还	无论哪种销售计划,若因违规违约关闭账号,年费将不予返还
销售计划是否可转换	一个自然年内不可转换至基础销售计划	当基础销售计划不能满足经营需求时,满足以下条件可申请标准销售计划(无须更换注册主体): ① 最近 30 天 GMV≥2000 美元; ② 当月服务等级为非不及格	
功能区别	可发布在线商品数≥3000	① 可发布在线商品数小于或等于 500; ② 部分类目暂不开放基础销售计划; ③ 每月享受 3000 美元的经营额度(即买家成功支付金额),当月支付金≥3000 美元时,无搜索曝光机会,但店铺内商品展示不受影响;下个自然月初,搜索曝光恢复	无论何种销售计划,店铺均可正常报名参与平台各营销活动,不受支付金额限制

通过表 10-1，卖家可以清晰地看到标准销售计划和基础销售计划的区别，然后根据自己的需要进行选择。

10.1.3　全球速卖通平台的注册

想要入驻全球速卖通平台，卖家需要进行平台注册，然后才能进行商品上架、销售、推广等后续工作。全球速卖通的注册流程主要包括注册账号、完善信息和等待审核三个阶段，具体介绍如下。

1. 注册账号

注册账号主要包括进入注册流程页面、填写信息、验证信息三个步骤。

（1）进入注册流程页面

卖家进入全球速卖通的首页后，找到注册按钮，进入注册流程页面。

（2）填写信息

卖家进入注册流程页面后，会看到注册账号所需要填写的信息，包括公司注册地所在国家、电子邮箱、登录密码等，根据提示填写即可。

（3）验证信息

填写信息完成后，卖家需要进行验证并勾选相关协议，然后进行手机号和电子邮箱的验证，即可进入下一流程。

2. 完善信息

卖家在完善信息的流程中主要包括选择认证方式和上传信息。

（1）选择认证方式

卖家在完善信息的步骤中首先要选择自己的认证方式，主要分为企业认证和个体工商户认证两种。

① 企业认证包括两个形式。一种是卖家企业已经在支付宝上完成过验证，那么根据提示登录支付宝认证即可；另一种是卖家企业未在支付宝上完成过验证，那么就需要准备公司名称、注册号、法人代表姓名、营业执照图片和法人身份证号等信息，以便于后续的资料上传工作。

② 个体工商户的认证方式与企业认证的方式相类似，同样包括两个形式。一种是卖家个体已经在支付宝上完成过验证；另一种是卖家未在支付宝上完成过验证，那么就需要准备公司名称、注册号、法人代表姓名、营业执照图片和法人身份证号等信息，以便后续上传。

（2）上传信息

因为大多数卖家是未进行过支付宝验证的，所以这里将以卖家企业未在支付宝上完成过验证为例进行介绍。卖家进入上传信息界面后，需要上传营业执照、企业名称等已经准备好的信息，此时根据实际情况上传即可。卖家将相关信息填写完成后，即可确认提交。

3. 等待审核

根据注册流程的提示确认提交后，卖家需要等待 2~3 个工作日，全球速卖通平台会将审核结果发送至卖家的注册邮箱。审核通过后，卖家即可开始运营全球速卖通的店铺。

多学一招：淘宝/天猫商家的快速注册

因为全球速卖通和淘宝、天猫平台都属于阿里巴巴旗下，所以全球速卖通平台为淘宝/天猫商家准备了快速注册的通道，如图 10-4 所示。如果卖家已经在淘宝或天猫拥有自己的店铺，那么可以在注册账号的步骤中选择快速入驻的方式进行快速注册，淘宝/天猫商家的快速注册界面如图 10-5 所示。

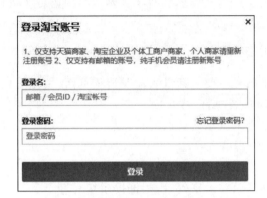

图 10-4　快速注册的通道　　　　图 10-5　淘宝/天猫商家的快速注册界面

10.1.4　全球速卖通平台的运营策略

注册完成后，卖家即可开始对自己的全球速卖通平台店铺进行运营推广工作。新手卖家在运营推广店铺时有商品和店铺两个运营关键点需要注意，下面分别从全球速卖通平台的商品角度和店铺角度进行讲解。

1. 全球速卖通平台的商品角度

商品角度的运营策略主要包括类目准确、布局多样和信息完整等。

（1）类目准确

卖家首先要选好商品类目，然后准备商品的图片和基础信息。新店在开张的第一个星期内最好有 200 个高质量的商品上架。此外，卖家不可将商品错放类目，如果错放商品类目，那么在买家通过类目导航来进行搜索时，就无法找到卖家的商品，而且错放类目的商品还会影响排名。

（2）布局多样

商品最好分为三种类型。第一种是利润款，即能赚钱、有利润的商品；第二种是日常款，即补充店铺商品数量的商品；第三种是引流款，即热销的商品。卖家需要准备 5～10 款热销的商品，设置价格为平台最低价格，用来引入流量，从而保证能够持续不断地有买家进入店铺。

（3）信息完整

商品信息主要包括商品标题、商品属性和商品描述。除了大量丰富的商品之外，商品标题是商品能不能被买家搜索到的重要影响因素，而商品属性和商品描述则是买家最终决定是否下单购买的关键性因素。

2. 全球速卖通平台的店铺角度

店铺角度的运营策略主要包括装修方式、自我诊断、售后服务及平台活动。

（1）装修方式

卖家在装修店铺时要打造一个风格清晰、结构明显的店铺内容。店铺风格和结构对于店铺而言非常重要，能让买家清晰、快速、准确地了解卖家的店铺。卖家要明确的是，店铺风格和结构并没有统一标准，而是要根据卖家的商品风格和目标买家来确定。

（2）自我诊断

卖家要时刻关注店铺动态，注意商品是否侵权、属性是否错误等。卖家至少每周进行一次店铺的自我诊断，发现问题要及时处理。

（3）售后服务

卖家要做好店铺的售后服务工作。买家的问题要全部处理好，服务好每一个购买商品的买家。另外，卖家要及时跟踪订单运转情况，最好固定时间检查物流更新，如果有异常物流，主动跟买家解释，赢得谅解。如果商品到达目的地国家，要及时通知买家查收商品。最好是能开通7天免费无忧退货，这样会获得平台授予的特定标志，该标志可以有效地增加商品的点击率和转化率。

（4）平台活动

卖家要积极参与全球速卖通的平台活动。要注意的是，参加活动的商品一定要有现货或稳定的货源。另外，卖家还可以设置店铺自己的活动，刺激消费。店铺活动可以是每周设置1~2次的打折活动，限量会给买家紧迫感，营造抢购的氛围，优惠券、满减等这些可以有效地提升店铺销量。

10.2 eBay 平台

eBay 和全球速卖通、亚马逊一样都是全球领先的跨境电商平台，为了让卖家能够清晰地了解该平台，本节将从 eBay 平台的概况、规则、注册和运营策略四个方面进行详细讲解。

10.2.1 eBay 平台的介绍

卖家想要经营 eBay 平台，同样需要了解该平台的发展现状和特点，下面从 eBay 平台的发展和特点两方面进行讲解。

1. eBay 平台的发展

eBay 是一家面向全球的线上拍卖及购物网站。它成立于 1995 年，中文名又称电子湾、亿贝、易贝。eBay 平台以 B2C 垂直销售模式为主，主要针对个人卖家或小型企业卖家。eBay 致力于推动跨境电子商务零售出口产业的发展，为中国卖家开辟直接面向海外的销售渠道。

eBay 平台上的商品多种多样，目前平台上架的商品数量已经超过 8 亿，世界各国家或地区的买家都可以通过 eBay 来挑选、购买自己喜欢的商品。

虽然 eBay 平台面向的市场是全世界，但是对于中国卖家来讲，可以选择的市场主要是国际上比较成熟的电子商务市场,例如美国、英国、澳大利亚、德国等。在这些较为成熟的电子商务市场中,买家拥有一定的网购观念与购买力,并且关于跨境电子商务方面的流程、物流以及配套设施也都已经趋于完善。

2. eBay 平台的特点

eBay 平台的特点主要包括专业客服、入驻门槛低、定价方式多样、出单周期长。

（1）专业客服

对于中国卖家来说,eBay 具有专门的客服,可通过电话联系或者是网络会话的形式进行沟通交流,从而很好地帮助卖家解决店铺问题。

（2）入驻门槛低

相较于在亚马逊开店来说,eBay 开店的门槛较低,只需要注册好账号便可以开始销售。

（3）定价方式多样

eBay 平台上商品的定价方式有多种,包括无底价竞标、有底价竞标、定价出售、一口价成交等。

（4）出单周期长

卖家刚开始要通过拍卖的形式积累信誉,而在拍卖过程中买家需要不断地出价,所以出单的周期相对较长。

10.2.2　eBay 平台的注册

相较于亚马逊和全球速卖通平台,eBay 的注册流程十分简单,其账户类型主要分为个人账号和企业账号,具体介绍如下。

1. 个人账号

卖家的个人账号注册只需要填写姓名、电子邮件和密码,eBay 平台的个人账号注册界面如图 10-6 所示。然后卖家通过电子邮件进行一个简单验证即可注册成功。完善个人信息后,卖家即可开始购买或出售商品。

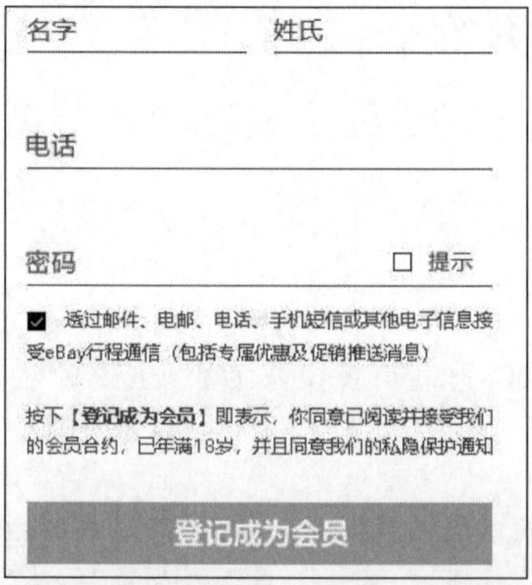

图 10-6　eBay 平台的个人账号注册界面

2. 企业账号

卖家进行企业账号注册时,需要的流程较多,主要包括填写账户信息、验证公司资料、绑定自动付款方式、填写申请表和等待审核通知。

(1)填写申请账户

卖家首先要填写企业名称、企业邮箱、登录密码及手机号等。

(2)验证公司资料

卖家需要填写企业的地址和联络方式。卖家的联络方式主要包括姓名、手机号等,填写完成后还要进行简单的短信验证。

(3)绑定自动付款方式

卖家需要绑定 PayPal 或信用卡作为注册账户的自动扣款方式。

(4)填写申请表

卖家需要进行相关的企业信息填写和上传。相关信息主要包括公司名称、地址、法人身份信息、营业执照等。

(5)等待审核通知

卖家处理好相关流程后,即可提交申请,等待 eBay 官方人员的审核和邮件通知。eBay 官方人员一般会在 7 个工作日内处理卖家申请。

eBay 的个人账号和企业账号的区别在于,企业账号会为卖家提供推广优惠以及一些提升销售额的专业工具,使企业卖家更好地经营店铺,卖家可以根据自己的运营需求自行选择。

10.2.3　eBay 平台的规则

在 eBay 平台的相关规则中,值得卖家注意的有交易行为规则和买家沟通规则,具体介绍如下。

1. 交易行为规则

因为 eBay 平台上可以以拍卖的形式进行交易,所以交易行为规则会有别于其他平台,主要包括严禁卖家成交不卖和禁止卖家自我抬价。

(1)严禁卖家成交不卖

当卖家发布在 eBay 平台上的物品有买家成功竞标时,买卖双方相当于签订了交易合同,双方必须在诚信的基础上完成交易。根据这一合约,卖家不可以在买家竞标成功后拒绝实际成交或者收到货款后不发货。

如果卖家因为商品本身的原因无法完成交易,例如商品损坏,卖家需要及时与买家沟通,解释原因并提供解决方案,以获得买家的谅解。虽然在这种情况下,eBay 平台鼓励买家与卖家进行沟通,获取新的解决方案。但买家不是一定要接受卖家的新建议,同时这可能会被记录为一次卖家的不良交易行为。所以,请卖家在发布商品时务必保证商品库存,在收到款项后及时发货,避免违反此规则。

(2)禁止卖家自我抬价

卖家自我抬价是指人为抬高商品价格,是卖家以提高商品价格或增大需求为目的的出价行为。也就是在商品竞拍的过程中,卖家通过注册新账号或操纵其他卖家账号进行虚假出价,或者是由卖家本人或与卖家有关联的人进行虚假出价,从而达到将价格抬高的目的。

由于卖家的家人、朋友和同事可以从卖家那里得到其他买家无法获得的商品信息,因此即使这类人有意购买商品,为保证公平竞价,亦不应参与出价竞投。所以,卖家在以拍卖的形式出售商品的过程中,要注意这一情况的发生,避免违反规则。

2. 买家沟通规则

卖家沟通规则主要是为了保护买家,避免卖家对买家造成困扰,主要包括禁止使用不良言辞、禁止未经允许滥发邮件和禁止滥用 eBay 联络功能。

(1) 禁止使用不良言辞

eBay 平台不允许网站的公共区域上有任何不良的语言出现,例如辱骂、仇视等语言。所谓公共区域指的是网站上买家可查阅的所有区域,包括商品页、店铺页、讨论区、聊天室等。

(2) 禁止未经允许滥发邮件

eBay 平台禁止卖家滥发垃圾邮件。垃圾邮件是指未经要求发送的且具有广告性质的电子邮件。卖家需要注意的是,eBay 平台禁止发送提议在 eBay 平台以外进行私下交易的电子邮件,这也属于垃圾邮件。

(3) 禁止滥用 eBay 联络功能

eBay 平台提供了一套联络系统,让买卖双方在交易方面有任何问题时彼此联系。联络系统包括"联络会员""询问卖家问题"等功能,这些功能的目的是为买家提供公开的沟通途径,所以必须是为了协助交易顺利进行才可以通过这个系统沟通信息,卖家不可以用于宣传店铺和商品等私人用途。

10.2.4 eBay 平台的运营策略

eBay 平台与其他跨境电子商务平台的运营方式有所区别,下面从该平台的商品角度和店铺角度进行讲解。

1. eBay 平台的商品角度

将商品以拍卖的形式售卖是 eBay 平台的一大特色,所以卖家要了解 eBay 平台商品的售卖方式。eBay 平台商品的售卖方式主要包括拍卖、一口价和综合销售三种。

(1) 拍卖

卖家用拍卖的方式在 eBay 平台上发布商品是目前最常用的商品销售方式。对于一件商品,卖家要设置起拍价和在平台上的存留时间,然后在平台上拍卖,最后以商品下线之时的最高竞拍金额卖出这件商品。同时,平台也会在竞品即将拍卖结束时提高商品的搜索排名,这能让更多买家看到商品,提高商品的曝光度。

拍卖的商品主要有几个特点:商品本身对于买家有很大的吸引力,而不是在市场上常见的商品;商品要有一定的市场需求,没有需求就没有拍卖性可言;对于库存少、市场稀缺的商品可以进行拍卖;还有一些卖家没有办法估算其准确价值的商品,也可以通过拍卖的方式来获得最终的价格。

（2）一口价

一口价，顾名思义就是一次性售卖定价。一口价商品是店铺里库存量大的商品。商品的在线时长可以最高设置为 30 天，以大大增加商品的曝光度和展示机会。这种销售方式适合库存量大、能够长时间在线销售且卖家想要获得可控利润的商品。

（3）综合销售

综合销售就是指把拍卖和一口价相结合。卖家在拍卖时设置起拍价，同时也能设置最低价，让买家根据自己的需求灵活选购。综合销售的商品售卖方式因为灵活性更大，所以商品被销售的机会也会随之变大。

卖家可以在运营过程中尝试和研究这三种商品售卖方式并灵活运用。然后再通过 eBay 平台上的相关数据反馈调整商品的运营策略。

2．eBay 平台的店铺角度

从 eBay 平台的店铺角度来看，其运营策略主要包括开展买家营销、建立信誉账号、成为 Power Seller。

（1）开展买家营销

有些卖家店铺经营的是日用品、服装等，对于这些人们经常需要购买的商品，老买家的维系是十分重要的。卖家可以让买家关注企业或个人的 Twitter、Facebook、专业论坛等，然后经常分享一些有价值的内容或者提供一些促销活动；也可以在买家收到商品后，及时进行回访和关怀，让买家感受到良好的购物体验，提高买家忠诚度。

（2）建立信誉账号

在 eBay 平台上，卖家店铺的信誉是以反馈评价等级来衡量的。买家在购买了卖家商品后，可以对卖家店铺进行评价。良好的评价等级会为卖家增加信誉值，提高买家信任度。店铺信誉的提升策略主要包括低价售卖、快速发货、认真检查和及时回复。

① 低价售卖。卖家在最开始的运营阶段可以选择售卖量大而便宜的商品。这种策略可以让卖家在很短的时间内得到很多正面的反馈评价。

② 快速发货。卖家发货时间不要超过 24 小时，应该在接收到订单后迅速发货，并且使买家能够查看到物流信息。

③ 认真检查。在发货前，卖家要仔细检查商品是否完整/包装是否有破损等，以保证商品能够以完好的状态到达买家手中。

④ 及时回复。如果买家在 eBay 平台上给卖家发送消息，那么卖家要及时和礼貌地回复消息。

（3）成为 Power Seller

Power Seller 是 eBay 平台上优质卖家的一种身份象征。如果卖家获取了该身份，那么就意味着拥有了一个提高商品销量的快速通道。但是 Power Seller 的身份很难获得，要获得该身份就意味着卖家必须非常认真地运营店铺，并且向买家提供一流的购物体验。卖家想要成为 Power Seller，需要满足以下四个要求。

① 卖家店铺一直保持超过 98% 的正面评级状态。

② 在过去的 12 个月中，卖家售出超过 100 件商品，销售额超过 1000 美元。

③ 卖家的 eBay 店铺已经在 eBay 平台上运营超过 90 天。

④ 卖家在运营店铺的过程中始终遵守 eBay 平台上的相关规则。

10.3 Wish 平台

Wish 平台被众多卖家称为手机端的亚马逊，是目前跨境电子商务领域的知名平台之一，许多卖家都在 Wish 平台上获得了较好的发展，卖家可以将其作为多平台运营模式中的一个平台。本节将从 Wish 平台的介绍、规则、注册和运营策略四个方面进行详细讲解。

10.3.1 Wish 平台的介绍

卖家想要将 Wish 平台作为多平台运营模式中的一个运营平台，就需要了解平台的发展现状和特点等基本概况，下面从 Wish 平台的发展和特点两方面进行讲解。

1. Wish 平台的发展

Wish 平台是一家专注于移动购物的跨境 B2C 电商平台。在 Wish 平台上，有 90% 的卖家都是来自中国，是北美和欧洲最大的移动电子商务平台。Wish 平台使用算法大规模获取买家数据并为每个买家提供最相关的商品，让买家在移动端便捷购物的同时享受购物的乐趣，被评为硅谷最佳创新平台和欧美最受欢迎的购物类 App。Wish 平台 App 的宣传图片如图 10-7 所示。

图 10-7　Wish 平台 App 的宣传图片

如今 Wish 平台已经发展成为一个与零售商和批发商合作的购物平台，它提供了从羊毛衫到香奈儿5号香水、从牛皮胶布到 MacBook Air 的几乎一切产品，甚至也涵盖了家居装饰。Wish 平台将自己定位为卖家和买家之间的中间方，每个卖家需要承担为其买家提供电子商务服务的责任。换句话说，Wish 的 APP 只负责连接买家和卖家，但不直接参与买卖双方之间的任何交易。所以，Wish 平台更适合一些具有一定经验的贸易商、B2C 企业、品牌经销商入驻。

2．Wish 平台的特点

Wish 平台的特点主要包括精准买家、专注移动端和商品审核时间长。

（1）精准买家

Wish 平台的主要市场是北美地区，买家群体比较集中，卖家进入 Wish 平台市场后可进行精准营销。

（2）专注移动端

Wish 平台专注于移动端的发展。目前该平台上大多数的买家成交订单都来自移动端，且移动端的潜力较大，还有很大的市场值得去挖掘。

（3）商品审核时间长

Wish 平台对于商品质量有较高的要求，对于商品的审查极为严格。因此该平台的商品审核周期也比较长，一般较短的是两个星期左右，甚至也可能延长到两个月。

10.3.2　Wish 平台的注册

了解了 Wish 平台的一些特点后，卖家就可以开始着手注册店铺。Wish 平台的注册流程主要包括创建店铺、完善信息、实名认证三个阶段，下面进行具体介绍。

1．创建店铺

卖家在创建店铺阶段主要是进行填写信息和邮箱验证。

（1）填写信息

卖家首先要填写注册邮箱、密码、手机号以及进行一些验证并且阅读 Wish 平台的相关协议。卖家的注册邮箱将作为之后登录店铺的用户名，所以卖家要保证该邮箱的可使用性。

（2）邮箱验证

Wish 平台将发送验证码到卖家的注册邮箱中，卖家需要在所收到的邮件中进行相关确认。

2．完善信息

在完善信息阶段，卖家要做的是填写店铺名称（英文）、真实姓名、办公地址、邮编等信息。值得注意的是，卖家的店铺名称中不能含有 Wish 字样且店铺名称一旦确定将无法更改。

3．实名认证

卖家完善信息之后，就意味着已经拥有了自己的 Wish 平台店铺。但是卖家想要发布商品,还需要尽快完成实名认证,认证信息将作为卖家拥有该店铺的唯一凭证。在实名认证阶段,卖家需要提交公司信息、法人代表信息、身份证信息和支付信息。

(1) 公司信息

卖家需要上传的公司信息有公司名称、统一社会信用代码和清晰的营业执照彩色照片。

(2) 法人代表信息

法人代表信息主要包括法人姓名及其身份证号码。

(3) 身份证信息

卖家在验证身份证信息时,需要准备拍照工具、法人本人身份证、深色笔及 A4 纸一张。拍照工具可以使用数码相机或拍照像素为 500 万以上的手机(不要使用美颜功能)。卖家要注意的是,整个认证过程必须在 15 分钟之内完成。拍摄流程及注意事项如图 10-8 所示。

图 10-8　拍摄流程及注意事项

(4) 支付信息

卖家还需要添加公司所属的银行信息,以便在 Wish 平台上销售商品后能够正常收到货款。Wish 平台有多种收款方式供卖家选择,主要包括 AllPay、PingPong、联动优势、派安盈、易联支付等。卖家选择好收款方式后,需要填写收款人姓名、银行账户等信息。

完成以上注册环节,卖家就可以等待 Wish 平台的审核。若卖家的信息在审核后被退回,那么就需要根据审核要求进行信息的更新,以保证账户能够顺利开通。

10.3.3　Wish 平台的规则

了解 Wish 平台的规则很重要,掌握 Wish 的平台规则就等于掌握了 Wish 店铺的发展方向。卖家在运营 Wish 平台店铺时了解罚款规则和封号规则有助于卖家在运营店铺时进行有效的规避,下面对 Wish 平台的罚款规则和封号规则进行简单讲解。

1. 罚款规则

Wish 平台上的罚款规则主要包括出售假冒商品和操作黄钻商品。

（1）出售假冒商品

Wish 平台严禁卖家出售假冒商品。如果卖家发布了假冒商品进行出售，那么这些商品将被清除，并且卖家将面临罚款，可能账号还会被暂停。

（2）操作黄钻商品

Wish 平台的黄钻商品是指当卖家的店铺销量达到要求或者某些商品销量较高时，Wish 平台就会给卖家的商品 Listing 页面的左上角加上一颗闪耀的黄色钻石。如果卖家的商品被添加了黄钻的标志，那么卖家就不可以对该商品提高价格或运费，以及降低促销商品的库存。如果将黄钻商品下架，卖家将面临被罚款。

2. 封号规则

封号规则是指卖家违反了一些规则后将被 Wish 平台关闭账号和店铺。Wish 平台上的封号规则主要包括虚假信息、不当引导、偷换商品和重复铺货。

（1）虚假信息

卖家在注册平台时，如果提供虚假信息，会导致账户被封，例如虚假姓名、虚假公司信息等。

（2）不当引导

卖家不得引导买家离开 Wish 平台进行交易。例如，如果卖家告诉买家可以来线下门店进行交易，称门店内有更便宜的商品并且还会赠送礼品，那么就会被平台立马封号关店。

（3）偷换商品

偷换商品是指卖家在平台上发布的商品图片、描述等是 A 商品，但是在实际销售的过程中将 B 商品发给了买家，则这种情况也会被封号。

（4）重复铺货

重复铺货是指卖家在同一个店铺或关联店铺中将商品重复上架，例如某卖家为了提高 A 商品的销量，将 A 商品重复上架 10 多次以便于买家能够看到，那么此时 A 商品就算是重复铺货，卖家极可能被封号。

10.3.4 Wish 平台的运营策略

Wish 平台与亚马逊、全球速卖通、eBay 最大的区别就在于平台算法的不同。该平台致力于为买家带来便捷的购物体验，利用自己独特的预算规则将卖家的商品精准推送到买家面前，而不是被动地依赖买家搜索商品。卖家想要 Wish 平台推送自己的商品，就要运用一定的运营策略，下面从 Wish 平台的商品角度和店铺角度进行讲解。

1. Wish 平台的商品角度

卖家在运营商品时，如果想要商品能够被 Wish 平台推送给买家，除了要保证商品的标题、图片、描述等优质外，还需要写好 Tags 标签。Tags 标签是指与商品相关的标签关键词，卖家在填写该标签时可以从精准设置、逐步分析、热销参考、热点选词四个方面的运营策略进行考虑。

(1) 精准设置

对于 Wish 平台商品的 Tags 设置,卖家要知道不能使用关键词的堆砌,而是要做到精准关键词的匹配。在其他平台上,卖家可能为了让商品有更多的曝光量,会堆砌很多相关的偏冷门的关键词。但在 Wish 平台的 Tags 设置中,一定要尽可能地添加精准关键词,因为只有精准关键词才能让系统准确识别,进而将卖家的商品推送到真正需要的买家面前。卖家需要注意的是,每个商品只能添加 10 个标签,满 10 个标签后,Wish 平台就会默认其他的标签无效。

(2) 逐步分析

设置商品的 Tags 标签之前,卖家需要考虑商品定位、群体属性、目标群体品质诉求等,逐步进行分析,这样新的 Tags 标签就会产生了。

例如"美瞳产品"热门的标签有 contact lenses(隐形眼镜)、eye(眼睛)、Blues(忧郁)、Make up(化妆)、Eye Make up(眼部化妆)、Angel(天使)、Beauty(美容)、Eye Shadow(眼影)、Fashion Accessories(时尚配饰)、Health & Beauty(健康与美丽)。

(3) 热销参考

参考热销商品的 Tags 写法也是一种运营策略,但是卖家不可以死搬硬套,要进行甄别筛选,灵活运用。卖家也可以去 eBay 平台和全球速卖通平台上搜索热门关键词,进行参考。

(4) 热点选词

卖家根据时下热点进行选词可以有效地提高商品曝光量。当然,热点关键词必须是与卖家商品相关的关键词。

2. Wish 平台的店铺角度

Wish 平台在推送商品时,除了将商品的 Tags 作为依据外,还会考虑店铺的其他一些情况,主要包括违规率、迟发率、取消率、跟踪率、签收率、订单缺陷率、退货率和反馈及时率。

(1) 违规率

违规率主要是体现卖家店铺是否存在违规行为,违规行为包括出售假冒商品、发布虚假信息和不当引导等。

(2) 迟发率

迟发率体现的是卖家履行订单的时效,即是否存在没有及时发货的问题。

(3) 取消率

取消率体现的是由于各种因素导致卖家取消交易或买家取消交易。

(4) 跟踪率

跟踪率体现在卖家使用的跨境物流能否有效地反馈商品流转信息。

(5) 签收率

签收率体现在买家能否在规定时间内签收卖家的商品。

(6) 订单缺陷率

订单缺陷率具体体现在店铺的中评、差评、投诉、纠纷等方面。

(7) 退货率

退货率体现在卖家商品销售后又因为各种原因被退回,其退货数量与相同时期销售商品的总数之间的比率。

(8) 反馈及时率

反馈及时率是指卖家收到买家发送的消息后是否有及时的回复。

以上各项就是 Wish 平台推送商品的店铺依据。满足的依据越多,卖家的店铺就越可能会被 Wish 平台判断为一个优质店铺,那么 Wish 平台就会越多地对店铺商品进行推送,从而提高店铺销量。

10.4 本章小结

本章主要讲解了全球速卖通、eBay 和 Wish 平台的基础知识、注册流程、重要规则和基本运营策略。

通过学习本章,希望读者可以在运营亚马逊平台的基础上通过多平台运营的方式来扩大自己的运营规模,在跨境电子商务行业中有越来越好的发展。

10.5 课后思考

卖家在进行多平台运营时,随着店铺数量的增加,需要的运营人员也在增加,那么该如何进行管理呢？读者思考后可以将答案填写在管理思考表中,如表 10-2 所示。

表 10-2　管理思考表

管理的思考	
招聘人数	
管理方法	